国际货运代理

（第2版）

主　编◎张　荣　杨慧瀛

副主编◎刘丽艳　张　帆

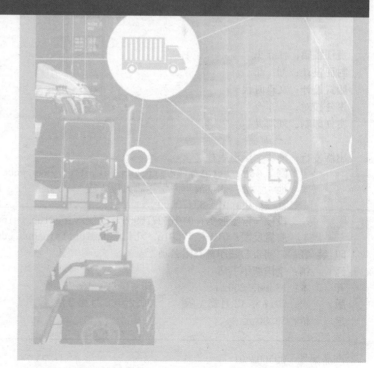

清华大学出版社

北京

内 容 简 介

本书严格按照高等学校教育教学要求，根据国际货运代理行业发展与教学改革的实际需要编写，内容经过审慎推敲和修改，更符合社会经济发展，更贴近货运代理行业实际，从而能够更好地为国际货运代理教学实践服务。

本书共分八章，以培养学习者应用能力为主线，理论扎实，实操性强。本书内容包括：国际货运代理概述、国际货运代理企业、国际货运代理与相关学科、国际海上货运代理实务、国际陆上货运代理实务、国际航空货运代理实务、国际多式联运实务、与国际货运代理有关的国际物流形式。

本书作为物流专业教材中的特色教材，内容翔实，阐述简练，重点突出，案例丰富，版式活泼，不仅可作为高等学校报关专业、国际货运代理专业、物流管理专业、国际经济与贸易专业的学生用书，也可作为成人教育、第三方物流企业及工商企业物流管理人员的参考用书。

图书在版编目（CIP）数据

国际货运代理 / 张荣，杨慧瀛主编. —2 版. —北京：清华大学出版社，2022.8
ISBN 978-7-302-61636-8

Ⅰ．①国…　Ⅱ．①张…　②杨…　Ⅲ．①国际货运—货运代理—高等学校—教材　Ⅳ．①F511.41

中国版本图书馆 CIP 数据核字（2022）第 145468 号

责任编辑：杜春杰
封面设计：刘　超
版式设计：文森时代
责任校对：马军令
责任印制：刘海龙

出版发行：清华大学出版社
　　　　　网　　　址：http://www.tup.com.cn，http://www.wqbook.com
　　　　　地　　　址：北京清华大学学研大厦 A 座　　　　　邮　　编：100084
　　　　　社 总 机：010-83470000　　　　　邮　　购：010-62786544
　　　　　投稿与读者服务：010-62776969，c-service@tup.tsinghua.edu.cn
　　　　　质量反馈：010-62772015，zhiliang@tup.tsinghua.edu.cn
印 装 者：三河市君旺印务有限公司
经　　销：全国新华书店
开　　本：185mm×260mm　　　　印　　张：15.75　　　　字　　数：376 千字
版　　次：2017 年 12 月第 1 版　　2022 年 8 月第 2 版　　印　　次：2022 年 8 月第 1 次印刷
定　　价：59.80 元

产品编号：095602-01

第 2 版前言

外贸高增长的时代已经过去，中国经济进入了新常态，并将长期处于更加复杂的国际贸易环境之中，与之密切关联的国际货运代理行业正呈现出多重特征，机遇与挑战并存，同时，市场对国际货运代理行业的发展也提出了新的要求。为了适应时代与市场的需求，我们组织编写了本教材。

根据行业发展与教学改革的实际需要，本书严格按照高等学校教育教学要求，经过审慎地推敲和修改后，更符合社会经济发展规律，更贴近货运代理行业实际，可更好地为国际货运代理教学实践服务。

本书共分八章，以培养学习者的应用能力为主线，从我国货运代理物流行业实际出发，着眼于国际货运代理的发展，理论扎实，实操性强。本书内容包括国际货运代理概述、国际货运代理企业、国际货运代理与相关学科、国际海上货运代理实务、国际陆上货运代理实务、国际航空货运代理实务、国际多式联运实务、与国际货运代理有关的国际物流形式等基本知识与实务。

本书作为高等院校物流专业教材中的特色教材，此次修订更新了部分案例和延伸阅读的知识，内容翔实，阐述简练，重点突出，案例丰富，版式活泼，不仅可作为高等学校报关专业、国际货运代理专业、物流管理专业、国际经济与贸易专业的学生用书，也可作为成人教育、第三方物流企业及工商企业物流管理人员的参考书籍。

本书由张荣进行大纲和编写任务的分配，张荣、杨慧瀛担任主编，刘丽艳、张帆担任副主编。具体编写人员分工如下：张荣编写第一章、第四章，杨慧瀛编写第五章、第六章，刘丽艳编写第二章、第三章，张帆编写第七章、第八章。

在教材编写过程中，我们借鉴、引用了大量国内外有关国际贸易、物流与货运代理方面的书刊资料和业界的研究成果，并得到了有关专家、教授的具体指导，在此一并致谢。由于编者水平有限，书中难免有疏漏和不足，恳请同行和读者批评指正，以便修正。

编　者
2022 年 3 月

第1版前言

中国经济进入了新常态，外贸高增长的时代已经过去，我们将长期处于更加复杂的国际贸易环境之中，与之密切相关联的国际货运代理行业正呈现出多重特征，机遇与挑战并存，同时，市场对国际货运代理行业的发展也提出了新的要求和标准。为了适应时代与市场的需求，我们组织编写了本教材。

本书严格按照高等学校教育教学要求，根据行业发展与教学改革的实际需要，本书内容经过审慎地推敲和修改后，更符合社会经济发展、更贴近货运代理行业实际、更好地为国际货运代理教学实践服务。

本书共分八章，以培养学习者应用能力为主线，从我国货代物流行业实际出发，着眼于国际货运代理的发展编写，理论扎实，实操性强。本书内容包括：国际货运代理概述、国际货运代理企业、国际货运代理与相关学科、国际海上货运代理、国际航空货运代理、国际多式联运、其他货物运输方式等基本知识与实务。

本书作为"十三五"全国高等院校物流专业规划教材中的特色教材，内容翔实，阐述简练，重点突出，案例丰富，版式活泼，不仅可作为高等学校报关专业、国际货运代理专业、物流管理专业、国际经济与贸易专业的学生用书，也可作为成人教育、第三方物流企业及工商企业物流管理人员的参考书籍。

本书由张荣进行本书大纲和编写任务的分配，张荣、刘丽艳担任主编，张帆、杨慧瀛担任副主编。具体编写人员分工如下：张荣（第一章、第四章），刘丽艳（第二章、第三章），杨慧瀛（第五章、第六章），张帆（第七章、第八章）。

在教材编写过程中，我们借鉴、引用了大量国内外有关国际贸易、物流与货运代理方面的书刊资料和业界的研究成果，并得到了有关专家教授的具体指导，在此一并致谢。由于编者水平有限，书中难免有疏漏和不足之处，恳请同行和读者批评指正，以便修正。

编　者

2017 年 3 月

目　录

第一章　国际货运代理概述

知识目标

☐ 掌握代理的概念；
☐ 掌握国际货运代理的概念与性质；
☐ 了解国际货运代理的业务范围；
☐ 了解国际货运代理向国际物流发展的有效途径。

导读案例

中国的货运代理企业除了经过商务部审批或在商务部备案的 1 万多家较有规模的，还有挂靠在其他企业的和众多中小企业。业内人士估计总数在 3 万~4 万家。

根据 2019 年版的《中国货代企业名录大全》所收录的 11 000 多家企业统计得出，货运代理物流企业分布较多的前 10 个地区依次为：上海约 2100 个、广东约 1700 个、山东约 800 个、江苏约 760 个、天津约 740 个、港澳台约 700 个、辽宁约 650 个、浙江约 620 个、北京约 600 个、福建约 600 个。

具体来说，收录企业最多的上海约占收录企业总数的 19.1%，位居第二的广东则占 15.5%，其余名列前 8 位的地区所占比率分别为：山东约占 7.3%、江苏约占 6.9%、天津约占 6.7%、港澳台约占 6.4%、辽宁约占 5.9%、浙江约占 5.6%、北京约占 5.5%、福建约占 5.5%。货运代理企业较多的前 10 个地区占收录企业总数的 84.3%，这一结果基本符合业内有识之士对中国货运代理企业分布的看法。

资料来源：太平洋物流有限公司. 中国国际货代企业数量统计[EB/OL]. （2011-08-29）[2022-03-04]. http://www.sc-tpy.com/xwzxinfo_87.html.

第一节　代理的概念与分类

一、代理的概念及法律特征

（一）代理的概念

《中华人民共和国民法典》（以下简称《民法典》）规定，民事主体可以通过代理人实施民事法律行为。代理人在代理权限内，以被代理人的名义实施民事法律行为。被代理人对代理人的代理行为承担民事责任。

代理是指代理人在被授予的代理权限范围内，以被代理人的名义与第三人实施法律行为，而行为后果由该被代理人承担的法律制度。代理涉及三方当事人，即被代理人、代理人和代理关系所涉及的第三人。

（二）代理的法律特征

我国民法理论以代理人的活动为中心，将民事代理的法律特征归纳为以下四点。

1. 代理人必须以被代理人的名义进行代理活动

代理的这一特征是由代理制度的目的所决定的。代理人与第三人为民事法律行为，其目的并非为代理人自己设定民事权利义务，而是基于被代理人的委托授权或依照法律规定，代替被代理人参加民事活动，其活动产生的全部法律效果直接由被代理人承受。因此，代理人只能以被代理人的名义进行活动。代理的这一特征是代理与行纪的重要区别。行纪行为又称作信托行为。在行纪行为中，行纪人受委托人的委托，用委托人的费用，以自己的名义为委托人从事购买、销售及其他商业活动，因其活动是以自己的名义进行的，因此相对于第三人而言，其活动的后果只能直接由行纪人自己承受，然后再依委托合同的规定转移给委托人，也就是说，行纪人的活动不能形成代理的三方关系。例如，某甲将自己的电视机委托寄售商店出售，寄售商店即以自己的名义将之售予某顾客，然后将收取的价款扣除相关费用后，转交委托人。在这一行纪行为中，寄售商店以自己的名义与顾客订立买卖合同，并向顾客履行合同义务。顾客与委托人之间不发生任何法律关系。

2. 代理人所代理的行为必须是民事行为

"代理"一词在社会生活中的运用极其广泛，凡是代替他人实施某种行为的情形，都可以被称为"代理"。但民法上的代理专指代理民事主体为意思表示的法律现象。因此，只有设立、变更或终止被代理人与第三人之间的有民事法律关系的行为，才是民法上的代理行为。

3. 不属于民事代理的行为

（1）下列行为不属于民法上的代理行为。

① 事务性行为的"代理"。事务性行为是指不具有法律意义的行为，如抄写稿件、校阅资料等。事务性行为的"代理"不能产生法律效果，因此不属于民事代理。

② 民事诉讼中的代理。在民事诉讼中，律师或其他诉讼代理人依照其诉讼中的地位，依法维护当事人的合法权利，其活动可以不依附于委托人的意志，也不必以委托人的名义进行。所以，诉讼代理不是民事代理。不过，诉讼代理基于委托合同产生，在某些方面可以参照适用民事代理的某些规定进行处理。

③ 行政、财政及其他法律活动中的代理。行政、财政活动的代理，通常是指代替他人依法定程序办理审核登记或注册以及履行行政或财政义务(如法人登记、商标注册登记等)。这些活动所发生的关系不是平等主体之间的关系，不属于民法调整的范围。不过，基于这些活动中委托人与受托人之间存在委托合同，所以，其某些方面可以参照民法有关代理制度的规定予以处理。

（2）不适用民事代理的民事行为。并非一切民事行为都可以适用代理，依照法律规定，以下民事行为不适用代理。

① 具有人身性质的民事行为，如设立遗嘱、婚姻登记、收养子女等。

② 履行与特定人的身份相联系的债务，这类债务通常与特定人的技能、专业水平、能力等密切相关，不能由他人代为履行。如写作、演出、绘画、建筑工程承包等义务的履行。

③ 当事人约定只能由义务人亲自履行的债务。

代理制度的重要特点在于，代理人在代理关系中具有独立的法律地位。代理人进行代理活动不得超出被代理人授予的或者法律规定的代理权范围，但代理权范围只是确定了代理人活动的基本界限，在这一界限之内，代理人必须根据维护被代理人利益的需要，根据实际情况，向第三人做出意思表示或接受第三人的意思表示。也就是说，代理人在代理活动中必须根据自己的判断做出独立的决定。例如，乙受甲的委托，代理甲购买住房。在购买房屋的过程中，乙必须自己决定向谁购买、购买何种具体的房屋、以何种具体的价格和条件购买等。因此，代理人在代理关系中是独立的民事主体，要为自己的行为向被代理人承担责任。如果代理人因为疏忽大意而使其代理活动造成了被代理人的损失，代理人必须向被代理人承担赔偿责任。

 知识链接

根据代理的这一特征，我们将代理人与以下几种人相区别。

（1）居间人。居间行为是根据双方约定，一方为他方报告成交机会，即提供商业信息，他方当事人在居间人介绍的交易成立后，向其给付一定报酬的行为。居间人在委托人与第三人订立合同的过程中，起的是穿针引线的媒介作用，不需要以委托人的名义向第三人进行独立的意思表示。

（2）传达人。传达人是将一方的意思表示原原本本地转达另一方的行为人。在当事人双方订立合同的过程中，传达人只起传话工具的作用，不能进行独立的意思表示。

（3）见证人。见证人是对当事人实施的民事法律行为进行证明的人，其既非民事法律行为的实施者，也非法律关系的参加者，不能对民事法律行为的实施做出任何独立的意思表示。

4. 代理人活动的法律效果直接归属于被代理人

代理的这一特征是由代理制度的作用所决定的。代理是被代理人通过代理人的活动为自己设定民事权利义务的一种方式，因而代理人在代理权限范围内的行为，与被代理人自己所为的一样，其法律效果应全部由被代理人承受。其中包括以下两个方面。

（1）代理行为所产生的民事权利归被代理人享有，所产生的民事义务归被代理人承担。此外，代理行为所取得的其他利益也归属于被代理人。

（2）代理人的代理活动产生的不利后果应由被代理人承受。代理人在代理活动中对第三人造成的损害，应首先由被代理人对第三人承担民事责任。但是，如果对不利后果或损害的造成，代理人有过错的，被代理人有权追究代理人的民事责任。

二、代理的主要种类

（一）从代理权来源的角度划分

代理从不同的角度可以分成不同的类型，我国《民法典》依据代理权来源的不同将代理分为两种，包括委托代理、法定代理。

1. 委托代理

委托代理是指基于被代理人的委托而发生的代理关系。委托代理是最重要的代理种类。我国《民法典》关于代理的条文主要是围绕委托代理规定的。委托代理适用于有完全民事行为能力人有代理需要的情形。例如，监理单位授权王某为某工程总监。

2. 法定代理

法定代理是依法律的规定发生代理权的代理。我国《民法典》关于法定代理的规定主要集中在民事主体制度中的自然人的民事行为能力和监护制度中。法定代理适用于无民事行为能力和限制民事行为能力人需要代理人的情形。例如，《民法典》规定，无民事行为能力人、限制民事行为能力人的监护人是其法定代理人。

（二）从代理权限范围角度划分

一般代理与特别代理的划分，是以代理权限范围为划分标准的。一般代理是指代理人享有一般意义上的代理权，即其代理权没有范围限制，代理人可以代理被代理人进行任何法律允许进行的民事活动。因此，一般代理又称为全权代理或者总括代理。

特别代理是指代理人的代理权限范围受到一定的限制，代理人只能在限定的权限范围内代理被代理人进行民事活动，如超越权限范围，便会发生越权代理，行为人要承担相应的法律后果。特别代理中的代理人不能像一般代理中的代理人那样可以进行任何法律允许的民事活动，而只能进行权限范围内的代理行为，所以也称为部分代理或者特定代理。

（三）从代理名义与代理后果角度划分

从这个角度，代理可以分为直接代理与间接代理。直接代理与间接代理是大陆法系很多国家的一种划分方法。其划分依据有两条：一是代理人进行代理行为时是以谁的名义，即是以被代理人的名义，还是以代理人自身的名义；二是代理行为后果的归属是由被代理人直接承担，还是先由代理人承担，然后转移给被代理人。

（四）从代理人的人数角度划分

根据代理人的人数，可以将代理划分为单独代理和共同代理。代理人只有一人，代理权由其单独行使的，称为单独代理，或称为独立代理。代理人为两人或两人以上，代理权由两人或两人以上共同行使的，称为共同代理。

（五）从代理人是否亲自为代理行为划分

本代理与复代理是以代理人是否亲自实施代理行为为划分依据的。代理人以被代理人的名义亲自实施代理行为的，称为本代理，也称为普通代理；不是由代理人自己而是由代理人委托的其他人实施代理行为的，称为复代理，也称为再代理、次代理或转委托。接受代理人委托的人称为复代理人。

第二节　国际货运代理

一、国际货运代理的概念及性质

国际货运代理行业早在公元 10 世纪就已建立，初期为报关行，其从业人员多从国际贸易企业而来，人员素质较高，能为货主代办相当一部分国际贸易业务和运输事宜。随着贸易发展，逐渐派生出一个专门行业，在其发展过程中，有些国家曾试图取消它，让货主与承运人直接发生业务关系，减少中间环节，但都未成功，因为构成国际货运市场的货主、货代、船东（或其他运力）、船代四大主体与港务码头、场、站、库等客体不能相混，兼营、交叉经营会使国际货运市场竞争秩序出现混乱。这些工作联系面广，环节多，是把国际贸易货运业务相当繁杂的工作相对集中地办理，协调、统筹、理顺关系，增强其专业性、技术性和政策性。国际货运代理行业的形成，是国际商品流通过程的必然产物，是国际贸易不可缺少的组成部分。正因为如此，世界各国公认该行业为国际贸易企业的货运代理（forwarder），并为其成立了国际性组织，即"菲亚塔"，英文缩写为"FIATA"。

它的会员来自全球 161 个国家和地区的国际货运代理行业，包括 106 家协会会员和近 6000 家企业会员。中国国际货运代理协会（CIFA）作为其成员之一，于 2000 年 9 月 6 日在北京成立，是我国国际货运代理行业的全国性中介组织。CIFA 拥有会员近 600 家，其中理事会成员 95 家，各省市货运代理行业组织 21 家，全国国际货运代理企业在会数量达 6000 多家。

（一）国际货运代理的概念

1. 我国政府主管部门（商务部）对国际货运代理出台的定义

国际货运代理（international freight forwarder）业是指接受进出口货物收货人、发货人的委托，以委托人的名义或者以自己的名义，为委托人办理国际货物运输及相关业务并收取服务报酬的行业。

2. 国际货运代理协会联合会（FIATA）对国际货运代理的定义

1996 年 10 月颁布的《国际货运代理服务示范条例》（又称为 FIATA 货运代理标准交易条件）中给国际货运代理人和国际货运代理及物流服务做出了定义。

国际货运代理人是指与客户签订国际货运代理服务合同的人。

国际货运代理及物流服务是指所有和货物的运输相关的服务，货物的拼箱、储存、处理、包装和配送等相关的服务，以及和上述服务相关的辅助性及咨询服务，其中包括但不局限于海关和财政事务、货物的官方申报、安排货物的保险、代收或支付货物相关的款项和单证等服务。

（二）国际货运代理的性质

国际货运代理人其本质就是"国际货运中间人"。它既可以作为进出口货物收货人、发货人的代理人，扮演"代理"的角色，也可以作为独立经营人，扮演"当事人"的角色，从事国际货运代理业务。国际货运代理在社会产业结构中属于服务行业。

二、国际货运代理的法律地位

国际货运代理的法律地位是指国际货运代理在从事业务经营活动时与他人发生的民事法律关系中所处的地位。国际货运代理在因业务经营行为发生的民事法律关系中所处的地位，决定了其在相应的法律关系中享有的权利和承担的义务。

（一）国际货运代理以委托人名义实施行为时所处的法律地位

1. 国际货运代理对第三人的法律责任

国际货运代理的代理行为所产生的民事法律关系，其民事权利和民事义务的承担者只能是被代理人和第三人，而不包括代理人。因此，国际货运代理在履行代理业务过程中对第三人产生的责任应由委托人负责，但是，法律规定的情况除外。

2. 国际货运代理对委托人的法律责任

（1）代理人不履行职责而给被代理人造成损害的，应当承担民事责任。

（2）代理人和第三人串通损害被代理人利益的，由代理人与第三人负连带责任。

（3）代理人在非因紧急情形而事先没有征得被代理人同意，事后又未被追认的情况下，擅自将委托人委托的事项转委托他人代理的，由代理人对自己所转委托的行为负民事责任。

（二）国际货运代理以自己的名义实施行为时所处的法律地位

我国《民法典》第九百二十五条规定：受托人以自己的名义，在委托人的授权范围内与第三人订立的合同，第三人在订立合同时知道受托人与委托人之间的代理关系的，该合同直接约束委托人和第三人；但是有确切证据证明该合同只约束受托人和第三人的除外。

《民法典》第九百二十六条规定：受托人以自己的名义与第三人订立合同时，第三人不知道受托人与委托人之间的代理关系的，受托人因第三人的原因对委托人不履行义务，受托人应当向委托人披露第三人，委托人因此可以行使受托人对第三人的权利。但是，第三人与受托人订立合同时如果知道该委托人就不会订立合同的除外。

（三）国际货运代理直接完成委托人委托事宜的法律地位

国际货运代理直接完成委托人的委托事宜，是指国际货运代理接受委托后，利用自己或不具备法人资格的关联公司所拥有的仓库、堆场、运输工具来直接完成委托人委托的事务。

国际货运代理实际上已成为相应的仓储保管人、承运人和场站经营人，对此应享有有关仓储保管人、承运人和场站经营人的权利，并承担义务。

（四）实践中，判断货运代理是代理人还是当事人的考量依据

1. 货运代理业务活动以谁的名义进行

《民法典》实施以后，我国法院依照《民法典》的有关规定确定国际货运代理企业的法律地位。

由于《民法典》规定的间接代理制度为国际货运代理以自己的名义为他人利益行事时享有代理人的法律地位提供了法律依据，法院开始在某些案件中确认以自己的名义为委托人利益行事的国际货运代理企业的法律地位。

但是仍然限于国际货运代理声明了其代理人的身份、披露了其与委托人关系的情况。

2. 货运代理签发运输单据的方式

货运代理以发货人或收货人代理人名义在运输单据上签字，或以承运人代理人名义签发运输单据，将被视为发货人、收货人或承运人的代理人；如果货运代理签发了自己的运输单据，如多式联运提单，会被认为是当事人。

3. 在收取报酬方面

在收取报酬方面，是收取佣金还是赚取运费差价：如果货运代理报自己的运价，而不向客户说明其费用的使用情况，那么货运代理通常应当承担契约承运人的责任，即将被认定为当事人。

 案例 1-1

2020 年，宁波海关所属的北仑海关在进出口货运渠道查获一批夹藏的烟花爆竹，总重量共计 23.9 t。该批商品申报品名为"玩具"。海关关员查验发现，除去箱门口位置摆放的杂物，集装箱内部全部为纸箱简易包装、没有任何防护措施的烟花爆竹。

根据相关规定，出口烟花爆竹需由产地海关检验合格，并对其包装进行使用鉴定，加贴验讫标志。与此同时，国家对烟花爆竹等易燃易爆危险品的运输、储存等都有严格要求，必须在经有关部门许可的特定口岸进出口。而少数不法分子为了能谋取私利，铤而走险，采取瞒报、伪报、夹藏等违法手段出口烟花爆竹，给口岸安全造成隐患。面对这种情形，海关加大了打击力度。

目前，这批烟花爆竹已被转移至特定隔离场地封存，等待进一步的调查处理。对未正确申报危险品的客户，海关、港口和船公司已采取各种措施严查、重罚。即便如此，还是有许多企业铤而走险。目前包括 MSK、MSC、ONE、现代商船、韩国高丽海运、长荣海运、美森轮船、东方海外、长锦商船等船公司发布声明，宣布收取罚金——船公司大多为每箱15 000 美元。

假设因货主不知情、错报或瞒报等情况导致，那国际货运代理是否有责任？

【分析】

答案是肯定的。

国际货运代理不知所托运货物的危险性，对事故的发生也无过错，但仍需就货物爆炸直接或间接造成的损失和合理费用承担赔偿责任。所以货主和国际货运代理皆要如实申报，不瞒报，按要求操作。

资料来源：大洲兴业. 货主瞒报危险品，国际货运代理要担责吗？[EB/OL].（2020-08-06）[2022-03-04]. http://www.szcontinents.com.cn/articles/huozhumanbaoweixian.html.

三、国际货运代理的作用

（一）组织协调作用

国际货运代理人凭借其拥有的运输知识及其他知识，组织运输活动，设计运输路线，选择运输方式和承运人，协调货主、承运人及其与仓储保管人员、保险人、银行、港口等有关当局的关系，可以节省委托人的时间，减少许多不必要的麻烦，致力于主要的核心业务。

（二）专业服务作用

国际货运代理的本职工作是利用自身的专业知识和经验，为委托人提供货物的承揽、交运、拼装、集运、接卸、交付服务，接受委托人的委托，办理货物的保险、海关、商检、卫检、动植检、进出口管制等手续，甚至有时要代理委托人支付、收取运费，垫付税金和政府规费。

国际货运代理人通过向委托人提供各种专业服务，可以使委托人不必在自己不熟悉的业务领域花费过多的心思和精力，使不便或难以依靠自己力量办理的事宜得到恰当、有效的处理，有助于提高委托人的工作效率。

（三）沟通控制作用

国际货运代理人拥有广泛的业务关系、发达的服务网络、先进的信息技术手段，可以随时保持货物运输关系人之间，货物运输关系人与其他企业、部门之间的有效沟通，对货物运输的全过程进行准确跟踪和控制，保证货物安全、及时运抵目的地，顺利办理相关手续，准确送达收货人，并应委托人要求提供全过程的信息服务及其他相关服务。

（四）咨询顾问作用

国际货运代理人通晓国际贸易环节，精通各种运输业务，熟悉有关法律、法规，了解世界各地有关情况，信息来源准确、及时，可以就货物包装、储存、装卸和照管，货物运输方式、运输路线和运输费用，货物的保险、进出口单证和价款的结算，领事、海关、商检、卫检、动植检、进出口管制等有关当局的要求向委托人提出明确、具体的咨询意见，协助委托人设计、选择适当的处理方案，避免、减少不必要的风险、周折和浪费。

（五）降低成本作用

国际货运代理人掌握货物的运输、仓储、装卸、保险市场行情，与货物的运输关系人、仓储保管人、港口、机场、车站、堆场经营人和保险人有着长期、密切的友好合作关系，拥有专业的业务知识和业务经验、有利的谈判地位、娴熟的谈判技巧，通过国际货运代理人的努力，可以选择货物的最佳运输路线、运输方式，最佳仓储保管人、装卸作业人和保险人，争取公平、合理的费率，甚至可以通过集运效应使有关各方受益，从而降低货物运输关系人的业务成本，提高其主营业务收益。

（六）资金融通作用

国际货运代理人与货物运输关系人、仓储保管人、装卸作业人及银行、海关当局等相互了解，关系密切，长期合作，彼此信任，国际货运代理人可以代替收货人、发货人支付有关费用、税金，提前与承运人、仓储保管人、装卸作业人结算有关费用，凭借自己的实力与信用向承运人、仓储保管人、装卸作业人及银行、海关当局提供费用、税金担保或风险担保，可以帮助委托人融通资金，减少资金占压，提高资金利用率。

第三节　国际货运代理的业务范围及责任

一、国际货运代理的业务范围

从国际货运代理人的基本性质看，国际货运代理人主要是接受委托方的委托，就有关货物运输、转运、仓储、装卸等事宜。一方面它与货物托运人订立运输合同，另一方面它又与运输部门签订合同，因此，对货物托运人来说，它又是货物的承运人。目前，相当部分的货物代理人掌握各种运输工具和储存货物的库场，在经营其业务时办理包括海、陆、空在内的货物运输。

货运代理的本人并不是承运人，而是根据客户的指示，为客户的利益揽取货物运输的人。货运代理也可以从事如储货、报关、验收、收款等与运送合同有关的活动。

国际货运代理公司拥有清关、订舱、空运、海运、多式联运、包装、仓储、国内物流等业务，且范围比较广。随着世界各国经济贸易往来的日益频繁，全球经济一体化的进程加快促进国际货运代理行业的迅速发展。目前，通过国际货运代理企业完成的业务中，进出口贸易货物运输和中转业务有80%，国际航空货物运输业务有90%。

 案例 1-2

英国某发货人将 500 包书委托伦敦一经营联运业务的货运代理运往国外，货物自伦敦运抵曼谷。该批货物被装入一个集装箱，且为货运代理自行装箱，然后委托某船公司承运，承运人接管货物后签发了清洁提单。货物运抵目的港曼谷时，铅封完好，但箱内有 100 包书不见了。发货人起诉货运代理，诉其短交货物。

货运代理对短交货物是否应负赔偿责任？

【分析】

从本案的索赔性质分析，应该说属于责任险范围。作为多式联运经营人的货运代理，其应对货物运输的全程负责，也就是说，自接受委托、从发货人手中接收货物起，至将货物如数交给收货人止，更何况货物是由其自行装箱的。

资料来源：百度文库. 国际货运代理案例[EB/OL].（2020-01-07）[2022-03-04]. https://wenku.baidu.com/view/5b79fc34bed126fff705cc17552270722182e595d.html.

二、国际货运代理的责任分类

（一）以纯粹代理人的身份出现时的责任划分

货运代理公司作为代理人，在货主和承运人之间起着牵线搭桥的作用，由货主和承运人直接签订运输合同。货运代理公司收取的是佣金，责任小。当货物发生灭失或损坏时，货主可以直接向承运人索赔。

（二）以当事人的身份出现时的责任划分

（1）货运代理公司以自己的名义与第三人（承运人）签订合同。

（2）在安排储运时使用自己的仓库或者运输工具。

（3）安排运输、拼箱集运时收取差价。

以上这三种情况，对于托运人来说，货运代理是承运人，应当履行承运人的责任。

（三）以无船承运人的身份出现时的责任划分

当货运代理从事无船承运业务并签发自己的无船承运人提单时，便成了无船承运经营人，被看作法律上的承运人，它一身兼有承运人和托运人的性质。

（四）以多式联运经营人的身份出现时的责任划分

当货运代理负责多式联运并签发提单时便成了多式联运经营人（MTO），被看作法律上的承运人。

1. 《联合国国际货物多式联运公约》规定 MTO 对货物灭失或迟延交付的赔偿责任

（1）对于货物灭失或损坏的赔偿限额最多不超过每件或每运输单位 920 SDR（特别提款权），或每千克不得超过 2.75 SDR，以较高者为准。但是国际多式联运如果根据合同不包括海上或内河运输，则 MTO 的赔偿责任按灭失或损坏货物毛重每千克不得超过 8.33 SDR。

（2）对于货物的迟延交付，规定了 90 天的交货期限，MTO 对迟延交货的赔偿限额为迟延交付货物的运费的 2.5 倍，且不能超过合同的全程运费。

2. 《中华人民共和国海商法》（以下简称《海商法》）规定 MTO 对货物灭失或迟延交付的赔偿责任

（1）对于货物灭失或损坏：每件或者每个其他运输单位 666.67 SDR，或按照灭失或损坏的货物毛重，每千克 2 SDR，以两者中较高的为准。

（2）对于迟延交付，我国的《海商法》规定货物交付期限为 60 天，MTO 迟延交付的赔偿限额为迟延交付货物的运费金额，但承运人因故意或者不作为而造成的迟延交付则不享受此限制。

（五）以"混合"身份出现时的责任划分

货运代理从事的业务范围较广泛，除作为货运代理代委托人报关、报检、安排运输，还用自己的雇员，以自己的车辆、船舶、飞机、仓库及装卸工具等来提供服务，或陆运阶段为承运人，海运阶段为代理人。对于货运代理的法律地位的确认不能简单化，而应视具体的情况具体分析。

（六）以合同条款为准的责任划分

在不同国家的标准交易条件中，往往详细订明了货运代理的责任。通常，这些标准交易条件被结合在收货证明或由货运代理签发给托运人的类似单证里。

（七）提供多式联运服务

在货运代理作用上，集装箱化的一个更深远的影响是它介入了多式联运。这时，货运代理充当了主要承运人并承担了组织一个单一合同，通过多种运输方式进行"门到门"的货物运输。它可以以当事人的身份与其他承运人或其他服务提供者分别谈判并签约。但是，这些分拨合同不会影响多式联运合同的执行，也就是说，不会影响发货人的义务和在多式联运过程中，它对货损或灭失所承担的责任。

 案例 1-3

浙江省某货运代理公司接受椒江市某进出口公司的委托出运一票货物（100 桶扑热息痛 40 桶葡萄糖酸钙），运至哥伦比亚。当货物运抵目的港后，哥伦比亚海关发现实际货物为 140 桶扑热息痛，海关当即将多发的 40 桶扑热息痛（价值 3800 美元）没收，并罚款 1900 美元（合计 5700 美元）。椒江市某进出口公司得知这一错装事件后通知货运代理，货运代理立即进行调查，查明果然是多装了 40 桶扑热息痛，同时误将 40 桶葡萄糖酸钙留在货运代理仓库内。究其原因，是业务人员工作疏忽，在开出仓单时，仅写了一种货名（扑热息痛）而造成的。

【分析】

这起情节极简单、责任极分明的案件向人们揭示了一个极易被忽视的道理，即货运代理看起来是一种无本生意，且极易操作，其实并非如此。它的学问很多，也很深，任何一个环节出现错误操作，如选择运输工具有误、选择承运人有误、发往目的地有误、报关内容有误、投保有误、保单内容被忽视以及仓库保管不当等，都可能造成无法挽回的损失。因此，在发达国家，货运代理为转移其风险，一般都投保货运代理责任险。

资料来源：百度文库. 国际货运代理案例及评析[EB/OL]. （2018-01-11）[2022-03-04]. https://wenku. baidu.com/view/ff309564b80d6c85ec3a87c24028915f804d8426.html?rec_flag=default&fr=Recommend_Relativ eDoc-60306,60321,40155,40250,40309-kpdrec_doc_pc_view-5b79fc34bed126fff705cc1755270722182e595d&s xts=1628300825369.

第四节 我国国际货运代理存在的问题及发展方向

《2016—2021 年中国国际货代行业发展预测与投资战略规划分析报告》显示，我国的国际货运代理行业起步较晚，发展历史较短，但是由于国家重视、政策鼓励，我国的国际货运代理行业发展十分迅速，国际货运代理对我国的对外贸易和国际运输事业的发展，乃至整个国民经济的发展做出了不可磨灭的贡献。随着我国政府对外开放政策的进一步落实，我国的货运代理行业发生了裂变和整合。我国的货运代理行业呈现出外资企业、国有企业和民营企业三足鼎立的局面。

我国的货运代理投资市场发展迅速，具有巨大的潜力。我国独特的经济形态给了货运代理和物流市场独特的投资机会。进出口贸易持续高速增长，为货运代理企业的快速增长提供了很大的发展空间。一方面，商品和服务交易量在中国与世界各国之间扩大，要求提供的国际货运代理服务更优质、更高效；另一方面，跨国公司全球供应链和网络布局的调整也使我国成为全球重要的采购加工中心，推动了我国与全球物流货运代理业务的对接、融合。

一、我国货运代理业存在的问题

（一）缺乏核心竞争力，营利方式不合理

从货源结构看，国内货运代理企业，尤其是中小企业主要以承揽出口预付货为主营业务，主要依靠降价和社会关系，而对已超过我国对外贸易比重 80% 的 FOB（free on board）指定货（这些货物运输主要由全球有网络优势的跨国货运代理企业控制），由于缺乏海外代理网络因素，往往力不能及。目前中小货运代理企业在运价、舱位等方面对承运人过分依赖，以赚取差价和收取订舱佣金为主要收入来源。靠降价和社会关系打天下的年代已经一去不复返，只有转变思路才能求得发展。两方或两方以上的合作者共同投资进行联合经营能达到规避风险和"双赢"的效果。

从理论上讲，单船运力超过 8000 TEU 的大型集装箱船舶带来的最大好处是每一个航次的集装箱运量高，挂靠的港口次数减少，从而提高了集装箱船舶经营人的经济效益；缺点是平均的业务可替代性强，客户稳定性差，专业化服务程度低，市场竞争力低下。只有走出去充分地参与国际货运代理企业国际竞争，才能获取合理的营利方式和核心竞争力。

（二）战略定位不清，缺乏发展规划

当前，全球的货运代理业都在向现代物流业转变。要实现这种转型，必须根据自身条件，把握市场变化，不断挖掘潜力，开发不同层次的物流增值服务。在这种形势下，中国大多数中小货运代理企业管理理念仍然落后，提供的服务简单且范围小，服务方式单一，更没有主动细分市场，研究市场变化和客户需求心理，进行市场定位，并制定企业发展战略，它们一直处于低层次的经营状态，无法为客户提供个性化的物流方案，更不用说供应链的组织能力。在这样的大背景下，政府应该牵头引导货运代理业向现代物流转变，转变经营理念，树立国际大局观念，让规划和战略定位变得具体和清晰，让国际货运代理企业的管理理念得到进一步提高。

（三）配套基础设施差，专业人才缺乏

由于货运代理属于服务业，基本上不存在行业壁垒，市场进入门槛低。我国很多货运代理企业规模都不大，企业的所谓信息化往往只是使用电子邮件、即时通信软件以及利用

办公室软件制作简单的表单文档，而运用计算机进行信息的收集、存储、管理和利用方面的能力较弱，未能形成自己的核心优势。另外，制约货运代理企业发展的一个重要因素是缺乏专业人才。尽管货运代理资格培训在不断发展，但从业人员仍然不能满足市场需求。据统计，中国现有货运代理从业人员大约 30 万，而其中经过正式培训的人员寥寥无几，这严重影响了中国国际货运代理企业的竞争力。

（四）市场秩序不规范

严格地讲，未具商务部颁发的国际货运代理资格批准证书的货运代理都属于非法货运代理，目前我国仍有众多非法货运代理。这些非法货运代理常常为了争夺货源，对大客户不惜降低运价，给予回扣，进行不正当竞争；而对于一些零星小客户，则利用其对航运市场的不了解，巧立名目乱收费。也正因如此，它们能迎合一些货主的需要而得以长期存在。这使得国际货运代理企业市场竞争更加激烈、运价更低、服务更无法保障，合法货运代理企业生存空间越来越小。

基于我国近年经济的高速发展，这些非法货运代理浑水摸鱼，得以生存下来。但随着我国经济结构不断完善，各行业在国际竞争中不断地自我提高和完善，以及国家对国际货运代理出台了一系列的相关法律法规，这些非法货运代理的生存压力进一步加大。同时我国一批有实力的国际货运代理企业依托中国大市场，走出国门，参与国际货运代理竞争。

二、货运代理与第三方物流的联系

在经济全球化的背景下，随着国际贸易和国际运输的发展，货运代理的服务范围不断扩大，它们为客户提供的服务也从传统的基础性业务，如订舱和报关等，扩展至全方位的系统性服务，包括货物的全程运输和配送服务。传统的国际货运代理人也不断拓展业务范围，从代理业务发展到无船承运业务、多式联运业务，再到物流业务，等等。

货运代理是货主与承运人之外的第三方，其业务主要集中在货物的运输上，而运输只是第三方物流的一个子系统、一个部分，换句话说，货运代理业务包括在第三方物流的业务中。运输是物流的一个主要和实质的部分，在进出口贸易中，不管物流方案设计得多么完备和先进，没有实体的运输，货物就不能完成从生产者到消费者的移动。有人认为第三方物流的业务是由货运代理业务向前向后分别延伸而构成的，但二者之间绝非简单相加的关系，而是一个立体化的升级，不仅业务范围扩大了，而且经营理念也有所改变。第三方物流的业务与货运代理的业务相比，最大的不同在于系统化，并且是以先进技术为基础的系统化。用系统观点来研究物流活动是现代物流科学的核心问题。

三、国际货运代理向国际物流发展的有效途径

（一）提升传统货运代理业务

1．增加直接客户

增加直接客户，尤其要同关键客户建立直接关系。确定并建立自己的客户群体是货运

代理企业开展业务的前提，而直接客户的多与少是关键。只有直接客户多了，才能够确保获取更高的利润率，保持对客户的控制，使业务持续。同时要进一步发展与客户的关系，有效地在市场中培养忠诚客户，尤其是能够带来利润的客户，必须争取留住他们。

2．揽取海外客户的业务

走出去揽取海外买方客户的货物。目前采取 FOB 出口的货物已占中国整个出口货物的 80%，并已形成海外客户在国内指定货运代理为其提供服务的格局。国内由谁代理，选择权和控制权完全取决于国外买方。这样国内的货运代理要想寻找生意，就必须与海外买方建立联系，充当海外买方在国内的指定货运代理。

3．掌握承运人

要能掌握承运人，只有这样才能使货运代理的客户从承运人处获得更加优惠的费率，确保运力紧张时货运代理客户的货物能够获得充足的舱位，而不致被拒装或甩货。

4．利用手中资源

充分利用自己手中已经控制的资源。依托自己手中所控制的关键资产向客户提供全面的货运代理服务，如提供内陆水运码头、内河班轮、保税仓库、集装箱堆场或集运站、集装箱等，以此达到"锁定"客户的目的。

5．维系与政府部门的良好关系

应同相关政府部门及单位，如海关、商检、港务局等建立并保持密切而良好的关系，以帮助货运代理的客户加快港口货物清关和及时办理其他手续，体现货运代理企业的能力与办事效率。

6．加强海外营运管理能力

加强海外营运管理能力，管理好海外承运商与代理的运作，确保始发地和目的地"门到门"的服务质量。

7．提供增值服务

为客户提供最佳增值服务的解决方案。货运代理企业替客户提供一揽子服务，尤其是针对国内 CIF（成本加保险费加运费）出口的客户，要想方设多争取一些服务环节，这样做一方面方便客户，另一方面货运代理可获取更高的服务费用，增加收入来源，稳定客户。

8．采用项目管理方式提升市场竞争力

货运代理采用项目管理方式提升市场竞争力。通过实施项目管理把部分相关人员临时抽调到同一个组织中，形成矩阵式作业团队，目标一致，直接面向客户开展工作，有效克服传统作业模式的不足，既可达到培训、锻炼与提高货运代理企业一般人员能力的目的，又可提升管理人员的科学管理水平。实践证明，采用项目管理方式是提升传统货运代理业务与增强传统货运代理竞争力的一种很好的方法和途径。

（二）开展当事人业务

在承办货物进口业务时，一些较大的国际货运代理可能拥有自己的内陆运输工具（货车）、集装箱堆场及仓库等，它们既办理货物进口的有关手续，又负责将货物储存在自己拥有的仓库内，在将货物转到内地目的地时，使用自己拥有的汽车。在这种情况下，货运代理的性质发生了变化，即在海上运输过程中是纯粹的代理人，在储存过程中是当事人，在内陆汽车运输过程中是实际承运人，甚至有时是签发联运单证的全程承运人。

在承办货物出口业务时，货运代理也常常扮演承运人的角色。以中国外运股份有限公司（以下简称"中国外运"）为例，其以承运人身份从事代运业务的情况可归纳为以下几种。

（1）以期租船人及船舶经营人的身份出现的承运人。

（2）以航次租船人或以包轮租船人身份出现的契约承运人。

（3）以签发中国外运的联运提单或多式联运提单出现的契约承运人。

（三）发展国际多式联运业务

1. 货运代理业新的增长点

国际多式联运得到世界广大货主的认可和青睐，越来越显示出强劲的生命力。其凭借良好的经济效益和社会效益，必将得到更加广泛的发展和应用。从货运代理拓宽业务的角度出发，它是一个很有发展前途的新的增长点。

2. 降低成本，提高竞争力

货运代理只要参与国际多式联运业务，它的经营范围就可以大幅扩展，并且可以有效而灵活地应用自己拥有的各种设施，最大限度地发挥自己现有设备的作用，改善货物流通环节，选择最佳路线，组织合理运输，提高运输效率，降低运输成本，提高竞争能力。

3. 开展附加服务，增加经济效益

货运代理在参与国际多式联运过程中，不但可以在货物运输中获益，还可以在与货物运输相关的服务项目中获取附加价值，例如把原来少量的货物集中起来，然后与实际承运人交涉，进而获得优惠运价，使货主和货运代理均受益。

（四）扩展无船承运人业务

1. 传统货运代理的纯粹代理人业务已不能满足客户的需要

随着集装箱运输的发展，中小货主的散装货必然需要有人进行拼箱和集运。无船承运人正充当了这种角色。它们将散装货进行拼箱，以整箱货与实际承运人洽定舱位，签订运输合同，从而节省中小托运人分别向公共承运人办理托运的时间，降低它们的运输成本，并且减少运输的烦琐性，提高小批量货物的运输速度。这种形式极大地促进了集装箱运输的开展。这正是无船承运人必然产生和迅速发展的一个历史动因。

2. 传统货运代理业务已不能满足货运代理人赚取利润的需要

货运代理人要生存下去必须开拓业务领域、扩展利润空间。无船承运人赚取的是运费差价，而货运代理人赚取的是代理佣金，在运费差价高于代理佣金的情况下，货运代理人愿意承担更大的风险充当无船承运人。

例如，目前日韩航线的运费差价较高，因此中国的货运代理在这两个航线上开展的无船承运业务就较多，而欧洲航线运费差价较小，做无船承运业务的则不多。因此，无船承运业务的存在也是货运代理人赚取利润，在竞争激烈的今天得以生存下去所必需的。如果禁止货运代理人从事该业务，那么很多货运代理人可能将无法生存。

3. 无船承运人能实现与货主的"双赢"

无船承运人能够将多个货主的货集中起来，以较大的货量与实际承运人签订运输合同。有的无船承运人还可与船公司签订运价协议，货量越大，其讨价还价的能力越大，从而取得更为优惠的运价。这不仅对无船承运人有利，对货主也有利，所以很多货主愿意通过无船承运人安排运输。

4. 无船承运人提单被银行接受能用以结汇

跟单信用证下对无船承运人提单的接受也是无船承运人得以存在和发展的必要条件和动因，UCP500 第三十条明确规定，如果单据由运输行作为承运人或多式联运经营人的代理人签字，则与承运人出具的运输单据一样，可以被银行接受，由此扫除了无船承运人提单用以结汇的障碍。

5. 各国法律允许无船承运人这一主体及其业务的存在

如前所述，中国和美国法律中均明确规定了无船承运人的概念，其他国家或地区（如欧洲一些国家）虽然没有将无船承运人作为一个单独的主体从货运代理人中分离出来，但其所规定的作为独立经营人的货运代理人的业务中包括了无船承运业务，允许这种业务的存在，并不断促进其发展。

（五）拓展现代物流业务

现代物流为货运代理拓展出未来的发展方向。现代物流是生产企业与运输企业利润融合的最佳渠道，是生产企业与运输企业间商业活动相互有机衔接所必需的系统综合，有利于对总成本的控制。它为货运代理拓展了利润来源，扩大了市场份额，加强了市场竞争力。

货运代理把其自身所拥有的运力、仓储和代理网络作为其提供现代物流服务的支持力量，通过为客户提供全程的物流服务，从中获得自身发展所需的商业利润和市场空间。因此，现代物流服务的拓展必将成为货运代理今后发展的一个重要增长点。

本章小结

本章主要介绍了代理的概念、法律特征及分类；国际货运代理的概念及性质、法律地位、作用；国际货运代理的业务范围及责任；我国国际货运代理存在的问题及发展方向。通过本章内容的学习，使学生能够了解代理与国际货运代理的基础知识，从不同角度区分国际货运代理人的类型；了解国际货运代理的作用及目前我国国际货运代理企业的业务发展现状和行业发展趋势，为以后各章学习做好铺垫。

延伸阅读

货运代理寻找客户之途径

随着国际贸易、运输方式的发展，货运代理早已渗入贸易的每一行业，成为贸易中不能缺少的关键构成部分。

单一的贸易经营人或是单一的运输经营人都没有足够的力量亲自处理每一项具体业务，他们需要委托代理人为其办理一系列商务手续。在这样的交易中，双方可实现各自的目的。那么货物运输代理企业该怎样寻找客户呢？

一、出口外贸 B2B 服务平台

货物运输代理企业根据出口外贸 B2B 服务平台寻找客户是一个非常好的方式。一些出口外贸 B2B 服务平台上面都有许多做出口外贸的加工厂和外贸企业，货物运输代理企业能够依照商品的类型对上面的信息进行统计分析和筛选，针对商品匹配度较高的企业能够分配销售员进行电话沟通，了解之后有意向的可以继续跟进开发。

二、外贸论坛

外贸论坛集聚了诸多出口外贸人，货物运输代理企业能够根据出口外贸人发的帖子进行基本了解，而且能够通过回帖等方法寻找客户。假如在回帖中一味地推广本企业，不回应有关帖子的内容，只能激起他人的抵触情绪。

因而一定要看他人的帖子内容，并且明确给出一些较为合理的提议或者评价，那样更容易得到关注，也可以防止被屏蔽或封禁。

此外，还可以发布一些干货知识，例如物流知识和方法，协助出口外贸人解决困难，从而获取他们的信赖，方便精准地寻找客户，并且客户都较精准。总的来说，外贸论坛也是货物运输代理寻找客户的服务平台之一。

三、企业黄页

企业黄页包括各个行业的企业信息，货物运输代理企业能够依照其内容的归类寻找初始目标客户，与此同时，还可以根据网络分类信息里的名册搜索对自己的商品有需求的企业。寻找到联系电话后，可直接与有关企业进行沟通交流，分辨对方有没有项目合作意向。

四、百度搜索引擎

百度搜索引擎收录了很多数据信息，是很多人碰到难题时的优先查看方法。货物运输代理企业可输入关键字搜索，从而寻找所在城市的加工厂和外贸企业，有意向的可以继续跟踪开发。

五、运营商大数据拓客服务平台

运营商大数据是一种根据运营商大数据用户数量做分析的一种方法，2017 年，电信第一个开发设计了大数据的拓客服务平台，分析客户的个人行为，为客户贴标签。

运营商大数据获客是一手资源，不会有贩卖，平台网站会对数据信息进行去重，一样的数据信息在一个月内是不会发送给下一个客户的。

运营商大数据可以根据实体模型分析客户的上网管理和个人通信行为这类客户行为数据。不同行业内的企业对精准数据信息的需求不同，据此可精准定位有关行业和企业，尽量做到精准定位目标意向客户人群。

资料来源：大数据信息. 大数据获客招商，货运代理如何寻找客户，促进经济的迅速发展[EB/OL]. （2021-07-24）[2022-03-04]. https://baijiahao.baidu.com/s?id=1706043883648421457&wfr=spider&for=pc.

本章思考题

一、选择题

1. （ ）是指接受进出口货物收货人、发货人的委托，以委托人或自己的名义，为委托人办理国际货物运输及相关业务并收取服务报酬的法人。

A．国际货运代理企业出口商　　　B．国际货运代理企业进口商

C．班轮公司　　　　　　　　　　D．航空公司

2. 我国某货主委托货运代理人安排货物出口事宜，由于货主所提供的货物资料不清楚，造成货运代理人在办理货物出口申报时资料被退回，影响了货物的正常出运。因此造成的货主的损失，应当由（　　）承担。

    A．货运代理人　　　　　　　　　B．报关行

    C．船公司　　　　　　　　　　　D．货主

3. 根据 FIATA 货运代理标准交易条件的规定，国际货运代理人可以提供的服务包括办理（　　）。

    A．货物的储存　　　　　　　　　B．货物的运输

    C．货物的保险　　　　　　　　　D．货物的官方申报

二、判断题

1. FIATA 对"国际货运代理及物流服务"的最新定义指的是：所有与货物的运输（即采用单一的模式或多式联运模式所完成的运输）相关的服务，货物的拼箱、储存、处理、包装或配送等相关的服务，以及和上述服务的辅助性及咨询服务，其中包括但不局限于海关和财政事务、货物的官方申报、安排货物的保险、代收或支付货物相关的款项与单证等服务。（　　）

2. 国际货运代理人以自己的名义与第三人签订合同，往往被认定为当事人并承担当事人的责任。（　　）

三、名词解释

1. 代理的含义

2. 国际货运代理

四、简答题

1. 国际货运代理的作用是什么？

2. 国际货运代理的业务范围有哪些？

五、案例分析

甲货运代理公司接受乙外贸公司委托，全权负责一批时令货物的运输。乙外贸公司问询甲货运代理公司货物能否在规定时间内运抵目的港。甲货运代理公司查询丙班轮公司船期表后，认为没有问题，于是向乙外贸公司承诺货物可以按时运抵。货物装船后，因为船员驾驶船舶疏忽发生触礁搁浅，船舶比原船期表时间晚到目的港5天。请问：

（1）甲货运代理公司是否应当承担货物延迟交付的责任？为什么？

（2）丙班轮公司是否应当承担货物延迟交付的责任？为什么？

六、实训题

通过上网或由同学、朋友介绍当地知名国际货运代理公司，了解该公司的业务范围和具体服务项目，对货运代理行业形成整体的认识。

第二章　国际货运代理企业

知识目标

❑ 掌握国际货运代理企业的内涵、经营范围与业务内容；
❑ 掌握国际货运代理企业的设立、变更和终止；
❑ 了解国际货运代理企业的组织结构。

导读案例

中国外运长航集团有限公司（以下简称"中国外运长航"）包括海、陆、空货运代理、船务代理、供应链物流、快递、仓码、汽车运输等综合物流业务。中国外运长航是中国最大的国际货运代理公司、最大的航空货运和国际快件代理公司、第二大船务代理公司。中国外运长航的航运业务包括船舶管理、干散货运输、石油运输、集装箱运输、滚装船运输等，拥有和控制达 1800 余万载重吨的各类船舶运力，是我国第三大船公司，我国内河最大的骨干航运企业集团，我国唯一能实现远洋、沿海、长江、运河全程物流服务的航运企业。

资料来源：绿蚂蚁. 中国排名前十的国际货运代理企业[EB/OL]. （2016-05-05）[2022-03-04]. http://www.lvmae.com/news/hangye/789.html.

请查询相关网站，了解国际货运代理企业的经营范围及国际货运代理企业的设立及运营，了解国际货运代理企业的组织结构。

第一节　国际货运代理企业概述

一、国际货运代理企业的内涵、经营范围与业务内容

（一）国际货运代理企业的内涵

国际货运代理企业是指接受进出口货物收货人、发货人的委托，以委托人的名义或者以自己的名义，为委托人办理国际货物运输及相关业务并收取服务报酬的法人企业。

（二）国际货运代理企业的经营范围

国际货运代理企业作为代理人或者独立经营人从事经营活动，其经营范围如下。

（1）揽货、订舱（含租船、包机、包舱）、托运、仓储、包装。

（2）货物的监装、监卸、集装箱、装拆箱、分拨、中转及相关的短途运输。

（3）报关、报检、报验、保险。

（4）缮制签发有关单证、交付运费、结算及交付杂费。

（5）国际展品、私人物品及过境货物运输代理。

（6）国际多式联运、集运（含集装箱拼箱）。

（7）国际快递（不含私人信函）。

（8）咨询及其他国际货运代理业务。

根据其经营范围，国际货运代理按运输方式分为海运代理、空运代理、汽运代理、铁路运输代理、联运代理、班轮货运代理、不定期船货运代理、液散货货运代理等；按委托项目和业务过程分为订舱揽货代理、货物报关代理、航线代理、货物进口代理、货物出口代理、集装箱货运代理、集装箱拆箱装箱代理、货物装卸代理、中转代理、理货代理、储运代理、报检代理和报验代理等。

（三）国际货运代理企业的业务内容

国际货运代理所从事的业务主要有以下几个方面。

1．为发货人服务

货运代理代替发货人承担在不同货物运输中的任何一项责任。

（1）以最快、最省的运输方式，安排合适的货物包装，选择合适的运输路线。

（2）向客户建议仓储与分拨。

（3）选择可靠、效率高的承运人，并负责缔结运输合同。

（4）安排货物的计重和计量。

（5）办理货物保险。

（6）办理货物的拼装。

（7）在装运前或在目的地分拨货物前把货物存仓。

（8）安排货物到港口的运输，办理海关和有关单证的手续，并把货物交给承运人。

（9）代表托运人支付运费、关税。

（10）办理有关货物运输的任何外汇交易。

（11）从承运人处取得各种签署的提单，并把它们交给发货人。

（12）与国外的代理联系，监督货物运输进程，并使托运人知道货物去向。

2．为海关服务

当货运代理作为海关代理办理有关进出口商品的海关手续时，它不仅代表它的客户，而且代表海关当局，负责申报货物确切的金额、数量、品名，以使政府在这些方面不受损失。

3．为承运人服务

货运代理向承运人及时订舱，议定对发货人、承运人都公平合理的费用，安排适当的时间交货，以及以发货人的名义解决和承运人的运费账目等问题。

4．为航空公司服务

货运代理在空运业充当航空公司的代理。货运代理利用航空公司的货运手段为货主服务，并由航空公司给付佣金。同时，作为一个货运代理，它通过提供适于空运的服务方式，继续为发货人或收货人服务。

5．为班轮公司服务

货运代理与班轮公司的关系随业务的不同而不同。近年来，由货运代理提供的拼箱服务，即拼箱货的集运服务已建立了它们与班轮公司及其他承运人之间的较为密切的联系。

6．提供拼箱服务

随着国际贸易中集装箱运输业务的增长，集运和拼箱的服务需求产生，其中，货运代理担负着委托人的职责。集运和拼箱的基本含义是：把一个出运地若干发货人发往另一个目的地的若干收货人的小件货物集中起来，作为一个整件运输的货物发往目的地的货运代理，并通过它把单票货物交给各个收货人。货运代理签发提单，即分提单或其他类似收据交给每票货的发货人；货运代理目的港的代理凭初始的提单把货物交给收货人。拼箱的收货人、发货人不直接与承运人联系。对承运人来说，货运代理是发货人，而货运代理在目的港的代理是收货人。因此，承运人给货运代理签发的是全程提单或货运单。如果发货人或收货人有特殊要求，那么货运代理也可以在出运地和目的地提供提货和交付的服务，提供"门到门"的服务。

7．提供多式联运服务

在货运代理作用上，集装箱化的一个更深远的影响是使货运代理介入了多式联运，充当了主要承运人，并承担了组织一个单一合同，通过多种运输方式进行"门到门"的货物运输。它可以以当事人的身份与其他承运人或其他服务提供者分别谈判并签约。但是，这些分拨合同不会影响多式联运合同的执行，也就是说，不会影响发货人的义务和在多式联运过程中以及对货损及灭失所承担的责任。货运代理作为多式联运经营人，需对它的客户承担更多责任，提供包括所有运输和分拨过程的全面的"一揽子"服务。

二、国际货运代理企业的分类

国际货运代理企业可以从不同的角度进行分类。为了更好地了解其行业特点和业务内容，以企业的成立背景和经营特点为标准，国际货运代理企业可以分为以下几种类型。

1．以对外贸易运输企业为背景的国际货运代理企业

这类国际货运代理企业主要是指中国对外贸易运输（集团）总公司及其分公司、子公司、控股公司、合资公司。以海、陆、空国际货运代理业务为主，集海上运输、航空运输、航空快递、铁路运输、国际多式联运、汽车运输、仓储、船舶经营和管理、船舶租赁、船务代理、综合物流为一体。它的特点是：一业为主，多种经营；经营范围较宽，业务网络发达，实力雄厚，人力资源丰富，综合市场竞争能力较强。

2．以实际承运人企业为背景的国际货运代理企业

这类国际货运代理企业主要是指由公路、铁路、海上、航空运输部门或企业投资或控股的国际货运代理企业，如中国铁路对外服务总公司、中国外轮代理总公司、中远国际货运有限公司、中国民航客货运输销售代理公司等。它的特点是：专业化经营，与实际承运人关系密切，运价优势明显，运输信息灵通，方便货主，在特定的运输方式下市场竞争力较强。

3. 以外贸、工贸公司为背景的国际货运代理企业

这类国际货运代理企业主要是指由各专业外贸公司或大型工贸公司投资或控股的国际货运代理企业，如五矿国际货运公司、中化国际仓储运输公司、中粮国际仓储运输公司、中机国际仓储运输公司、中成国际运输公司、长城国际运输代理有限公司等。它的特点是：货源相对稳定，处理货物、单据的经验丰富，对某些类型货物的运输代理竞争优势较强，但多数规模不大，服务功能不够全面，服务网络不够发达。

4. 以仓储、包装企业为背景的国际货运代理企业

这类国际货运代理企业主要是指由仓储、包装企业投资、控股的国际货运代理企业或增加经营范围而成的国际货运代理企业，如北京市友谊包装运输公司、天津宏达国际货运代理有限公司、中储国际货运代理公司等。它的特点是：凭借仓储优势揽取货源，深得货主信任，对于特种物品的运输代理经验丰富，但多数规模较小，服务网点较少，综合服务能力不强。

5. 以港口、航道、机场企业为背景的国际货运代理企业

这类国际货运代理企业主要是指由港口、航道、机场投资、控股的国际货运代理企业，如上海集装箱码头有限公司、天津振华国际货运有限公司等。这类国际货运代理企业的特点是：与港口、机场企业关系密切，港口、场站作业经验丰富，对集装箱货物运输代理具有竞争优势，人员素质、管理水平较高，但是服务内容单一，缺乏服务网络。

6. 以境外国际运输、运输代理企业为背景的国际货运代理企业

这类国际货运代理企业主要是指境外国际运输、运输代理企业以合资、合作方式在中国境内设立的外商投资国际货运代理企业，如华迅国际运输有限公司、华辉国际运输服务有限公司、天保名门（天津）国际货运代理有限公司、深圳彩联储运有限公司等。它的特点是：国际业务网络较发达，信息化程度、人员素质、管理水平高，服务质量好。

7. 其他背景的国际货运代理企业

这类国际货运代理企业主要是指由其他投资者投资或控股的国际货运代理企业。它的投资主体多样，经营规模、经营范围不一，人员素质、管理水平、服务质量参差不齐。有的实力雄厚，业务范围广泛，服务网络较发达，信息化程度、人员素质、管理水平较高，服务质量较好，如天津大田航空服务代理公司、北京市外国企业服务总公司等；有的规模较小，服务内容单一，人员素质、管理水平不高，服务质量一般。

三、国际货运代理企业的设立

（一）国内投资国际货运代理企业的设立

1. 设立条件

根据《中华人民共和国公司法》（以下简称《公司法》）和《中华人民共和国国际货物运输代理业管理规定》，登记注册国际货物运输代理企业，应当具备下列条件。

（1）国际货运代理企业应当依法取得中华人民共和国企业法人资格。企业组织形式为有限责任公司或股份有限公司。禁止具有行政垄断职能的单位申请投资经营国际货运代理业务。承运人以及其他可能对国际货运代理行业构成不公平竞争的企业，不得申请经营国际货运代理业务。

（2）国际货运代理企业的股东可由企业法人、自然人或其他经济组织组成。与进出口贸易或国际货物运输有关并拥有稳定货源的企业法人应当为大股东，且应在国际货运代理企业中控股。企业法人以外的股东不得在国际货运代理企业中控股。具体来讲，有限责任公司型国际货运代理企业股东数量应在两个以上（含两个）50 个以下（含 50 个）。股份有限公司型国际货运代理企业应有 5 个以上发起人，且半数以上发起人在中国境内有住所。国有企业改制为股份有限公司型国际货运代理企业，发起人可以在 5 个以下，但只能采取募集方式设立。

（3）国际货物运输代理企业的注册资本最低限额应当符合下列要求：经营海上国际货物运输代理业务的，注册资本最低限额为 500 万元人民币；经营航空国际货物运输代理业务的，注册资本最低限额为 300 万元人民币；经营陆路国际货物运输代理业务或者国际快递业务的，注册资本最低限额为 200 万元人民币；经营两项以上国际货物运输代理业务的，注册资本最低限额为其中最高一项的限额。国际货运代理企业每申请设立一个分支机构，应当相应增加注册资本 50 万元人民币。如果企业注册资本超过上述最低限额，其超过部分可以作为设立分支机构的增加资本。

（4）国际货物运输代理企业营业条件包括以下几个。

① 人员。具有至少 5 名从事国际货运代理业务 3 年以上的业务人员，其资格由业务人员原所在企业证明，或者取得国际货物运输代理资格证书。

② 场所。有固定的营业场所，自有房屋、场地，须提供产权证明；租赁房屋、场地，须提供租赁契约。

③ 营业设施。有必要的营业设施，包括一定数量的电话、传真、计算机、短途运输工具、装卸设备、包装设备等。

④ 货源市场。有稳定的进出口货源市场，是指在本地区进出口货物运量较大，货运代理行业具备进一步发展的条件和潜力，并且申报企业可以揽收到足够的货源。

⑤ 企业章程。有合法的国际货运代理企业章程。

⑥ 组织机构。有符合规定的企业名称，建立符合法律要求的组织机构。

⑦ 企业申请的国际货运代理业务经营范围中如果包括国际多式联运业务，除应当具备上述条件，还应当具备下列条件：从事货运代理业务 3 年以上；具有相应的国内外代理网络；拥有在商务部登记备案的国际货运代理提单。

2．设立程序

根据 2004 年 1 月 1 日中国商务部修订后的《中华人民共和国国际货物运输代理业管理规定实施细则》，经营国际货运代理业务，必须取得商务部颁发的"中华人民共和国国际货物运输代理企业批准证书"。

申请经营国际货运代理业务的单位应当报送下列文件。

（1）申请书，包括投资者名称、申请资格说明、申请的业务项目。

（2）可行性研究报告，包括基本情况、资格说明、现有条件、市场分析、业务预测、组建方案、经济预算以及发展预算等。

（3）投资者的企业法人营业执照（影印件）。

（4）董事会、股东会或股东大会决议。

（5）企业章程（或草案）。

（6）主要业务人员情况（包括学历、所学专业、业务简历、资格证书）。

（7）资信证明（会计师事务所出具的各投资者的验资报告）。

（8）投资者出资协议。

（9）法定代表人简历。

（10）国际货运代理提单（运单）样式。

（11）企业名称预先核准函（影印件，工商行政管理部门出具）。

（12）国际货运代理企业申请表。

（13）交易条款。

以上文件除（3）、（11）项外，均须提交正本，并加盖公章。

地方商务主管部门对申请项目进行审核后，应将初审意见（包括建议批准的经营范围、经营地域、投资者出资比例等）及全部申请文件按规定，报商务部审批。申请人收到商务部同意的批复后，应当于批复之日起 60 天内持修改后的企业章程（正本），凭地方商务主管部门介绍信到商务部领取批准证书。

目前，我国国际货运代理的市场准入已经改为工商注册登记制度。国际货运代理企业应当持批准证书向工商、海关部门办理注册登记手续。任何未取得批准证书的单位，不得在工商营业执照上使用"国际货运代理业务"或与其意思相同或相近的字样。

批准证书的有效期为 3 年。企业必须在批准证书有效期届满的 60 天前，向地方商务主管部门申请换证。企业连续三年年审合格，地方商务主管部门应当于批准证书有效期届满的 30 天前报送商务部，申请换领批准证书。

 知识链接

中国国际货运代理协会（China International Freight Forwarders Association，CIFA，简称"中国货代协会"）是我国国际货运代理行业的一个全国性社会组织，2000 年 9 月 6 日在北京成立，会员涵盖各省市国际货运代理行业组织、国际货运代理物流企业以及与货运代理物流相关的企事业单位，并吸纳在中国货运代理、运输、物流行业有较高威望和影响的个人会员。

CIFA 的业务指导部门是国家商务部。作为联系政府与会员之间的纽带和桥梁，协会本着"反映诉求、提供服务、规范行为"的主旨，立志"依法办会、专业立会、务实兴会、创新强会"，积极开展各项工作：协助政府部门加强对我国国际货运代理物流行业的管理；维护国际货运代理物流业的经营秩序；推动会员企业的交流合作；依法维护本行业利益；保护会员企业的合法权益；促进对外贸易和国际货运代理物流业健康发展；为行业培训现代货运代理物流人才，提升行业人员素质，增强行业企业的国际竞争力；以民间形式代表中国货运代理物流业参与国际经贸运输事务并开展国际商务往来，参加相关国际行业重要会议。

CIFA 自成立以来，在发挥政府和企业之间的纽带和桥梁作用方面，在倾听、反映货运代理物流企业呼声，坚决维护其合法权益方面做了大量工作，得到了政府部门、货运代理物流企业及社会各界的肯定和认同，为促进货运代理物流行业发展做出了开创性的贡献，具体包括：承办国际货运代理协会联合会（FIATA）2006 年上海年会并取得圆满成功；连续举办十二届"中外货运代理物流企业洽谈会"，为中外货运代理物流企业搭建交流合作平台，形成国际行业会议品牌；参与修订商务部货运代理法律法规及行业标准，进一步规范行业管理；在全国范围内推广使用 FIATA 单证，提高我国货运代理物流行业的国际竞争力；开展全国货运代理物流企业信用评价和百强排名，促进行业企业健康发展；组织货运代理物流从业人员的国际、国内资格证书培训考试，提高行业整体素质，如此等等。

3. 备案

商务部颁布了《国际货运代理企业备案（暂行）办法》（以下简称《备案办法》），《备案办法》规定，商务部是全国国际货运代理企业备案工作的主管部门。凡经国家工商行政管理部门依法注册登记的国际货物运输代理企业及其分支机构，都应当向商务部或商务部委托的机构办理备案。

国际货运代理企业的备案分为国际货运代理企业本身的备案（包括设立备案和变更备案）和国际货运代理企业的业务经营备案。国际货运代理企业备案工作实行全国联网和属地化管理。国际货运代理企业应在本地区备案机关办理备案手续。

（二）外商投资和香港、澳门投资的国际货运代理企业的设立

1. 外商投资的国际货运代理企业的设立

根据 2005 年 12 月 11 日商务部出台的《外商投资国际货物运输代理企业管理办法》的规定，外商可以在中国设立独资国际货物运输代理公司，取消了之前外商不能设立相应独资公司的限制。外商投资者可以合资、合作、独资的方式在中国境内设立外商投资国际货运代理企业。

外商投资设立经营国际快递业务的国际货运代理企业由商务部负责审批和管理；外商投资设立经营其他业务的国际货运代理企业由各省、自治区、直辖市、计划单列市以及新疆生产建设兵团商务主管部门（以下简称"省级商务主管部门"）负责审批和管理。其注册资本要达到 100 万美元。投资国际货运代理企业每设立一个从事国际货物运输代理业务的分公司，应至少增加注册资本 50 万元人民币。如果企业注册资本已超过最低限额，超过部分可作为设立公司的增加资本。

2. 香港、澳门投资的国际货运代理企业设立

虽然香港、澳门地区属于中华人民共和国不可分割的组成部分，但是由于政治、法律等方面的原因，目前这些地区的公司、企业在内地设立国际货运代理企业，只能参照有关外商投资国际货运代理企业的规定办理。

国务院就香港、澳门投资者投资国际货运代理企业做了如下规定。

允许香港服务提供者和澳门服务提供者在内地以合资、合作、独资的形式设立国际货运代理企业。符合条件的香港服务提供者和澳门服务提供者在内地投资设立国际货运代理企业的注册资本最低限额应当符合下列要求。

（1）经营海上国际货物运输代理业务的，注册资本最低限额为 500 万元人民币。

（2）经营航空国际货物运输代理业务的，注册资本最低限额为 300 万元人民币。

（3）经营陆路国际货物运输代理业务的，注册资本最低限额为 200 万元人民币。

（4）经营前款两项以上业务的，注册资本最低限额为其中最高一项的限额。

香港服务提供者和澳门服务提供者在内地投资设立的国际货运代理企业在缴齐全部注册资本后，可申请在国内其他地方设立分公司。每设立一个分公司，应当增加注册资本 50 万元人民币。如果企业注册资本已超过最低限额，则超过部分可作为设立分公司的增加资本。

四、国际货运代理企业的变更和终止

（一）国际货运代理企业的变更

国际货运代理企业成立以后，可以根据国家有关法律、法规规定和企业实际情况变更企业名称、企业类型、隶属关系、经营范围、经营地域、通信地址或营业场所、法定代表人等项目，亦可变更股东，增加或减少注册资本，所有这些都属于国际货运代理企业变更的情形，均应办理相应的法律手续。

1. 国际货运代理企业变更的条件

《中华人民共和国国际货物运输代理业管理规定实施细则》对国际货运代理企业变更的条件没有做具体的要求。

2. 国际货运代理企业变更应提交的文件

国际货运代理企业变更应提交的文件，现行有关法规和规章也未做具体规定。在实际操作中，应根据变更项目的不同准备不同的文件。如变更国际货运代理企业股权关系时，主要应向所在地工商行政管理部门提交下列资料。

（1）变更股权关系申请书。

（2）股权转让协议正本。

（3）原股东关于同意转让股权的股东会或董事会决议正本。

（4）新股东董事委派书原件。

（5）新股东的基本情况。

（6）加盖当地工商行政管理机关印章的新股东企业法人营业执照影印件。

（7）新法人代表身份证明材料。

（8）转股后企业章程修改协议正本。

（9）关于修改企业章程的股东会或董事会决议正本。

3. 国际货运代理企业变更的程序

申请变更国际货物运输代理企业，应向所在地工商行政管理部门办理以下手续。

（1）领取并填写名称（变更）预先核准申请书及相关材料。

（2）递交名称（变更）预先核准申请书及相关材料，等待变更名称核准结果。

（3）领取企业名称预先核准通知书及与企业变更有关的表格。

（4）增加或减少注册资本，应到银行办理资金证明，以非货币方式出资的，还应办理资产评估手续；有限责任公司变更为股份有限公司的，其资本应按《公司法》有关规定程序办理。

（5）递交申请材料，材料齐全，符合法定形式的，等候领取准予行政许可决定书。

（6）领取准予行政许可决定书，按照其确定的日期交纳相关费用，领取企业法人营业执照。

4．外商投资国际货运代理企业的变更

2005年12月11日前已设立的外商投资国际货运代理企业，如果不从事国际快递业务，其变更等事项由注册地省级商务主管部门负责代理。取得商务主管部门审批后，再向设立地工商行政管理部门申请行政变更许可。香港、澳门地区投资国际货运代理企业的变更与外商投资国际货运代理企业的变更一致。

（二）国际货运代理企业的终止

1．国际货运代理企业终止的情形

国际货运代理企业的终止是指其在法律上主体资格的消灭。发生下列情况时将导致国际货运代理企业的终止。

（1）因合并、分立而解散。

（2）经营期限届满。

（3）股东会或董事会决定停业、解散或清算。

（4）一方或数方股东不履行合同、章程规定的义务，致使企业无法继续经营。

（5）严重亏损，无力继续经营。

（6）被责令关闭、撤销批准证书或吊销营业执照。

（7）因资不抵债被宣告破产。

2．国际货运代理企业终止应提交的文件

现有的法规和规章没有明确申请终止国际货运代理企业应当提交的文件、资料。在实际操作中，根据企业终止原因的不同，需要提交的文件也不尽相同，主要包括以下几种。

（1）法人代表或清算组织负责人签署的注销登记申请书。

（2）法院的破产裁定、行政机关责令关闭的文件、公司依照《公司法》做出的决议或决定。

（3）股东会或有关机关确认的清算报告。

（4）企业法人营业执照。

（5）法律、行政法规规定应提交的其他文件。

3．国际货运代理企业终止的程序

依据相关法律、法规的规定，国际货运代理企业终止时，应对该企业法人进行清算。

（1）成立清算组。根据企业终止形式的不同，分别由人民法院、主管机关或企业股东指定清算组成员。

（2）清算组清理公司财产，制订清算方案，报股东大会、主管机关确认或移交法院。

（3）公司清算结束后，清算组制作清算报告，报股东大会或主管机关确认，并报送公司登记机关申请注销公司登记，公告公司终止。

（4）公司登记机关核准注销登记，公司终止。

4．外商投资国际货运代理企业的终止

外商投资国际货运代理企业终止的情形与国内国际货运代理企业基本一致，也分强制和任意两类。其应提交的文件、资料，除申请书、清算报告、决议或裁决书、营业执照，还应提交原审批机关的批准文件，税务机关、海关出具的完税证明，等等。在清算时，通常清算委员会的成员由董事、法人代表组织，如有特殊情况，还应有债权人代表、主管机关代表以及中国注册会计师、律师等参加。

第二节　国际货运代理企业的经营模式

一、经营模式的定义

经营模式是企业根据企业的经营宗旨，为实现企业所确认的价值定位所采取的某一类方式、方法的总称。其中包括企业为实现价值定位所规定的业务范围、企业在产业链中的位置，以及在这样的定位下实现价值的方式和方法。由此看出，经营模式是企业对市场做出反应的一种范式，这种范式在特定的环境下是有效的。

根据经营模式的定义，企业首先有企业的价值定义。在现有的技术条件下，企业实现价值是通过直接交易，还是通过间接交易？是直接面对消费者，还是间接面对消费者？处在产业链中的不同位置，实现价值的方式也不同。

由定义可以看出，经营模式的内涵包括三个方面的内容：一是确定企业实现什么样的价值，也就是在产业链中的位置；二是企业的业务范围；三是企业如何实现价值，采取什么样的手段。

二、经营模式的分类

根据在产业链中的位置、企业的业务范围、企业实现价值的不同方式，我们可以区分出不同的经营模式。下面从经营模式的内涵所包括的三个维度对经营模式进行分类和总结。

（一）在产业链的位置

产业链中的环节可以分为以下几个部分：设计活动、营销活动、生产活动和其他辅助活动，产业链中最重要的工作是信息服务。

根据对产业链位置的不同选择，可以得出八种不同的组合，也就是说，可以得出八种不同的经营思想和模式：销售型、生产代工型（纺锤型）、设计型、设计+销售型（哑铃型）、生产+销售型、设计+生产型、设计+生产+销售型（全方位型）和信息服务型。下面介绍几种主要类型的经营结构。

1．生产代工型（纺锤型）经营模式

这类经营模式企业的特点是，企业作为产业链中下游企业的供应商，一般根据客户的订单加工产品。在市场上，贴上其他企业的标牌进行销售，企业仅仅负责某一产业中某种或者几种产品或零件的生产，对于产品的销售和产品的设计不做过多涉及。

选取这种经营模式的企业要有很强的制造能力，相对于产业链中这个节点上的其他企业要有相当的竞争优势。其中最重要的优势有两个：一个是质量；另一个是成本。其他需考虑的因素还有交货期、制造的柔性能力等。

2．设计+销售型（哑铃型）经营模式

这种类型的经营模式与生产代工型经营模式正好相反，企业不涉及生产领域的任何业务，只负责设计和销售。企业设计出市场上顾客所需要的产品和服务，然后寻找相应的生产代工，它要求企业具有很强的设计能力和销售能力，拥有自己的知名品牌。这类企业和市场的联系非常密切，对于市场动态和顾客的需求非常敏感，是市场最快的响应者。这种类型的企业非常多，如 DELL 公司和耐克公司等。

3．生产+销售型经营模式

采用这种经营模式的生产型企业最普遍，企业涉及业务流程中的后两个部分：生产和销售。对于产品设计，由于某种原因，企业并没有涉及。在这个节点的企业集合中，企业之间的竞争很激烈。

这种类型的企业最大的特点就是模仿，对于行业内领导者的行为非常敏感，一旦市场领导者推出新的产品，这种类型的企业马上就会进行模仿，并进行改制和改善。因此，这种类型的经营模式要求企业的生产制造柔性比较好，能够适应产品的变化。

4．设计+生产+销售型（全方位型）经营模式

这是在产业链节点上涉及较多的经营模式，采用这种经营模式的企业特点是：企业具备一定的新产品开发能力。企业根据市场上的需求，自己开发出市场需要的产品，同时对以往的产品进行改造；在制造方面，企业具有一定的制造能力，制造设备的柔性能力比较好，开发出来的新产品能够通过现有的设备进行生产，或者有足够的资金进行新的生产线的建设。对于自己生产的产品，通过自己的营销体系建立自己的客户群体。

5．信息服务型经营模式

信息服务类企业较典型的是咨询公司，这种类型的企业或者公司不涉及制造的一切活动，但是在很大程度上与制造业有着密切的联系。

如何为企业提供信息服务和决策咨询、如何帮助企业进行管理的变革和软件的实施、如何帮助企业进行员工的培训和教育等是其提供服务的主要内容。

此外，采取销售型经营模式的公司和企业大多数被称为经销商或分销商或代理商。采取设计型经营模式的企业一般为科研单位或专门从事创意工作的组织。

（二）业务范围

业务范围的确定也就是产品和服务的确定，它始于产品或者服务给企业带来价值的大小，以及新的产品和服务对原有产品和服务的影响。根据业务范围，我们可以划分两类经营模式：单一化经营模式和多元化经营模式。

1．单一化经营模式

单一化经营又称为专业化经营，是指企业仅仅在一个产品领域进行设计、生产或者销售，企业的业务范围比较单一。这类经营模式的优点是企业面对的市场范围比较有限，能够集中企业的资源进行竞争；风险在于众多的竞争者可能会认识到专一经营战略的有效性，并模仿这种模式。

2．多元化经营模式

多元化经营模式分为三种基本类型：集中多元化经营、横向多元化经营和混合多元化经营。

集中多元化经营是指增加新的，但与原有业务相关的产品与服务。这种经营方式的特征是提供的产品或者服务和现有的产品或者服务有一定的相关性，提供的对象可能是现有的顾客，也可能是新顾客；企业可能投入相当的资源拓展新的市场，也可能通过现有的营销网络进行经营。

横向多元化经营是指向现有的用户提供新的与原有的业务不相关的产品或者服务。它的特点是提供的产品或者服务与现有的产品或服务没有相关性，并且被提供的对象是现有的顾客，而不是新的顾客。也就是说，利用现有的市场，通过现有的营销网络进行经营。

混合多元化经营是增加新的与原有的业务不相关的产品或者服务。它的特点是企业提供的产品或者服务与现有的产品或者服务不相关，提供的对象有可能是原来的顾客，也有可能是新的顾客，企业有可能投入相当的资源进行新的市场开拓，也有可能通过现有的营销网络进行经营。

（三）实现价值的方式

实现价值的方式之一是借助于战略，因此实现价值的竞争战略也是一种经营模式，此类经营模式主要有以下三种：成本领先、差异化和目标集聚。

1．成本领先模式

成本领先模式是指企业努力发现和挖掘所有的资源优势，特别强调生产规模和出售一种标准化的产品，在行业内保持整体成本领先，从而以行业最低价格为其产品定价。

2．差异化模式

差异化模式是指企业向顾客提供的产品和服务在行业内独具特色，这种特色足以给产品带来额外的加价。如果一个企业的产品和服务的溢出价格超过其独特产品所增加的成本，那么，拥有这种差异化的企业将取得竞争优势。

3．目标集聚模式

目标集聚模式是指在特定的顾客或者某一特定地理区域内，也就是在行业很小的竞争范围内建立独特的竞争优势；企业能够比竞争对手更有效地为其范围狭窄的顾客群体服务。该模式有两种类型：成本集中和差异化集中。

除此之外，企业实现价值的方式还有其他途径，通过这些途径可以解决其他问题，如资本、空间障碍等。因此，从为实现价值解决资本的角度，可以分为独资和合资两种经营模式；从解决空间障碍角度，可以分为跨国经营和区域经营两种模式。

三、国际货运代理企业的营利模式

在国际货运代理行业中，常见的营利模式主要包括以下几种。

（一）传统代理服务模式

传统代理服务模式是国际货运代理企业最原始、最初级的营利模式，其主要业务：为货主提供单纯的代理服务，为货主企业代理订舱、报关、报检，代办保险、提货等业务；为承运人提供代理服务，代表承运人接受托运，签发提单，办理放货手续，办理船舶进出港口和水域的申报手续，安排引水、泊位等代理服务。传统代理服务模式主要通过赚取佣金获得利润。

$$利润=代理佣金-成本消耗$$

传统代理服务模式的优点是业务简单，对运营设定要求和经营管理水平要求较低。传统代理服务模式的风险较低，国际货运代理企业只需要谨慎、勤勉、忠实地行使代理权，代理事项所产生的权利与义务都归属于委托人。

（二）无船承运服务模式

无船承运服务模式，即国际货运代理企业以国际货运服务当事人的身份与货主企业订立委托代理合同，与承运人订立运输合同，提供仓储、运输服务，签发自己的提单并承担从接受货物到交付货物的责任，通过赚取运费差价获得利润。

$$利润=货主企业运费-承运人运费-成本消耗$$

在无船承运服务模式中，国际货运代理企业承担向承运人提供集中托运的任务，并对货主发挥承运当事人的作用。这种营利模式风险较大，国际货运代理企业需承担承运人和托运人的双重责任，国际货运代理企业对货主承担按时、完整交付货物的承运人责任，对承运人承担向托运人提供正确货运资料及给付运费的义务。

（三）集拼经营服务模式

集拼经营服务模式，是指国际货运代理企业为小批量、多批次货物运输提供拼箱和拆箱、内陆运输及中转经营的服务，通过赚取拼箱费、拆箱费、中转服务费获得利润。

$$利润=拼箱费+拆箱费+中转服务费-成本消耗$$

在集拼经营服务模式中，国际货运代理企业承担揽货、拼箱、报关、办理保险、拆箱、提供到门短途运输服务。这种营利模式风险较大。国际货运代理企业的角色是多重的。国际货运代理企业签发提单，承担承运人的责任；代理报关、报检、保险，承担代理人的责任；向承运人进行托运，承担托运人的责任。集拼经营服务模式利润较高，成为国际货运代理业的发展重点。

（四）国际多式联运服务模式

国际多式联运服务模式，是指国际货运代理企业以国际多式联运经营人的身份与发货人签订一份多式联运合同，对全程运输负责，结合使用多种运输方式，签发一张多式联运单证，计收全程运费。在国际多式联运服务模式中，国际货运代理企业主要通过赚取运费差额获得利润。

$$利润=国际多式联运运费-各区段运输费用-成本消耗$$

在国际多式联运服务模式中，国际货运代理企业承担的风险高，其责任期间较长。责任期间自接管货物之时起到交付货物止，对货主需承担承运人的责任，并需对其受雇人或代理人在其受雇范围内的作为或不作为承担对货主的赔付责任，或者为履行多式联运合同而使用第三方服务，承担因第三方的作为或不作为对货主的赔付责任，这要求国际货运代理企业具有更加全面的风险评估体系和风险防范体系。国际多式联运服务模式对国际货运代理企业的实力要求高，即国际货运代理企业要拥有多样化的运输方式及覆盖面全的运输网络。

（五）仓储经营服务模式

仓储经营服务模式主要指国际货运代理企业为货主企业提供货物存储、加工包装、信息提供、保税仓储等服务。

国际货运代理企业经营仓库，为货物提供普通储存服务，收取仓租费用。国际货运代理企业经营保税仓库，为转口贸易货物、外商暂存货物、加工贸易进口料件提供保税仓储服务，通过收取仓租获得利润，同时在提供普通储存服务、保税仓储服务的基础上，提供简单加工、分装、包装、贴标签和物流信息等增值服务。

利润=仓租费+增值服务费-人工费-水电费-仓储设施设备折旧费-仓储设施设备维修费

在仓储经营服务模式中，国际货运代理企业承担货物入库验收、货物存放期间的保管、货物存放期满返还的义务。如果因保管不当导致货物损毁、灭失，应由国际货运代理企业承担赔付责任。

国际货运代理企业，一般采用多样化的营利模式。例如，广州外轮代理有限公司致力于发展多样化的营利模式。该公司的营利方式主要包括：一是为承运人提供代理服务，办理船舶进出港口业务；组织货物装载；代办船舶供应事宜；代办船舶租赁业务；代签提单及运输契约，代收运费；等等。二是为货主提供代理服务，为货主代订舱，代理报关、报检，代办保险；等等。三是为货主提供仓储服务，广州外轮代理有限公司共有四个仓库可以满足货主的仓储需求，分别为黄埔南岗仓库、白云区塘阁仓库、铁联仓库、芳村仓库。四是提供多式联运服务，广州外轮代理有限公司对外揽货，签订货运代理合同；承办海、陆、空国际多式联运业务。

四、国际货运代理企业的组织结构

（一）直线—职能制组织结构

直线—职能制组织结构也叫作生产区域制，或直接参谋制，它建立在直线制和职能制的基础上，最大的优势就是能取长补短，吸取了两种形式的优点。

这种组织结构形式是把企业管理机构和人员分为两类：一类是直线领导机构和人员，按命令统一原则对各级组织行使指挥权，公司就有总经理、运输部部长、外贸部部长等这一类领导机构；另一类是职能机构和人员，按专业化原则，从事组织的各项职能管理工作，公司主要有车队人员、业务员、报关报检员以及单证员等。

（二）直线—职能制组织结构的分析

直线领导机构及其人员在自己的职责范围内有一定的决定权和对所属下级的指挥权，并对自己部门的工作负全部责任；而职能机构及其人员则是直线指挥人员的参谋，不能对直接部门发号施令，只能进行业务指导。

1．优点

既保证了企业管理体系的集中统一，又可以在各级行政负责人的领导下，充分发挥各专业管理机构的作用。

2．缺点

（1）典型的"集权式"结构，权力集中于最高管理层，下级缺乏必要的自主权。

（2）各职能部门之间横向联系较差，容易产生脱节和矛盾。

（3）建立在高度的"职权分裂"基础上，各职能部门与直线部门之间如果目标不统一，容易产生矛盾。

（4）信息传递路线较长，反馈较慢，难以适应环境的迅速变化。

大连茂昌国际货运代理有限公司组织结构如图 2-1 所示。

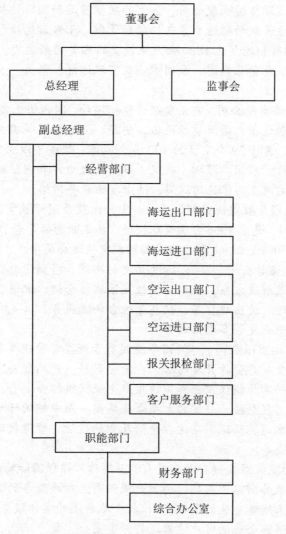

图 2-1 大连茂昌国际货运代理有限公司组织结构

本章小结

本章主要介绍了国际货运代理企业内涵、经营范围；国际货运代理企业的分类、设立、变更及终止；国际货运代理企业的运营及组织结构。通过本章的学习使学生了解国际货运代理企业设立的程序及经营范围，尤其是需要掌握国际货运代理企业的经营与营利模式，为日后从事该工作奠定基础。

延伸阅读

中国排名前十的国际货运代理企业

（1）中国外运长航集团有限公司（以下简称"中国外运长航"）。从事海、陆、空货运代理，船务代理，供应链物流，快递，仓码，以及汽车运输等综合物流业务的中国外运长航，是中国最大的国际货运代理公司、最大的航空货运和国际快件代理公司、第二大船务代理公司。中国外运长航的航运业务包括船舶管理、干散货运输、石油运输、集装箱运输、滚装船运输等，拥有和控制达1800余万吨载重的各类船舶运力，是我国第三大船公司，我国内河最大的骨干航运企业集团，我国唯一能实现远洋、沿海、长江、运河全程物流服务的航运企业。

（2）中远国际货运有限公司。它主要经营包括国外、国内海上集装箱货运代理，国外、国内集装箱及其他船舶代理，沿海货物运输、拼箱、多式联运等有关业务范围。在全国设有业务网点近300个，囊括29个省区的100多个城市，形成了以北京为中心，以香港、大连、天津、青岛、上海、广州、深圳、武汉、厦门九大口岸和内陆地区公司为龙头，以遍布全国主要城镇的货运网点为依托的江海、陆上货运服务网络。

（3）中外运敦豪国际航空快递有限公司。中外运敦豪国际航空快递有限公司是中国第一家国际航空快递公司，是于1986年由全球快递、物流业的领导者DHL与中国对外贸易运输集团总公司各注资50%成立，是国内众多国际航空快递公司中成立最早、经验最丰富的。

（4）中国物资储运总公司。具有45年历史的中国物资储运总公司，是一家专业物流企业，提供全过程物流解决方案，组织全国性及区域性仓储、配送、加工、分销、现货交易市场、国际货运代理、进出口贸易、信息等综合物流服务，并充分利用其土地资源的优势，进行房地产、实业开发等多元化经营。

（5）中钢国际货运有限公司。作为国务院国有资产监督管理委员会管理中央企业的中钢集团，主要从事冶金矿产资源开发与加工，冶金原料、产品贸易与物流，相关工程技术服务与设备制造，是一家为钢铁工业和钢铁生产企业提供综合配套、系统集成服务的集资源开发、贸易物流、工程科技为一体的大型企业集团。而中钢国际货运有限公司主要从事进出口及内贸货物的水运、陆运、空运、仓储及货物监管、货运代理、船舶代理、保险代理及相关咨询服务等业务。

（6）锦程国际物流集团股份有限公司（以下简称"锦程国际物流集团"）。发展为一个覆盖全球的以实体服务网络为基础，为客户提供网上在线服务的国际化综合物流集团是锦程国际物流集团未来战略发展的总目标。依托全球物流的实体服务网络和信息服务网络，锦程国际物流集团对遍布全球的客户资源进行分类集合，集中采购，共享资源利益，同时为客户提供从采购到运输的门到门"一站式"综合物流服务。

（7）港中旅华贸国际物流股份有限公司。主营现代物流业，具体提供以国际货运代理为核心的跨境"一站式"综合物流及供应链贸易服务。公司所从事的跨境综合物流业务是按照客户要求，为客户提供包括营销、物流咨询、方案设计、成本控制和全程客服等在内的前端服务，包括境内运输、理货仓储、配套作业、配载集装和监管服务等在内的出口仓储服务，包括订舱管理、单证管理、关务处理和进港管理等在内的离岸管理服务，包括空运集运、海运集运、多式联运和工程物流等在内的国际运输服务，包括目的港清关、进口仓储、转运和分拨派送等在内的目的港服务。

（8）振华物流集团有限公司。它在全世界与 80 多个国家在国际货物运输方面互为代理，集装箱年处理量达到 200 万 TEU。它是商务部批准的一级货运代理企业及 IATA（国际航空运输协会）认可的空运代理人；交通运输部批准的甲类船舶代理及首批 N.V.O.C.C 无船承运人之一；是国内极具竞争力的货代、船代和综合物流服务公司。在北京、上海、宁波、大连、青岛、烟台、深圳等地成立了分公司，在天津、上海、宁波、青岛、大连、连云港成立了船代公司，并与全球 80 多家海外代理互为代理，使国内和国际经营网络趋于完善。

（9）嘉里大通物流有限公司（以下简称"嘉里大通物流"）。始建于 1985 年的嘉里大通物流是中国（不包括港澳台地区）最早成立的国际货运代理企业。总部嘉里物流联网设于中国香港，是亚太地区最具领导地位的第三方物流供应商之一。在全球范围内，嘉里物流联网投巨资建设庞大的服务网络，分公司结合策略联盟及海外代理，网络遍及全球。欧洲、东南亚等重点区域都设有全资子公司。在中国范围内，嘉里大通物流得天独厚的优势更为凸显。凭借丰富的专业经验、完善的国内外网络、先进的信息系统、良好的政府关系，嘉里大通物流率先为众多知名跨国企业提供定制化的综合物流解决方案。

（10）中通远洋物流集团有限公司（以下简称"中通远洋物流集团"）。成立于 2004 年的中通远洋物流集团总部设在天津。集团经过数年的发展，目前已经形成集约化、网络化、专业化的经营服务体系，充分利用分布在包括美国、日本、韩国、中国的分公司和办事处，为客户提供优质全面的国际、国内海上货物运输、货运代理、船舶代理服务；船舶管理、船舶租用、船舶买卖的居间服务及船舶修造服务；国际海运市场信息咨询服务、国际物流服务；等等。

资料来源：绿蚂蚁. 中国排名前十的国际货运代理企业[EB/OL].（2016-05-05）[2022-03-04]. http://www.lvmae.com/news/hangye/789.html.

本章思考题

一、选择题

1. 国际货运代理人所从事的业务范围非常广泛，通常为接受客户的委托，完成货物运输的某一个环节或与此有关的各个环节的任务，其服务对象有（　　　）。

    A. 出口商　　　　　　　　　　B. 进口商

    C. 班轮公司　　　　　　　　　D. 航空公司

2. 从国际货运代理的基本性质看，货运代理主要接受委托方的委托，从事有关货物运输、转运、仓储、装卸等事宜。它一方面与货物托运人订立运输合同，另一方面又与运输部门签订合同。因此，对货物托运人来说，它又是货物的（　　　）。

    A. 货运代理人　　　　　　　　B. 承运人报关行

C．收货人 D．托运人

3．（ ）和人员在自己的职责范围内有一定的决定权和对所属下级的指挥权，并对自己部门的工作负全部责任；而职能机构和人员则是直线指挥人员的参谋，不能对直接部门发号施令，只能进行业务指导。

A．矩阵式领导机构 B．网络式领导机构

C．直线领导机构 D．混合式领导机构

二、名词解释

1．集拼经营服务模式

2．无船承运服务模式

三、简答题

1．国内投资国际货运代理企业的设立条件是什么？

2．在国际货运代理行业中，常见的营利模式主要包括哪几种？

3．国际货运代理企业的业务内容是什么？

四、案例分析

2018 年下半年，某货运代理公司受某省进出口公司委托，为其办理从荷兰进口的 400 t 己内酰胺在上海港的报关代运。合同约定，收货人为某贸易联营公司。同年 9 月 27 日船舶抵达上海港。货运代理办妥报关手续，并通知贸易公司到上海港提货。贸易公司来人办妥提货手续，将其中的 100 t 己内酰胺卖给某省水产供销公司（另 300 t 己内酰胺卖给某厂家），并委托货运代理代运至某港，收货人为某省水产供销公司某中转站。货运代理公司接受委托后，向上海港务局有关部门申请计划，该部门委托某航运营业部派船装运。10 月 28 日装船完毕，因遇大风待航，于 10 月 30 日起航。船在驶离上海港 20 nmil^①处的横沙口不幸发生火灾。虽经多方抢救，损失仍十分严重。100 t 己内酰胺几乎全毁，损失近 108 万元人民币。该批进口货成交条款为 C&F，由某省人民保险公司承保。事故发生后，保险公司进行了赔付，并取得代位求偿权，随后向货运代理提出索赔。货运代理认为，在该批货转运过程中，作为"代理人"，自己仅负责办理报关代运工作，且无任何过失，不应承担经济赔偿责任。保险公司在其索赔被拒绝后，将货运代理作为被告向某海事法院起诉。

2020 年 1 月，海事法院受理了此案，在长达 1 年多的诉讼过程中，进行了多次庭审调查。货运代理始终认为，在货物转运过程中，其一直实施货运代理行为，即接受贸易公司的委托，为其办理水路运输至某港的代运事宜，在整个代理活动中并无任何过错。本案的货损与其代理活动无直接的因果关系，而是由承运人的过失造成的，理应由承运人承担赔偿责任。因此，货运代理不应成为本案的被告。最终原告与被告双方于庭外协商，达成和解。

请结合本案例，讨论在货运代理过程中国际货运代理人的身份及法律地位。

五、实训题

上网查找一家国际货运代理企业的信息，了解其营利模式及该货运代理企业的组织结构情况。

_____

① 1 nmile=1852 m。

第三章　国际货运代理与相关学科

知识目标

- ☐ 理解国际货运代理与国际贸易的关系；
- ☐ 熟悉并掌握国际贸易术语；
- ☐ 掌握国际货运代理中保险的重要作用；
- ☐ 了解国际货运代理与报关、报检。

导读案例

2013 年 10 月，浙江慈溪的卓力电器公司要出口一批电熨斗，委托浙江外运有限公司宁波明州分公司向马士基航运公司订舱。

马士基航运公司的提单显示：托运人为卓力电器公司，收货人为法格公司，起运港为宁波，卸货港为巴塞罗那，1 个 40ft 集装箱，运费到付。

同年 11 月 19 日，货物到达目的港卸货，法格公司却因破产迟迟无人提货，货物在目的港产生了高额的滞箱费。

根据马士基航运公司在网站公布的费用标准，截至 2014 年 10 月 29 日，一个 40ft 集装箱滞箱费为 30 104 欧元，按照当时欧元对人民币汇率 1∶7.6474 计算，折合人民币 20 余万元。

马士基航运公司为此向宁波海事法院提起诉讼，要求卓力电器公司等被告支付滞箱费和运费等相关费用。

宁波海事法院的判决认为，涉案货物到港后，卓力电器公司确认其于同年 12 月初即知晓收货人法格公司申请破产保护无法提货，虽然其随即询问原告货物退运及费用事宜，未得到答复，但其作为涉案货物的托运人，理应持续关注货物在目的港的现状及后续处理事宜，及时对到港货物做出处理指示，避免在目的港产生高额费用。

在本案中马士基航运公司对较高目的港费用的产生也存在过错。马士基航运公司在货物到港无人提货约 3 个月后才通知相关方，在托运人一直未能给出货物处理指示时，亦未采取有效减损措施，如将货物转移至仓储费用较低的仓库等，对此亦存在过错。

为此，卓力电器公司和外运明州分公司承担运费，折合人民币 16 690 元；卓力电器公司还要支付滞箱费人民币 5 万元。

由此案总结经验教训，外贸单位在与国外买方订立销售合同时，尽可能采用 CIF 条款并使用信用证结汇，要求签发指示提单。这些措施的好处在于，即使买方想违约不要货物，卖方也可以直接在信用证下收取货款。

资料来源：目的港无人提货 船公司索赔 20 余万滞箱费[EB/OL].（2020-07-27）[2022-03-04]. https://www.sohu.com/a/410017050_99931357.

案例中提到的"CIF""信用证"等术语，具体是什么意思？作为国际货运代理从业人员，在进行具体业务过程中，要对与国际货运代理有关的学科知识进行系统学习，并熟练应用，本章主要就相关内容进行简单介绍。

经济是贸易的先导，当世界经济高速发展时，国际贸易也呈增长态势，由此会对国际运输产生强烈的需求，对国际货运代理的需求也会随之增长。世界经济发展或衰退通常要在半年到两年之后才会在国际贸易上反映出来。而国际贸易对国际运输需求的变化的反映时间，通常在半年左右，国际货运代理需求几乎与国际运输需求同时产生。这说明世界经济、国际贸易与国际运输和货运代理之间存在本源与派生需求的相关关系，有一定的时差特征。世界经济、国际贸易发展趋势对国际运输、货运代理需求有着重要的影响。各国经济日益依赖于对外贸易，由国际贸易派生的国际运输与货运代理需求量也日益提高，货源结构也发生着变化。国际货运代理业务是在国际贸易合同履行的基础上开展的。因此，国际货运代理从业人员只有在了解与国际贸易相关知识的基础上，才能提供高质量的国际货运代理服务，以满足国际贸易发展的需要。

第一节　国际货运代理与国际贸易

一、国际物流与国际贸易的关系

国际物流是一种跨越国界的物流概念。它是指合理地组织物品在不同国家间流动，即发生在不同国家和地区的物流活动。国际物流是随着国际贸易的发展而逐渐发展起来的，同时也是影响国际贸易发展的重要因素。国际物流的飞速发展有效地降低了国际贸易的交易成本，为国际贸易提供了诸多便利条件。国际贸易的进一步发展，也对国际物流不断提出了新的要求。

（一）国际贸易对国际物流的促进作用

1. 国际贸易促进了国际物流的产生与发展

随着国际贸易的不断发展，世界经济全球化得到了快速发展，全球贸易一体化促使国际物流不断向现代化的国际物流转变。随着越来越多的跨国公司在全球实行集中研发、采购、生产的策略，国际物流已经由原来简单地将货物在不同国家间的运输的单一功能，转变为集仓储、包装、运输、信息处理等功能于一身的综合国际物流。

专业的第三方物流和第四方物流公司也应运而生。可以说，国际贸易的不断发展促使国际物流朝着现代化物流的方向不断发展。

2. 国际贸易促进国际物流系统的不断完善

随着国际贸易的不断发展，对于国际物流的需求日益增多，国际物流也就逐渐成为一个多行业集成的有机系统。随着国际分工日益细化，很多生产和销售型企业将物流的相关服务不断外包，这也使国际物流的服务不断向上和向下延伸，物流咨询、订单处理、库存控制与分析、代收账款和物流培训教育等服务不断地被扩充到现代化国际物流的范畴中。

随着国际贸易竞争的日趋激烈，各企业能否很好地控制物流成本，已经对国际贸易的成败起到了越来越关键的作用。对物流成本的关注促使生产企业不断地注重部门整合，越来越多的企业选择了物流外包，这也促使物流企业不断优化，降低成本，提高效率。竞争使国际物流系统不断地得到完善。

3. 国际贸易的发展对国际物流不断提出新的需求

世界经济一体化对国际物流提出了物流无国界的需求。近年来，国际物流在运输方面实现了集装箱化的革命性变革，同时也大力推进了集装箱多式联运。物流全球一体化的无国界需求必将促使发展中国家在物流硬件设施的建设上做出更大的努力。

随着国际贸易的发展，物流信息网络化、物流全程可视化等需求已经日益体现出来，这些新需求将推动国际物流不断向前发展。

（二）国际物流对国际贸易的发展具有反向带动作用

1. 国际物流成本的改变对国际贸易产生影响

国际物流成本是指为了实现国际贸易，货物自生产完毕到投入销售的整个过程中为国际贸易所需要的物流过程所支付的成本总和，包括在出口国、在国家间运输以及在进口国三段。与产品的生产、研发成本等一样，进出口贸易所涉及的所有物流成本，是实现国际贸易的重要成本之一。

国际贸易因地区间不同的比较优势而产生。当国家间的物流成本发生变化时，在需求差异不大的消费市场间，贸易地方向会因物流成本的变动而发生变动。产品销售会更倾向于物流成本较低的市场。当跨国企业在为工厂以及采购中心选址时，物流成本已经被认为是比较重要的考虑因素。因此，对于吸引外资、扩大出口，有效降低国际物流成本已经成为一个关键点。

2. 现代国际物流促进国际贸易的发展

国际物流是伴随着国际贸易的产生而产生的，但从诞生之日起，国际物流就没有停止过自身的独立发展，并且已经得到了不断的发展壮大。国际物流的现代化发展对国际贸易的发展起到了重要的促进作用。随着现代国际物流一体化的不断推进，国际化的专业物流公司不断涌现，为其他跨国公司专业细分、物流外包和降低物流成本提供了很多选择。

高效、专业的全球供应链体系，使这些跨国公司可以更加自如地整合全球资源。对中国来说，现代物流对于中国扩大出口规模和提升物流产业结构起到了非常积极的推动作用。

3. 高效的国际物流是国际贸易发展的保证

为了使贸易成本最低，很多跨国企业都会在全球范围内寻找原材料成本最低的国家进行集中采购，然后选择生产成本最低的国家开设工厂集中生产，最后销往世界各地。据统计，跨国企业掌握着全球 65% 以上的国际贸易。

在贸易环境日益激烈，产品生命周期日益缩短的情况下，企业不可能孤军奋战，只有通过与供应商、生产商、贸易商、代理商的紧密合作，才能不断跟上瞬息万变的市场需求，在竞争中立于不败之地，而这些都需要有一个高效、全面的物流和供应链系统作为支撑。

二、国际贸易合同的履行

各种贸易都是首先订立合同，然后履行合同。买卖合同的订立只是表达了双方当事人各自的经济愿望，只有履行了所订立的合同，才能实现双方当事人各自的经济目的。履行合同，既是经济行为，又是法律行为，当事人应当严格履行合同规定的义务。

进出口合同的履行，对卖方而言，必须尽到交付符合合同规定的货物、移交一切与货物有关的单据和转移货物的所有权的义务，只有这样才能享有按合同规定收取货款的基本权利；对买方而言，必须按照合同规定支付货款和受领货物。

（一）出口合同的履行

每笔交易在性质、特点上多少都会有所不同，因此出口合同的履行往往要经过不同的环节。在我国出口业务中，最常见的是以信用证为支付方式、以海运为运输方式的 CIF 合同和 CFR（成本加运费）合同。从理论上讲，这类合同往往要经过备货、催证、审证、改证、租船订舱、报验、保险、报关、装船、制单结汇等诸多环节，基本业务流程大致分为出口前准备、对外洽谈阶段和履约阶段，如图 3-1 所示。

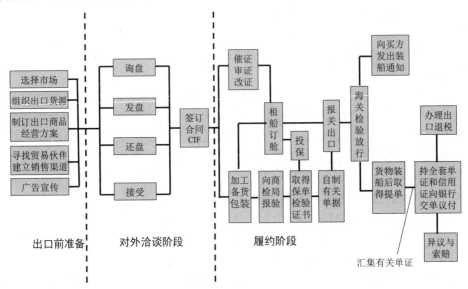

图 3-1　出口合同的履行程序

1．催证

虽然按合同规定及时开立信用证是买方的主要义务之一，但买方往往因市场行情变化或资金周转困难等而拖延开证或根本不开证。在这种情况下，出口方应催请买方尽快开证，并在对方仍不开证时声明保留索赔权或拒绝交货。

2．审证和改证

信用证的开立以合同为依据，其条款必须与合同条款相符合，但信用证一旦开出便会独立于合同而存在。在实际业务中，由于种种原因，经常出现来证的内容与合同规定不一致的情况，而开证行的付款是以受益人提交符合信用证条款规定的单据为条件的，因此，审证关系收汇的安全，必须认真细致。

改证有受益人审证后要求开证申请人改证和开证申请人主动改证两种情况。

（1）受益人审证后，发现内容与合同和惯例规定不一致，应及时向开证申请人提出，要求改证时应注意的改证规则，需要修改的内容应一次性通知开证申请人，以节约对方改证费用；开证行的改证通知书仍须通过通知行转递，以保真实；对于改证通知书的内容，如发现其中一部分不能接受，则应把改证通知书退回，待全部改妥后才能接受（UCP 500规定：对改证通知书部分接受无效）；受益人审证时，如发现一些条款虽与合同或惯例不符，但经过努力可以办到的，一般可以不改，以示合作并减少周折。

（2）开证申请人主动改证应征得受益人的同意。若开证申请人事先未征得受益人的同意，单方面改证，则受益人有权决定是否接受。在未表示接受前，原证条款继续有效，受益人有权保持沉默直至交单为止。若交单时按修改书制单，即表示接受；若按原证制单，则应另具通知书以示拒绝修改。

3. 备货

在收到信用证（或信用证修改书）后，出口方应根据外销合同和信用证规定的品质、规格、数量、包装等条件准备好货物，以便按质、按量、按时完成交货任务。如果生产单位与出口方不是同一企业，则应注意出口方与生产方的协议必须与外销合同的各部分相衔接。在备货工作中，应注意以下问题：① 货物的品质、规格应与合同一致；② 货物的数量应符合出口合同的规定。

4. 报验

凡属法定检验或合同、信用证规定必须由某检验机构检验出证的商品，在备货完毕装船以前，应及时向有关检验机构报验，以取得检验证书。

5. 租船、订舱、托运

在信用证或合同规定的装货期内，提前向有关外运公司办理租船、订舱手续。即出口企业根据合同和信用证的规定，结合船期表填写托运单，又称为订舱委托书，列明出口货物的名称、件数、包装、毛重、尺码、目的港（地）和最后装运日期等内容，作为订舱的依据。

6. 投保

在 CIF、CIP（运费和保险费付至）出口合同下，出口企业要在货物装运前，根据合同与信用证的有关规定向保险公司办理投保手续，取得保险单据，并在保单背面背书，将受益人的权利（主要是向保险代理提出索赔的权利）转让给进口方。

保险单上的保险条款与投保险别必须与信用证规定的一致。若信用证未规定投保险别，可依据合同规定的险别投保。保险金额通常为发票金额的110%。如果来证要求提高投保比例，可以接受，但超额保险费应由进口方承担，否则应予以拒绝。

7. 报关

出口企业办理出口报关手续时，应填写出口货物报关单，一般在装货前 24 小时向海关申报。出口货物报关单是海关对出口货物进行监管、查验、征税和统计的基本单据。申报人必须如实正确无误地填写报关单上各类项目，并盖有向海关备案的"报关专用章"和报关员的名章，否则海关不予接受。

实务中通常委托外运公司办理报关手续，当然出口企业也可自行报关。经海关审核单证、查验货物、办理纳税手续后，海关在装货单上盖章放行，货物方可出境。

8. 装运

货物应在合同或信用证规定的装期内出运。运输单据的签发日期视作装运日期，不能迟于信用证或合同规定的最迟装期。货物装运后，出口方应立即向进口方发出装运通知（shipping advice），以便对方及时办理投保或做好接货准备工作。

9. 制单结汇

出口货物装运后，出口企业应立即按信用证或合同的规定正确缮制各种单据，并在信用证规定的有效期和交单期内送交银行，办理结汇手续。制单、审单应严格做到"单证一致、单单一致"，出口结汇单据要求做到正确、完整、及时、简明、整洁。

10. 出口收汇核销和出口退税

根据国家有关的规定，出口企业在制单结汇后，应及时办理出口收汇核销和出口退税手续。出口收汇核销是国家为了加强出口收汇管理，保证国家的外汇收入，防止外汇流失，指定外汇管理部门对出口企业贸易项下的外汇收入情况进行事后监督检查的一种制度。

出口企业在规定的期限内，向国家税务机关提交出口货物报关单（出口退税专用联）、出口销售发票、出口购货发票、增值税发票、结汇水单和出口收汇核销单，经国家税务机关审核无误后，办理出口退税。

 知识链接 3-1

中国国际贸易促进委员会（以下简称"中国贸促会"，CCPIT，英文全名为 China Council for the Promotion of International Trade）成立于 1952 年，是全国性的对外贸易投资促进机构。

中国贸促会的主要职责是：落实国家有关重大发展战略，促进对外贸易、双向投资和经济技术合作；推进与境外对口机构机制化合作；接待境外高层次经贸代表团来访，组织中国经贸代表团出访；管理出国举办经贸展览会事宜，负责中国参加国际展览和世界博览会事务；举办和组织企业参加经贸展览会、论坛、洽谈会及有关国际会议；在外经贸领域代言工商部门，参与经贸政策法规制定、对外经贸谈判和国际商事规则制定；开展法律顾问、商事调解、经贸和海事仲裁等工作，签发和出具出口商品原产地证明书、对外贸易有关文件和单证，提供专利申请、商标注册、诉讼维权等知识产权服务；组织产业和企业应对经贸摩擦；提供经贸信息、经贸培训等服务。

中国贸促会将与各有关国际组织、各国各地区贸易投资促进机构、商协会组织和工商企业界建立广泛联系，组织开展多种形式的交流合作，加大对企业服务的力度，为推动多双边经贸关系发展、促进世界经济繁荣、造福各国人民做出积极贡献。

资料来源：本资料源于网络，并经作者加工整理。

（二）进口合同的履行

我国的进口交易大多以 FOB 条件成交，以即期信用证支付，并采用海运方式运输货物。一般都要经过开证、租船订舱和催装、办理保险、审单付款、报关提货、检验、拨交等几个主要环节。这些环节的工作，是由进出口公司、运输部门、商检部门、银行、保险公司以及用货部门等各有关方面分工负责、紧密配合而共同完成的，基本业务流程大致分为进口前准备阶段、对外洽谈阶段和履约阶段，如图 3-2 所示。

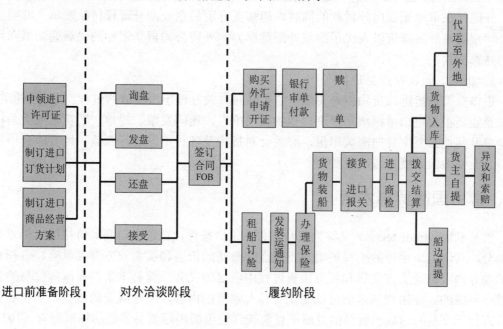

图 3-2 进口合同的履行程序

1．信用证的开立和修改

进口合同签订以后，我国进口企业应按合同中的有关规定，及时向银行提交开证申请书及进口合同副本，通过银行对外开出信用证。进口企业在填写开证申请书时，应在其中列明各项交易条件，并应使这些条件与合同中的规定完全一致，以保证银行开出的信用证的内容与合同一致。

2．租船订船、接运货物

履行 FOB 交货条件下的进口合同，应由买方负责派船到对方口岸接运货物。卖方在交货前的一定时期内，应将预计装船日期通知买方。在接到上述通知后，应及时向承运人办理租船订舱手续。在办妥租船订舱手续后，应按规定的期限将船名、船期通知对方，以便对方做好装船准备。

买方还要做好催装工作，特别是对数量、金额较大的重要商品，最好委托出口地的代理督促对方按合同规定履行交货义务，保证船货衔接。卖方在货物装船后应立即向买方发出装船通知，以便买方及时办理保险和接货等工作。

3．办理保险

按 FOB、CFR 等条件成交的进口合同，货物运输保险由买方办理。

4．审单、付款

卖方交单议付后，议付行将全套货运单据寄交我国开证行，由银行会同有关外贸公司进行审单。银行必须合理谨慎地审核信用证规定的所有单据，以确定单据是否与信用证条款相符。如果单据与信用证相符，开证行或保兑行（如有的话）或其他被指定的银行就必须按信用证规定进行即期付款，或承担延期付款责任，或承兑受益人开立的汇票等。开证行或保兑行（如有的话）经审单后付款是终局性的，即无追索权。

开证行在审单无误向外付款的同时，通知买方贸易企业向开证行付款赎单（即要求外贸公司按国家外汇牌价以人民币购买外汇赎单），外贸公司再凭银行的付款通知书向用货部门结算货款。

5．报关、验收和拨交货物

进口报关是指进口货物按海关规定的手续向海关办理申报验放的过程。货到目的港后，进口企业要根据进口单据填写"进口货物报关单"，连同发票、提单、装箱单或重量单、保险单及其他必要文件向海关申报，海关会对货物及各种单据进行查验。经查验合格后，进口企业要按国家规定缴纳税费。

三、常用国际贸易术语

贸易术语（trade terms）又称为贸易条件、价格条件，是进出口商品价格的一个重要组成部分，它用三个字母的缩写说明交货地点、商品的价格和买卖双方有关风险、责任和费用的划分，以确定卖方交货和买方接货过程中应尽的义务。贸易术语是在国际贸易的长期实践中形成的。使用贸易术语可以简化交易及磋商的内容，缩短成交的过程，节省业务费用，有利于交易的达成和贸易的发展。目前较常使用的国际贸易术语解释通则有《1932 年华沙—牛津规则》《1941 年美国对外贸易定义修订本》《2000 年国际贸易术语解释通则》《2010 年国际贸易术语解释通则》。现以《2000 年国际贸易术语解释通则》《2010 年国际贸易术语解释通则》《2020 年国际贸易术语解释通则》为例进行解释。

国际商会的《2000 年国际贸易术语解释通则》（简称 INCOTERMS 2000 或《2000 通则》）共解释了十三种贸易术语，并且将这些贸易术语按卖方责任由小到大、交货地点与卖方所在地距离由近到远进行排列，以及按各种术语的共同特点分别归类，分为 E、F、C、D 四组，如表 3-1 所示。

表 3-1　INCOTERMS 2000 各种贸易术语介绍

组　　别	贸易术语缩写	贸易术语英文名称	贸易术语中文名称
E 组发货	EXW	ex works	工厂交货（……指定地点）
F 组主要运费未付	FCA	free carrier	货交承运人（……指定地点）
	FAS	free along side	船边交货（……指定装运港）
	FOB	free on board	船上交货（……指定装运港）
C 组主要运费已付	CFR	cost and freight	成本加运费（……指定目的港）
	CIF	cost，insurance and freight	成本、保险加运费付至（……指定目的港）
	CPT	carriage paid to	运费付至（……指定目的地）
	CIP	carriage and insurance paid to	运费、保险费付至（……指定目的地）
D 组货到	DAF	delivered at frontier	边境交货（……指定地点）
	DES	delivered ex ship	目的港船上交货（……指定目的港）
	DEQ	delivered ex quay	目的港码头交货（……指定目的港）
	DDU	delivered duty unpaid	未完税交货（……指定目的地）
	DDP	delivered duty paid	完税后交货（……指定目的地）

国际贸易中使用的贸易术语有十三种，但使用得最多的是装运港交货的三种术语，即FOB、CFR 和 CIF。随着运输方式的进步和集装箱多式联运业务的普及，向承运人交货的贸易术语（如 FCA、CPT 和 CIP）也逐渐成为国际贸易中的常用贸易术语。

（一）FOB

FOB（free on board（...named port of shipment）），装运港船上交货（……指定装运港），又称为"船上交货"。

基本含义：卖方在指定装运港将货物装船越过船舷后，即完成了交货任务，随后的一切费用和风险均由买方承担。

交货地点：装运港船舷。

风险转移界限：货物越过装运港船舷。

1．卖方的义务

（1）在合同指定的装运港和规定的期限内，将货物装上买方指派的船只，并无延迟地通知买方。

（2）自负风险和费用，领取出口许可证或其他核准书，办理出口货物所需的一切海关手续。

（3）负担货物在装运港越过船舷为止的一切费用和风险。

（4）提供商业发票及证明货物已按规定完成交货义务的通常单据或有同等效力的电子数据交换信息。

2．买方的义务

（1）按合同规定支付价款。

（2）负责租船订舱，支付运费，并将船期、船名及时通知卖方。

（3）自负风险和费用，取得进口许可证或其他核准书，办理货物进口以及必要时经由另一国过境运输的一切海关手续。

（4）负担货物在起运港装船越过船舷后的一切风险、费用。

（5）收取卖方按合同规定交付的货物，接受与合同相符的单据。

适用范围：仅适用于海运和内河运输，在船舷无实际含义时，如滚装或集装箱运输，宜采用 FCA。

3．使用 FOB 术语进行交易时应注意的问题

1）"船舷为界"的含义

"船舷为界"表明货物在装船之前的风险，包括在装船时造成的损失（如货物跌落码头或海中），均由卖方承担。货物上船之后，包括在运输过程中发生的损坏或灭失，则由买方承担。关于费用负担问题，按照 INCOTERMS 2000 中有关 FOB 术语的 A6 条中规定"卖方必须支付与货物有关的一切费用，直至货物在指定装运港已越过船舷时为止"。但在实际业务中，有关装船费用负担问题可根据实际需要协商确定。

以装运港船舷作为划分买卖双方所承担风险的界限是 FOB、CIF、CFR 同其他贸易术语的重要区别之一。

2）货船衔接问题

按照 FOB 进行交易时，卖方的一项基本义务是负责在合同规定的装运港和期限内，将

合同规定的货物装上买方指定的船只，而买方的基本义务是负责租船订舱，并将船期、船名及装船地点通知卖方。所以这里就存在一个货船衔接的问题，若处理不当，就会影响合同的顺利履行。因此，按 FOB 术语成交，要加强联系，密切配合，保证货船的衔接，以免引起纠纷。

3）装船费用的负担问题

由于各个国家和地区在使用 FOB 术语时，对"装船"的概念没有统一且明确的解释，装船作业的过程中涉及的各项具体费用，如将货物运至船边的费用，吊装上船的费用，理舱、平舱的费用，等等，究竟由谁负担，各国的惯例或习惯做法也不完全一致，因此双方往往在 FOB 术语后加列附加条件，例如：

（1）FOB liner terms（班轮条件），是指卖方不负担装船的有关费用。

（2）FOB under tackle（吊钩下交货），是指吊装入舱以及其他各项费用均由买方负担。

（3）FOB stowed（理舱费在内），是指卖方负责将货物装入船舱并承担包括理舱费在内的装船费用。

（4）FOB trimmed（平舱费在内），是指卖方负责将货物装入船舱并承担包括平舱费在内的装船费用。

在许多标准合同中，为表明卖方承担包括理舱费和平舱费在内的各项装船费用，常采用 FOBST，它代表 FOB stowed and trimmed。

FOB 的变形只是为了表明装船费用由谁负担，并不改变 FOB 的交货地点以及风险转移的界限。另外，由于个别国家对 FOB 的解释不同，在按照 FOB 进行交易时，应对有关问题做出明确规定，以免发生误会。

（二）CFR

CFR（cost and freight（... named port of destination）），成本加运费（……指定目的港）。

基本含义：指卖方要负责租船订舱、支付到指定目的港的运费，但买方要自负从装运港货物越过船舷后至目的地的货运灭损风险及所增加的额外费用。

交货地点：装运港。

风险转移界限：货物越过装运港船舷。

1. 卖方的基本义务

（1）在合同规定的装运港和规定的期限内，将货物装上船，并及时通知买方。

（2）负责租船订舱、支付到指定目的港的运费。

（3）自负费用和风险，取得出口许可证或其他官方证件，并负责办理货物出口手续，支付到货物越过船舷为止的一切费用。

（4）提供商业发票和符合合同规定的运输单据或相等的电子数据交换资料。

2. 买方的基本义务

（1）自负从装运港至目的地的货运保险及保险费用。

（2）负担货物在装运港装船时越过船舷后的一切风险、费用和责任。

（3）自负风险和费用，取得进出口许可证或其他官方证件，办理货物进口以及必要时经由另一国过境运输的一切海关手续。

（4）接受符合合同规定的单据和货物，并按合同规定支付价款。

适用范围：同 FOB，仅适用于海上和内河运输。在船舷无实际意义时，宜用 CPT 术语。按照 CFR 术语成交时要特别注意，卖方在货物装船之后必须及时向买方发出装船通知，以便买方办理投保手续。否则，货物在海运途中遭受的损坏或灭失由卖方负担。

（三）CIF

CIF（cost, insurance and freight（...named port of destination）），称为"成本、保险费加运费"（……指定目的港）或"保险费、运费在内价"。

基本含义：指卖方在指定装运港将货物装上船，支付货物自装运港至指定目的港的运费和保险费，但风险自货物在装运港越过船舷时即由卖方转移给买方。

交货地点和风险转移界限：装运港和货物越过装运港船舷。

卖方的基本义务：在 CFR 的基础上增加保险费项，即办理投保手续，支付保险费，提交保险单证。

买方的基本义务：主要是进口结关。

适用范围：与 FOB、CFR 相同，仅用于海运和内河运输。在船舷无实际意义时，常用 CIP 术语。

采用 CIF 术语成交时，应注意下列问题。

1. 保险险别问题

CIF 术语中的"I"代表 insurance，即保险。按 CIF 术语成交，卖方究竟应投保什么险别呢？一般的做法是，在签订买卖合同时，在合同的保险条款中，明确规定保险险别、保险金额等内容，这样，卖方就应按照合同的规定办理投保。但如果合同中未能就保险险别等问题做出具体规定，那就应根据有关惯例来处理。

2. 租船订舱问题

采用 CIF 术语成交，卖方的基本义务之一是租船订舱，办理从装运港至目的港的运输事项。在实际业务中，除非买卖双方另有约定，否则卖方有权拒绝买方提出的关于限制船舶的国籍、船型、船龄、船级及指定载装某班轮公会的船只等要求。当然，具体情况下，卖方也可以予以通融。

3. 卸货费用负担问题

按照 CIF 术语成交，货到目的港后的卸货费用由谁负担也是一个需要考虑并加以明确的问题。对于这一点，各国、各地区也有不同的习惯做法。按 INCOTERMS 2000 的解释，应由买方负担，而《美国对外贸易定义》和《华沙—牛津规则》并未对这一问题做出具体规定。

为了避免在卸货费由谁负担问题上因不同的解释而引起争议，便产生了 CIF 的几种变形，主要有以下几种。

（1）CIF liner terms（班轮条件），是指买方不负担卸货费，而由卖方或船方负担。

（2）CIF landed（卸至岸上），是指由卖方承担将货物卸到码头上的各项有关费用，包括驳船费和码头费。

（3）CIF ex ship's hold（舱底交接），是指货物运达目的港后，自船舱底起吊到码头的卸货费用，由买方负担。

（4）CIF 吊钩交货（CIF ex tackle），是指卖方负担将货物从舱底吊起至船边卸离吊钩为止的费用。

CIF 的变形只是为了说明卸货费用的负担问题，并不改变 CIF 的交货地点和风险划分的界限。

4．象征性交货问题

从交货方式上看，CIF 是一种典型的象征性交货（symbolic delivery），它与实际交货（physical delivery）相对。前者是指卖方只要按期在约定地点完成装运，并向买方提交规定的包括物权凭证在内的有关单据，就算完成了交货义务，而无须保证到货；而后者则是指卖方要在规定的时间和地点将符合合同规定的货物提交给买方或其指定的人，不能以交单代替交货。

按照 CIF 术语成交，卖方履行其交单义务只是得到买方付款的前提条件，其还必须履行交货义务。如果卖方提交的货物不符合要求，那么买方即使已经付款，仍然可以根据合同的规定向卖方提出索赔。

总之，在分别按照 FOB、CFR 和 CIF 成交时，卖方所承担的责任和费用是不同的。但是，按照这三种术语成交，卖方均负责在装运港交货，承担的风险均在货物越过船舷时转移给买方。因此，按照这三种术语成交，在交货地点和风险划分的界限方面是完全相同的。

（四）FCA

FCA（free carrier（...named place）），货交承运人（……指定地点）。

基本含义：指卖方在规定时间和指定地点把货物交给承运人照管，并且办理了出口清关手续后，就算完成了交货义务。

风险与费用划分界限：出口国内地、港口货交承运人时起。

卖方的义务：自负风险和费用，取得出口许可证或其他官方文件，并办理出口所需的海关手续，支付出口关税和捐税；负担货物在指定地点交给承运人控制前的一切风险和费用；在合同规定的期限内，将符合合同规定的货物交给买方指定的承运人并通知买方；提供商业发票和有关证明已交付货物的装运单据或相等的电子数据交换资料。

买方的义务：自负风险和费用，取得进出口许可证或其他官方证件，并办理货物进口以及必要时经由另一国过境运输的一切海关手续；负担货物交给承运人后的一切风险和费用；接受符合合同规定的单据及货物；按合同规定支付货款。

适用范围：适用于任何运输方式，包括多式联运。

在使用 FCA 术语时，应注意以下两个问题。

1．风险转移的问题

一般情况下，是在承运人控制货物后，风险由卖方转移给买方，但如果由于买方的责任，使卖方无法按时完成交货，那么只要货物已划归买方，风险转移的时间就可以前移。同样，买方委托卖方代办本属于自己义务范围内的事项所产生的费用，或因买方过失所引起的额外费用也由买方负担。

2．运输的问题

按照 FCA 术语成交，一般是由买方自行订立从指定地点承运货物的合同。但是，如果买方有要求，并由买方承担风险和费用，卖方也可以代替买方指定承运人并订立运输合同。当然，卖方也可以拒绝订立运输合同，如果拒绝，应立即通知买方，以便买方另行安排。

（五）CPT

CPT（carriage paid to（...named place of destination）），运费付至（……指定目的地）。

基本含义：指卖方支付货物运至指定目的地的运费，在出口国的约定地点、规定日期或期限内，将货物交给承运人，并承担在此前的费用和风险。

风险转移界限：出口国内地、港口货交承运人时起。

卖方的义务：自负风险和费用，取得出口许可证或其他官方文件，并办理出口所需的海关手续；订立将货物从装运地运至指定目的地的运输合同，并支付运费；负担货物交给承运人控制前的一切风险和费用；在合同规定的期限内，将符合合同规定的货物交给买方指定的承运人并通知买方；提供商业发票和有关证明已交付货物的装运单据或相等的电子数据交换资料。

买方的义务：自负风险和费用，取得进出口许可证或其他官方证件，并办理货物进口以及必要时经由另一国过境运输的一切海关手续；负担货物交给承运人后的一切风险和费用；接受符合合同规定的单据及货物；按合同规定支付货款。

在采用 CPT 术语时，需要注意以下问题。

1. 风险划分的界限问题

在 CPT 条件下，卖方承担货物交给承运人控制之前的费用与风险。在多式联运情况下，涉及两个以上的承运人，卖方承担的风险自货物交给第一承运人时即转移给买方。

2. 明确责任和费用的划分

根据 INCOTERMS 2000 的解释，从交货地点到指定目的地的正常运费由卖方负担，正常运费之外的其他有关费用，一般由买方负担。货物的装卸费用可以包括在运费中，统一由卖方负担，也可由双方在合同中另行约定。

3. CPT 与 CFR 的异同点

CPT 术语与 CFR 术语的相似之处主要表现在，它们都是风险转移在先、责任费用转移在后。卖方承担的风险都在交货地点随着交货义务的完成而转移。但卖方都要负责安排自交货地至目的地的运输，负担运费，并在价格构成中体现出来。另外，按这两种贸易术语签订的合同都属于装运合同，卖方只须保证按时交货，并不保证按时到货。

CPT 与 CFR 的不同之处在于，CFR 只适用于水上运输方式，因此交货只能在装运港；CPT 适用于各种运输方式，交货地点根据运输方式的不同，由双方加以约定。在 CFR 条件下，风险划分以装运港船舷为界；CPT 则以货交承运人为界。另外，在不同贸易术语下，因运输方式、交货地点的不同，卖方承担的责任、费用以及需提交的单据等也自然不同。

（六）CIP

CIP（carriage insurance paid to（...named place of destination）），运费、保险费付至（……指定目的地）。

基本含义：指卖方自负运费，订立从装运地将货物运至目的地的运输合同，并办理货物运输保险，而风险自货物在装运地交给承运人时，即由卖方转移给买方承担。

风险转移界限：出口国内地、港口货交第一承运人时起。

卖方的义务：在 CPT 基础上，增加保险事项，即办理货物运输保险，支付保险费。

买方的义务：买方在合同规定的地点受领货物，支付货款，并且负担除运费、保险费以外的货物自交货地点直至指定目的地为止的各项费用及进口税。

适用范围：同 FCA、CPT，即所有运输方式。

有关 CIP 术语的注意事项如下。

1．正确理解风险和保险问题

按照 CIP 术语成交的合同，卖方要负责办理货运保险，并支付保险费，但是货物在从交货地运往目的地途中的风险却由买方承担。所以，卖方的投保仍属代办性质。根据 INCOTERMS 2000 的解释，一般情况下，卖方应按双方约定的险别投保。

如果未约定险别，则由卖方按惯例投保最低的险别。保险金额一般是在合同价格的基础上加成 10%，并应采用合同中的货币投保。卖方一般无义务加保战争、罢工、暴乱险。但是在买方的要求下，并由买方承担额外费用的情况下，卖方也可予以办理。

2．了解 CIP 与 CIF 的异同点

CIP 与 CIF 的相同点表现在，它们的价格构成中都包括了通常的运费和约定的保险费，所以，按这两种术语成交，卖方都要负责安排运输和保险，并支付有关的运费和保险费。另外，CIP 合同和 CIF 合同均属于装运合同。风险转移和责任、费用的转移，也同 CPT、CFR 一样，是分两步进行的。

CIP 和 CIF 的不同点，主要是适用的运输方式的范围不同。CIF 仅适用于水上运输方式，而 CIP 则适用于包括多式联运在内的各种运输方式。采用不同运输方式，其交货地点、风险划分界限以及有关责任和费用的划分自然也不相同。

以上六种常用贸易术语的区别如表 3-2 所示。

表 3-2　六种常用贸易术语的区别

不　同　点	FOB、CFR、CIF	FCA、CPT、CIP
适用的运输方式	仅适用于海运和内河运输，承运人一般为船公司	适用于各种运输，承运人因运输方式不同而有多种情况
交货点和风险转移点	交货点和风险转移点都是装运港船舷	交货点和风险转移点因运输方式不同而有多种情况
装卸费用负担	贸易合同中要采用贸易术语变形，以确定装卸费用负担	运费中包含装货费或卸货费，贸易合同中无须采用术语变形
运输单据	卖方一般要提交"清洁已装船"提单	运输单据因运输方式不同而有多种情况

四、《2010 年国际贸易术语解释通则》

国际商会于 2010 年 9 月通过了《2010 年国际贸易术语解释通则》（incoterms® 2010），并规定该版本于 2011 年 1 月 1 日生效，其内容如表 3-3 所示。

表 3-3 incoterms® 2010 的结构

适用于任何运输方式（any mode of transport）		
EXW	ex works	工厂交货
FCA	free carrier	货交承运人
CPT	carriage paid to	运费付至
CIP	carriage and insurance paid to	运费、保险费付至
DAT	delivered at terminal	指定终端交货
DAP	delivered at place	指定目的地交货
DDP	delivered duty paid	完税后交货
仅适用于水运类（sea and inland waterway transport only）		
FAS	free alongside ship	装运港船边交货
FOB	free on board	装运港船上交货
CFR	cost and freight	成本加运费
CIF	cost, insurance and freight	成本加运费、保险费

注意，贸易商人仍可在 incoterms® 2010 实施后继续选择使用 INCOTERMS 2000 的解释。如果合同中出现了新版本中没有的术语（如 DAF、DES、DEQ 等），仍将被认为适用于早期版本。

目前世界上存在多种解释贸易术语含义的惯例及其不同年份的版本，为避免引起误解，2011 年 1 月 1 日以后签订的贸易合同中最好标明合同适用的贸易术语的惯例的名称及其版本。

（一）新增了 DAT 和 DAP

1. DAT

INCOTERMS® 2010 中 DAT 的含义：按照 incoterms® 2010 的解释，DAT 是 delivered at terminal 的简称，字面意思是"指定终端交货"。其中，"terminal"可以是目的地的任何地点，如目的地的港口码头、仓库、集装箱堆场或者铁路、公路或航空货运站等，并且卖方需要承担在目的地或目的港把货物从运输工具上卸下的费用。

incoterms® 2010 对 DAT 的解释是：卖方自行负担费用和风险订立运输合同，按惯常路线和方式，在规定日期或期限内，将货物从出口国运到进口国内指定目的地或目的港的终端（港口码头、仓库、集装箱堆场或者铁路、公路或航空货运站等），卸货之后，将货物置于买方支配下，才算完成交货义务。

2. DAP

INCOTERMS® 2010 中 DAP 的含义：按照 incoterms® 2010 的解释，DAP 是 delivered at place 的简称，字面意思是"指定目的地交货"。其中，"place"可以指港口，也可以是陆地的地名。

incoterms® 2010 对 DAP 的解释是：卖方自行负担费用和风险订立运输合同，按惯常路线和方式，在规定日期或期限内，将货物从出口国运到进口国内指定目的地，将货物置于买方支配下，就算完成交货义务。

注意，在 DAP 合同下，卖方在目的地无须卸货。

因此，除了在指定目的地的卸货费用的分担不同外，DAP 和 DAT 的差异并不明显。incoterms® 2010 买卖双方义务对照如表 3-4 所示。

表 3-4　INCOTERMS® 2010 买卖双方义务对照

A 卖方义务	B 买方义务
A1 卖方一般义务	B1 买方一般义务
A2 许可证、授权、安检通关和其他手续	B2 许可证、授权、安检通关和其他手续
A3 运输合同与保险合同	B3 运输合同与保险合同
A4 交货	B4 收取货物
A5 风险转移	B5 风险转移
A6 费用划分	B6 费用划分
A7 通知买方	B7 通知卖方
A8 交货凭证	B8 交货凭证
A9 查对—包装—标记	B9 交货检验
A10 协助提供信息及相关费用	B10 协助提供信息及相关费用

（二）INCOTERMS 2000 与 incoterms® 2010 的区别

（1）incoterms® 2010 对 INCOTERMS 2000 中的 D 组的结构及其贸易术语的含义改动较大，但是没有对 INCOTERMS 2000 中的 E 组、F 组和 C 组的结构及其贸易术语含义做大修改。

（2）对适用范围的调整：INCOTERMS 2000 规定适用于国际货物销售合同，而 incoterms® 2010 则考虑到了一些大的区域贸易集团内部贸易的特点，规定不仅适用于国际货物销售合同，也适用于国内货物销售合同。并且，incoterms® 2010 在解释买卖双方义务时在几处明确进出口商仅在需要时才办理出口/进口报关手续和支付相应费用，如 A2/B2、A6/B6 处。

此外，国际商会此次还将 INCOTERMS 注册成了商标，并提出了使用该商标的要求。

（3）对贸易术语分类的调整：incoterms® 2010 将贸易术语分为 E、F、C、D 四组，并且按照卖方责任逐步增加、买方责任逐步减少的顺序依次排列。

而 incoterms® 2010 规则按照所适用的运输方式划分为两大类（适用于各种运输方式类和仅适用于水运类），意在提醒使用者注意不要将仅适用于水运的术语用于其他运输方式。

（4）incoterms® 2010 对每个术语都新加了指导性说明。

该说明主要解释了何时适用本术语以及在何种情形下适用其他术语，该术语合同下与货物有关的风险负担何时转移，买卖双方的成本或费用以及出口手续如何划分，以及双方应当明确规定交货的具体地点和未能规定所引起的费用的负担，等等。

需要注意的是，在"指导性说明"中，incoterms® 2010 通常要求双方当事人自行明确风险转移的临界点，而非由 incoterms® 2010 规定这些临界点。这就需要买卖双方在订立合同时考虑该问题，必要时可在商定的基础上另行规定双方认可的风险临界点。

（5）对贸易术语名称和数量的调整：incoterms® 2010 将 INCOTERMS 2000 中的 DAF、DES、DEQ 和 DDU 四个术语删除，新增了 DAT、DAP 两个术语，共解释了十一种贸易术语的含义。

（6）对贸易术语义务项目上的调整：INCOTERMS 2000 与 incoterms® 2010 对于其解释的每种贸易术语下的买卖双方各自的义务都分别有列明。

但是 incoterms® 2010 与 INCOTERMS 2000 的不同之处在于，卖方在每一项目中的具体义务不再"对应"买方在同一项目中相应的义务，而是改为分别描述，并且各项目内容也有所调整。

（7）对货物风险转移界限的调整：incoterms® 2010 取消了 INCOTERMS 2000 中 FOB、CFR 和 CIF 术语下与货物有关的风险在装运港"船舷"转移的概念，不再规定风险转移的临界点，改为卖方承担货物在装运港装上船为止的一切风险，而买方则承担货物自装运港装上船之后的一切风险。

（8）新增连环贸易（string sales）：incoterms® 2010 在 FAS、FOB、CFR 和 CIF 等几种适用水上运输的术语的指导性说明中，首次提及"string sales"，在 CPT 和 CIP 的 A3 项中也有提及。

在大宗货物买卖中，货物常在一笔连环贸易下的运输期间被多次买卖，由于连环贸易中货物由第一个卖方运输，作为中间环节的卖方就无须装运货物，而是在"获得"所装运的货物的单据后履行其义务，因此，新版本对此连环贸易模式下卖方的交付义务做了细分，也弥补了以前版本中在此问题上未能反映的不足。

五、《2020 年国际贸易术语解释通则》

《2020 年国际贸易术语解释通则》（以下简称《2020 通则》）（The Incoterms rules or International Commercial Terms 2020，"INCOTERMS® 2020），是国际商会（ICC）根据国际货物贸易的发展对《2010 年国际贸易术语解释通则》的修订版本，于 2019 年 9 月 10 日公布，从 2020 年 1 月 1 日开始在全球范围内实施。

《2020 通则》在《2010 通则》的基础上进一步明确了国际贸易体系下买卖双方的责任，其生效后对贸易实务、国际结算和贸易融资实务等方面都产生了重要的影响。

国际贸易惯例在适用的时间效力上并不存在"新法取代旧法"的说法，即《2020 通则》实施之后并非《2010 通则》就自动废止，当事人在订立贸易合同时仍然可以选择适用《2010 通则》。

《2020 通则》是国际商会（ICC）从国际贸易中具有代表性的参与人那里收集了全面的反馈意见，并评估了共计 3000 多条相关评论而形成的。它的目标是找到一个为全世界 200 多个国家服务的折中方案，其结果是成为具有高度的现实意义和实践导向的《国际贸易术语解释通则》的新版本。

（一）《2020 通则》与《2010 通则》的变化

相对《2010 通则》，《2020 通则》针对出口商、进口商和物流供应商的部分做了一系列调整，主要有以下几个方面。

（1）DAT（运输终端交货）变更为 DPU（卸货地交货）。

（2）增加了 CIP（运费和保险费付至）的保险范围。

（3）FCA（货交承运人）术语下附加包装船提单。

（4）自定义运输方式的承运。

（5）对担保义务做了更清晰的分配。

（二）《2020 通则》的变化说明

1．DAT（运输终端交货）变更为 DPU（卸货地交货）

在《2010 通则》中，DAT（运输终端交货）指货物在商定的目的地卸货后即视为交货。在国际商会收集的反馈中，用户要求涵盖在其他地点交货的情形，例如厂房。这就是现在用更通用的术语 DPU（卸货地交货）替换 DAT（运输终端交货）的原因。

2．增加了 CIP（运费和保险费付至）的保险范围

CIP（运费和保险费付至）是指卖方将货物交付承运人，但支付包括保险费在内的直至目的地的运输费用，同样的规则也适用于 CIF（成本加保险费、运费），然而，本《国际贸易术语解释通则》只适用于海运费。

根据《2010 通则》，在这两种情况下，卖方都有义务提供与第 C 条（货物协会条款）相对应的最低保险范围。这是一种基本的保险形式，只包括明确界定的损害赔偿。

随着《2020 通则》的发布，CIP（运费和保险费付至）的最低保险范围延伸到第 A 条，这是涵盖了所有风险的最高保险级别。其背后的原因是，CIF（成本加保险费、运费）通常用于大宗商品，而 CIP（运费和保险费付至）则更常用于制成品。

3．FCA（货交承运人）术语下附加已装船提单

如果买卖双方已就《国际贸易术语解释通则》中的 FCA（货交承运人）达成一致，则卖方应将货物交付至买方指定的地点和人员。此时，风险和成本转移给买方。

这一方式通常是由买方选择的，他们希望避免承担货物在目的地交付后可能受到损害的风险，其缺点是卖方不能收到提单，因此没有信用证可以保证货物的付款。

为此，《2020 通则》提出了一个务实的解决方案：如果双方同意卖方按照 FCA（货交承运人）要求将货物交付集装箱码头，买方可以指示承运人在卸货时向卖方签发已装船提单。这样，卖方就可以更好地防范风险，例如在卸货期间。

4．自定义运输方式的承运

《2020 通则》假设，当适用《国际贸易术语解释通则》中的 FCA（货交承运人）、DAP（目的地交货）、DPU（卸货地交货）或 DDP（完税后交货）时，卖方和买方之间的货物运输由第三方进行。在 2020 年 1 月 1 日生效的新版《国际贸易术语解释通则》中，这一定义已经扩展到包括卖方或买方自定义运输方式的承运。

5．对担保义务做了更清晰的分配

《国际贸易术语解释通则》还对买卖双方之间的相关担保要求（包括相关费用）进行了更为精确的分配。一方面，这一步骤可视为对国际贸易中加强担保监管的反应；另一方面，它的目的在于防范可能产生的费用纠纷，特别是在港口或交货地点。

第二节　国际货运代理与货运保险

为了减少风险和分散风险、预防和避免损失，货主需要对国际货物投保运输险，有时，货主需要委托国际物流人员代为办理投保；国际物流人员也要了解国际货物运输险的保险条款，明确保险合同的保险险别及其承保范围，从而对国际物流应承担的责任区间有清晰的认识。

一、有关险别的约定

按照保险业的规定和国际惯例，保险公司对保险货物在海上运输过程中所发生的损失并不是一概负责赔偿的，其负责赔偿的责任范围取决于保险人与投保人（被保险人）所签订的保险合同（保险单）内所载的条款。当前，各国保险公司均根据承保责任范围的不同，划分各种不同的险别供投保人选择投保。

（一）中国人民保险公司的《海洋运输货物保险条款》

中国人民保险公司将其保险的险别分为平安险、水渍险和一切险三种基本险别。

1. 平安险（free from particular average，FPA）

按这种险别投保时，保险公司承担赔偿损失的责任范围包括：因条款中列举的自然灾害和运输工具发生意外事故所造成的被保险货物的全部损失；运输工具遭受条款中列举的意外事故所致的部分损失；在装卸转船过程中因一件或数件货物落海所造成的全损或部分损失；共同海损。

2. 水渍险（with particular average，WA 或 WPA）

水渍险又称单独海损险，其责任范围除平安险所承担的损失外，还包括条款中列举的自然灾害造成的部分损失。

3. 一切险（all risks）

一切险的责任范围除承担平安险和水渍险的责任，还对保险货物在海运过程中因各种外来原因所造成的全部或部分损失负赔偿责任。但是应当注意的是，一切险并非对一切风险造成的损失都负责。

上述三种基本险，投保人可以从中选择一种投保。投保人还可以根据货物航线的特点和实际需要，酌情加保一项或若干项附加险。

附加险承担除自然灾害和意外事故以外的外来原因所造成的损失赔偿，分一般附加险和特殊附加险。附加险是上述三种基本险的补充和扩大，本身不能作为一种单独的项目投保，只能在投保基本险的基础上，根据需要加保其中一项或若干项。在投保一切险时，根据需要加保特殊附加险。一般附加险的加保只适用于平安险和水渍险。

知识链接 3-2

目前采用的伦敦保险协会货物新条款（ICC）是 1993 年 4 月 1 日实施的，与我国现行的中国人民保险公司的保险条款不一样。在伦敦新条款中，险别被分成六种，即协会货物（A）险、（B）险、（C）险、战争险、罢工险和恶意损害险。前三者是主险，可单独投保，后三者是附加险，一般不能单独投保。在需要时，战争险、罢工险可独立投保。六种新的险别条款中，除恶意损害险之外，其他都按条文性质统一划分为八个部分，即承保范围、除外责任、保险期限、索赔期限、保险利益、减少损失、防止延迟和法律惯例。

资料来源：本资料源于网络，并经作者加工整理。

（二）英国伦敦保险协会的"协会货物保险条款"（institute cargo clauses）

英国伦敦保险协会是国际上有较大影响的保险机构，其货物保险条款在国际上广为采用。按照新的协会货物条款的规定，原来的三种基本险——平安险、水渍险、一切险已被 ICC（C）险、ICC（B）险和 ICC（A）险取代，三种基本险的责任范围可归纳如下。

1. ICC（A）险

ICC（A）险基本与原来的一切险相同，但在表述上采用"除外责任"的提法，即除不适航、不适货、战争、罢工外，对其他一切风险所造成的损失（包括共同海损和救助费用）都予以承保。

2. ICC（B）险

ICC（B）险承保由于所列举的自然灾害和意外事故所造成的全部或部分损失，以及共同海损牺牲，抛货或浪击落海，海水、潮水或河水进入船舶、驳船、运输工具、集装箱、大型海运箱或储存处所造成的损失。原来属于平安险责任范围的货物在船舶或驳船装卸时落海或跌落所造成的任何整件的全损，也包括在 ICC（B）险之内。

3. ICC（C）险

ICC（C）险只承保由于意外事故所造成的损失（包括全部损失和部分损失）以及抛货和共同海损牺牲。

在附加险部分，协会货物保险条款把原属于特殊附加险的舱面险——浪击入海列入 ICC（B）险的范围；把原属于特殊附加险的战争险分立出来，需要时也可作为独立的险别进行投保。此外，"协会货物保险条款"三种基本险别 ICC（A）、ICC（B）、ICC（C）的保险责任起讫，仍然采用"仓至仓"条款，同中国人民保险公司保险条款的规定大体相同，只是规定得更为详细。

综上所述，海上货物运输保险的险别可因保险公司的不同而不同，即使是同一个保险公司，其承保的责任范围也会因险别的不同而有很大差别。所以买卖双方在签订合同的保险条款时，必须首先明确保险公司的名称，再商定适当的险别和是否加保附加险。

二、有关投保人和保险金额的规定

（一）投保人的约定

从性质上看，当前国际贸易中使用的贸易术语基本上可分为实际交货和象征性交货两大类。

在实际交货的贸易术语中，买卖双方对货物所承担的风险是在交货时转移的，所有权和风险的转移是在同一时刻发生的。因此，在工厂交货、目的港船上交货等以交付实际货物为作业特征的合同中，货物的运输保险应该理解为由拥有所有权并负责运输将货物运至目的地的当事人负责。据此，按工厂交货条件成交和按目的港船上交货条件成交的合同，其保险分别由买方和卖方负责。这两类合同可以不订立保险条款。

在象征性交货合同中，货物的所有权和海运途中的风险转移不是同时发生的，后者往往先于前者。至于保险应由谁办理，需根据双方约定采用的贸易术语而定。

应该指出的是，在国际贸易中，按 FOB 或 CFR 条件订立的合同，卖方有时也可在接受买方的委托代交保险费的情况下，承担的责任与 CIF 条件的责任不同，其只是作为买方的代理人行事，保险费变动的风险概由买方负担。为了明确起见，可以在合同中写明"卖方代买方办理保险，费用由买方负担"或类似文字。

（二）保险金额的确定

在我国的进出口业务中，通行的是定值保险。不论是 CIF 合同，还是在卖方代办保险的条件下，都存在确定保险金额的问题。所谓保险金额，是指货物发生损失时，买方可以向保险公司取得赔偿的最大限度。按照国际上的习惯做法，买方为了取得充分的保障，一般都把货值、运费、保险费以及转售该笔货物的预期利润和费用的总和作为向保险公司投保的保险金额。

所以在实际业务中，保险金额都高于合同的 CIF 价值。国际上习惯按 CIF 价值的 110% 投保，即保险金额是 CIF 价格×110%。但有时，特别是通货膨胀比较严重和利息率较高时，买方也会要求提高投保加成。对此，应在合同中明确规定，如果加成部分过大，应事先征得保险公司同意。

在我国出口业务中，CFR 和 CIF 是两种常用的术语。鉴于保险费是按以 CIF 货值为基础的保险额计算的，两种术语价格应按下述方式换算。

由 CIF 价格换算成 CFR 价格：CFR=CIF×[1−保险费率×（1+保险加成率）]

由 CFR 价格换算成 CIF 价格：$CIF = \dfrac{CFR}{1-\text{保险费率} \times (1+\text{保险加成率})}$

在我国进口业务中，按双方签订的预约保险合同承担，保险金额按进口货物的 CIF 货值计算，不另加减，保险费率按"特约费率表"规定的平均费率计算；如果按 FOB 价格进口货物，则按平均运费率换算为 CFR 货值后再计算保险金额，其计算公式如下。

按 FOB 价格进口货物：$\text{保险金额} = \dfrac{\text{FOB价格} \times (1+\text{平均运费率})}{1-\text{平均保险费率}}$

按 CFR 价格进口货物：$\text{保险金额} = \dfrac{\text{CFR价格}}{1-\text{平均保险费率}}$

此外，在商定保险金额时，还会涉及使用什么货币投保的问题。一般的做法是，保险金额和合同金额应用同一种货币表示。如果使用两种货币，那么在保险时使用什么货币必须在合同中明确。

 案例 3-1

某土畜产进出口公司委托某外运公司办理一批服装的出口运输，从上海运至日本。外运公司租用某远洋运输公司的船舶承运，但以自己的名义签发提单。货物运抵目的港后，发现部分服装已湿损。于是，收货人向保险公司索赔。保险公司依据保险合同赔偿收货人后，取得代位求偿权，进而向外运公司提起诉讼。

【分析】

很明显，本案并非货运代理合同纠纷，而是运输合同纠纷。但由于外运公司是以自己的名义签发提单的，这一行为使其成为契约承运人，从而承担了承运人的责任，对因承运人责任范围内的原因造成的货物损失负责赔偿。当然，外运公司仍有权依据其与远洋运输公司（实际承运人）签订的运输合同关系，向远洋运输公司追偿。

【结论】

货运代理以自己的名义签发提单，应承担货损、货差责任。

第三节　国际货运代理业务与国际结算

运输单证是进行进出口货款结算的必备单证之一，为了运输单证的准确签发，保证货主顺利收汇，国际物流人员有必要掌握国际结算相关基础知识。

汇付、托收和信用证是目前国际结算中的三种基本方式。

一、汇付方式下的货款支付

汇付（remittance）又称为汇款，是债务人或付款人通过银行将款项汇至债权人或收款人的结算方式。汇付方式有信汇、电汇和票汇三种。

汇付业务中一般有四个当事人：汇款人、收款人、汇出行与汇入行。汇入行和汇出行之间一般都建立账户往来，并订有代理契约。

按照所用支付工具的不同，汇付又分为电汇（T/T，样本如图3-3所示）、信汇和票汇。

中国工商银行 电汇凭证（回单）					No 20039321	
委托日期2003年9月15日						

汇款人	全称 张扬			收款人	全称 广东时代互联科技有限公司	
	账号或住址 ××××××××××××××××				账号或住址 200202041910000000709	
	汇出地点 四川省成都市县	汇出行名称 工行武侯区分行			汇入地点 广东省珠海市县	汇入行名称 珠海工行香洲支行营业部

金额	人民币（大写）壹仟捌佰元整	千 百 拾 万 千 百 拾 元 角 分
		¥ 1 8 0 0 0 0

汇款用途 ID号：D12098　商务A空间　　汇出行盖章

单位主管　会计　复核　记账　　　　　　年　月　日

图 3-3　电汇样本

电汇是指以电报（CABLE）、电传（TELEX）或环球银行间金融电信网络（SWIFT）方式指示代理行将款项支付给指定收款人的汇款方式。

信汇是由银行开具付款委托书，用信函方式通过邮局将款项寄到收款地银行转付收款人的一种汇款方式。

票汇是按客户要求开立汇票，交由客户亲自携带，将款项付给指定收款人的方式。汇款流程如图 3-4 所示。

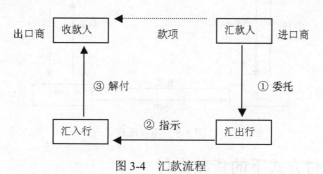

图 3-4 汇款流程

二、托收方式下的货款支付

托收（collection）是指债权人（出口人）出具汇票委托银行向债务人（进口人）收取货款的一种支付方式。托收分为光票托收和跟单托收两种。托收方式的当事人有托收人、付款人、托收行和代收行。

在国际贸易中，光票托收主要适用于小额交易的货款、部分预付货款、分期支付货款以及贸易从属费用的收取。而在大多数情况下，均采用跟单托收方式。跟单托收实行的是凭单付款，但在做法上则可因交单条件的不同分为如下几种。

1．付款交单

付款交单简称 D/P（documents against payment），是指银行以买方付款作为交单条件，即买方只有付清货款，才能取得代表货物所有权的装运单据。付款交单有即期和远期两种。即期付款交单是指买方在银行提示卖方的即期跟单汇票或装运单据并审查单据无误后，立即付款，换取单据；远期付款交单，是指买方在银行提示远期跟单汇票并审核无误后承兑汇票，由银行在汇票到期日，凭上述汇票向买方（承兑人）索款，买方付清款项后才能取得单据。

 知识链接 3-3

在付款交单条件下，卖方虽要占用资金，但在买方付款之前，毕竟还掌握货物所有权凭证。而在承兑交单时，买方一承兑汇票，卖方就丧失对货物的控制，如果汇票到期时买方破产或丧失偿付能力或逃之夭夭，卖方就要遭受货款两空的重大损失。

在托收时，银行只是出口商的代理人。尽管采取了银货当面两讫的形式，托收比汇款安全，但出口商能否收款，仍然依赖进口商的商业信用。托收流程如图 3-5 所示。

2．承兑交单

承兑交单简称 D/A（documents against acceptance）。在承兑交单条件下，出口人开具的是远期跟单汇票，代收行在买方于汇票上签注"承兑"字样并退回银行后，即将装运单据交给买方处置。买方可待汇票到期日履行付款义务。

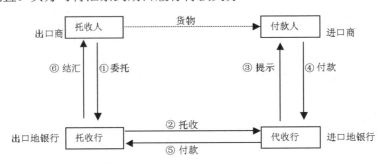

图 3-5　托收流程

三、信用证支付方式下的货款支付

信用证（letter of credit）是由一家银行（开证行）依照客户（申请人）的要求和指示或为其自身需要向第三者（受益人）开立的，在符合信用证条款的条件下，凭规定的单据，由银行承担付款责任的一种信用凭证。

简言之，信用证是一种银行开立的有条件的承诺付款的书面证明。在信用证付款条件下，银行承担第一付款责任，因此信用证属于银行信用。信用证方式的当事人有申请人、开证行、通知行、受益人、议付行和付款行。

信用证的种类很多，但在贸易上常用的是跟单信用证。受益人支取款项的前提条件是"terms are complied with"，行话叫作"单证相符"。在采用信用证支付方式时，收款依赖银行信用，因此出口商的收款风险很小。信用证流程如图 3-6 所示。

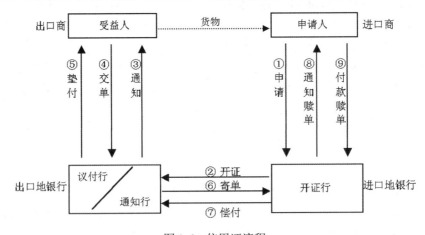

图 3-6　信用证流程

 案例 3-2

国外一家贸易公司与我国某进出口公司订立合同，购买小麦 500 t。合同规定，2019 年 1 月 20 日前开出信用证，2 月 5 日前装船。1 月 28 日买方开来信用证，有效期至 2 月

10 日。卖方由于按期装船发生困难，因此电请买方将装船期延至 2 月 17 日，并将信用证有效期延长至 2 月 20 日，买方回电表示同意，但未通知开证银行。2 月 17 日货物装船后，卖方到银行议付时，遭到拒绝。

试分析：

（1）银行是否有权拒付货款？为什么？

（2）作为卖方，应当如何处理此事？

【分析】

（1）银行有权拒绝议付。理由如下：根据 UCP 600 的规定，信用证虽是根据买卖合同开出的，但一经开出就具有独立于买卖合同的法律约束力。银行只受原信用证条款约束，而不受买卖双方之间合同的约束。合同条款改变，信用证条款未改变，银行就只按原信用证条款办事。买卖双方达成修改信用证的协议并未通知银行并得到银行同意，银行可以拒付。

（2）作为卖方，当银行拒付时，可依修改后的合同条款直接要求买方履行付款义务。

资料来源：国际货运代理考试案例题分析精选（1）[EB/OL].（2015-05-18）[2022-03-04]. https://wenku.baidu.com/view/72c8576e0975f46527d3e1e5.html.

第四节　国际货运代理与报关报检

由于进出境货物要接受国家商检，海关的检验、监督，国际物流人员需要代为办理进出口货物的一关三检业务，所以国际物流人员要掌握报关、报检事宜。

一、国际货物检验检疫制度

（一）国际货物检验检疫制度概述

出入境检验检疫制度是指由国家出入境检验检疫部门依据我国有关法律和行政法规以及我国政府所缔结或者参加的国际条约、协定，对出入境的货物、物品及其包装物、交通运输工具、运输设备和出入境人员实施检验检疫监督管理的法律依据和行政手段的总和。

国际货物检验检疫制度是指在国际贸易活动中，由检验检疫机构按照法律法规或相关国际惯例，对进出境货物的品质、数量、包装、安全、卫生以及装运条件等进行的检验、管理和认证，并对涉及人、动物、植物的传染病、病虫害、疫情等进行检疫的工作，在国际贸易中通常称为商检工作。

（二）国际货物检验检疫职责范围

（1）我国出入境检验检疫制度实行目录管理，即国家质量监督检验检疫总局根据对外贸易需要，公布并调整《出入境检验检疫机构实施检验检疫的进出境商品目录》（又称为《法检目录》）。《法检目录》所列商品称为法定检验商品，即国家规定实施强制性检验的进出境商品。

（2）对于法定检验以外的进出境商品是否需要检验，由对外贸易当事人决定。对外贸易合同约定或者进出口商品的收货人、发货人申请检验检疫时，检验检疫机构可以接受委托，实施检验检疫并制发证书。此外，检验检疫机构对法检以外的进出口商品，可以以抽查的方式予以监督管理。

（3）对关系国计民生、价值较高、技术复杂或涉及环境及卫生、疫情标准的重要进出口商品，收货人应当在对外贸易合同中约定，保留在出口国装运前进行预检验、监造或监装，以及到货后最终检验和索赔的条款。

知识链接 3-4

为了保障我国人民的身体健康和生命安全，依据《中华人民共和国食品安全法》的规定，对进出口的食品及原料、食品添加剂、食品容器、包装材料和食品用工具及设备，实行由国家指定的检验机构进行卫生监督、检验。

列入检验的范围包括以下几种。

（1）食品，是指各种供人食用或饮用的食品和原料，以及按照传统习惯加入药物的食品，但不包括以治疗为目的的物品。

（2）食品添加剂，是指为改善食品品质和色、香、味，以及为防腐和加工工艺的需要而加入食品中的天然或化学合成物质。

（3）食品容器、包装材料，是指包装、盛放食品用的纸、钉、木、金属、搪瓷、陶瓷、塑料、橡胶、天然纤维、化学纤维、玻璃等制品和接触食品的涂料。

（4）食品用工具、设备，是指食品生产经营过程中接触食品的机械、管道、传送带、容具、用具、餐具等。

进口上述货物的有关企业，应向口岸食品卫生监督机构——食品卫生检验所报检，凭食品卫生检验所出具的报验证书向海关报关。

出口食品由国家商检机构进行卫生监督、检验。

进出口食品如属国家实施其他管理的，如配额或许可证管理，还须办理其他进出境有关手续。

二、通关

根据《中华人民共和国海关法》（以下简称《海关法》）的有关规定，国家在对外开放的口岸和海关监管业务集中的地点设立海关，进出境运输工具、货物、物品都必须通过设立海关的地点进境或出境。

进出口货物的收货人、发货人或其代理人，在货物进出口时，应在海关规定的期限内向海关请求申报，并按海关规定的格式填写进出口货物报关单，交验规定的证件和单据，接受海关对所报货物的查验，依法缴纳海关税、费和其他由海关代征的税款，然后由海关批准放行，此项行为称为"报关"或"通关"。由于现代国际贸易方式的多元化，海关对以不同贸易方式进出境的货物的通关，在办理手续、管理办法上有不同的要求。本节仅对一般贸易进出口货物的基本通关程序做一介绍。

所谓一般贸易进出口货物，主要是指经批准有权经营进出口业务的企业单边对外订购进口，或者接受境外客户单边出口订货的正常贸易进出口货物，包括专业外贸公司、工贸公司自营进口在国内销售，代理进口交收货部门自用或销售，自营生产、采购出口，或代理境内其他企业、事业单位出口的一切进出口货物。一般贸易进出口货物的通关可简单分为四个基本环节，即申报、查验、征税和放行。

（一）进出口货物的申报

申报是指进口货物的收货人、出口货物的发货人或其代理人在进出口货物时，在海关规定的期限内，以书面或者电子数据交换（EDI）方式向海关报告其进出口货物的情况，并随附有关货运和商业单据，申请海关审查放行，并对所报告内容的真实准确性承担法律责任的行为，即通常所说的"报关"。申报是进出口货物通关的第一个环节，也是关键的环节。

1．申报资格

申报者必须是经海关审核准予注册的专业报关企业、代理报关企业和自理报关企业及其报关员。

2．申报时间

（1）进口货物的申报时间。为了促使进口货物尽快办理进口报关手续，加快口岸通关效率，《海关法》对进口货物的报关时间做了明确规定。

《海关法》第二十四条明确规定："进口货物的收货人应当自运输工具申报进境之日起十四日内"向海关申报，最后一天为法定节假日的，顺延至节假日结束后的第一个工作日。

进口货物的收货人及其代理人超过规定期限未向海关申报的，自申报期限到期次日起，到申报日为止，每日向海关缴纳相当于进口货物完税价格的0.5‰的滞报金。

应缴滞报金＝进口货物完税价格×滞报天数×滞报金征收率

滞报金的起征点为人民币50元，构成滞报但计算所得的滞扣金金额低于起征点的，海关免于征收滞报金。

（2）出口货物的申报时间与期限。为了加强海关对出口货物的监管，切实保证出口货物的实际出口行为符合国家法律法规的规定，方便海关对出口货物的监控和查验，海关要求出口货物在实际运抵海关监管区后才向海关申报。

根据《海关法》的规定，出口货物的发货人除海关特准外应当在货物运抵海关监管区后、装货的24小时以前，向海关申报。

有些出口货物由于产地发货或运输途中发生问题等特殊原因，不能在申报前运抵海关监管区，出口货物的发货人可以事先向海关提出申请，经海关特准，提前向海关申报。

3．申报地点

根据现行海关法规的规定，进出口货物的报关地点应遵循三个原则：进出境地原则、转关运输原则和指定地点原则。

4．申报单证

报关单证除了报关单，其随附单证可分为基本单证、特殊单证和预备单证三种。

（1）基本单证是指与进出口货物直接相关的商业和货运单证，主要包括发票、装箱单、提（装）货凭证（或运单、包裹单）、出口收汇核销单。海关签发的进出口货物减税、免税证明。

（2）特殊单证是指国家法律法规规定实行特殊管制的证件，主要包括配额证、许可证、登记证等。目前，国家特殊管制范围主要包括易制毒化学品、军品、金银制品、麻醉和精神药品、音像制品、文物、固体废物等。企业进口这类特殊管制范围的货物时，必须在进口前向相关的主管部门（如商务部门、药品监管部门、人民银行等）申请颁发证件。否则海关将不予放行货物并可能处以罚款；如果在规定期限内不能补办好证件，那么海关将没收或责令退运货物。

（3）预备单证是指在办理进出口货物手续时，海关认为必要时查阅或收取的单证，包括贸易合同、货物原产地证明、委托单位的工商执照证书、委托单位的账册资料及其他有关单证。

5．申报程序（见图3-7）

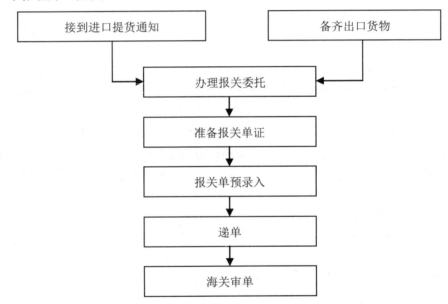

图 3-7　进出口货物的申报程序

（1）接到进口提货通知或备齐出口货物。

① 进口货物的收货人或代理人接到运输或邮递公司寄交的"提货通知单"，即表示欲进口的货物已经到达港口、机场、车站或邮局，收货人应当立即准备向海关办理报关手续。

② 出口货物的发货人在根据出口合同的规定，按时、按质、按量备齐出口货物后，即应向运输公司办理租船订舱手续，准备向海关办理报关手续。

（2）办理（接受）报关委托。海关把报关企业分为自理报关企业、专业报关企业和代理报关企业三种，没有报关资格的进出口货主需在货物进出口之前，在进出口口岸就近委托专业或代理报关企业办理报关手续，并出具报关委托书。委托书应载明委托人和被委托人双方的企业名称、海关注册登记编码、地址、法定代理人姓名以及代理事项、权限、期限、双方责任等内容，并加盖双方单位的公章。

（3）准备报关单证。在向海关办理报关手续前，应准备好必备的单证。申报单证前面已介绍过主要有报关单、基本单证、特殊单证、预备单证。具体如下。

① 进口货物报关需提供的单证。

❑ 由报关员自行填写或由自动化报关预录入人员录入后打印的报关单。

❑ 进口货物属于国家限制或控制进口的，应交验对外经济贸易管理部门签发的进口货物许可证或其他批准文件。

❑ 进口货物的发票、装箱单（装箱清单）。

❑ 进口货物的提货单（或运单）。

❑ 减税、免税或免验的证明文件。

❑ 对应实施商品检验、文物鉴定、动植物检疫、食品卫生检验或其他受管制的进口货物还应交验有关主管部门签发的证明。

❑ 海关认为必要时，可以调阅贸易合同、原产地证明和其他有关单证、账册等。

❑ 其他有关文件。

② 出口货物报关时需提供的单证。

❑ 由报关员自行填写或由自动化报关预录入人员录入打印的报关单，一式多份，其所需份数根据各部门需要而定，出口退税时加填一份黄色出口退税专用报关单。

❑ 出口货物属于国家限制出口或配额出口的，应提供许可证件或其他证明文件。

❑ 货物的发票、装箱清单、合同等。

❑ 商检证明等。

❑ 对方要求的产地证明。

❑ 出口收汇核销单（指创汇企业）。

❑ 其他有关文件。

（4）报关单预录入。报关单预录入工作一般要满足以下条件。

① 报关单位和报关数据录入服务单位须经海关批准方可负责电子计算机数据录入工作。

② 数据录入单位对录入电子计算机的报关单据的完整性和准确性承担责任。

（5）递单。报关单位在完成报关单的预录入后，应将准备好的报关随附单证及按规定填制好的进出口货物报关单正式向进出口口岸海关递交申报。

（6）海关审单。海关审单是指海关工作人员通过审核报关员递交的报关单及其随附有关单证，检查并判断进出口货物是否符合《海关法》和国家的有关政策、法令。审核单证是海关监管的第一个环节，它不仅为海关监管的查验和放行环节打下了基础，也为海关的征税、统计、查私工作提供了可靠的单证和资料。

（二）进出口货物的查验

1. 海关查验的概念

海关查验即验关，是指海关接受报关员的申报后，对进口或出口的货物进行实际的核对和检查，以确定货物的性质、原产地、货物状况、数量和价格是否与报关单所列一致。

2．海关查验的目的

海关查验，一方面要复核申报环节中所申报的单证及查证单货是否一致，通过实际的查验发现审单环节不能发现的无证进出问题及走私、违规、逃漏关税等问题；另一方面，通过查验货物才能保证关税的依率计征。因为进口货物税则分类号列及适用税率的确定，申报的货价海关是否予以接受，都决定于查验的结果。

如果查验不实，税则分类及估价不当，不仅适用的税率可能发生差错，而且估价也会或高或低，就会使税负不公，国家或进口厂商将蒙受损失。

3．海关查验的地点

海关查验货物一般在海关监管区内的进出口口岸码头、车站、机场、邮局或海关的其他监管场所进行。为了加速验放，方便外贸运输，根据货物性质，海关对海运进出口的散装货物（如矿砂、粮食、原油、原木等）、大宗货物（如化肥、水泥、食糖、钢材等）、危险品和鲜活商品等，结合装卸环节，在作业现场予以验放。

对于成套设备、精密仪器、贵重物资、急需急用的物资和"门到门"运输的集装箱货物等，在海关规定地区进行查验有困难的，经进出口货物收货人、发货人的申请，海关核准，海关可以派员到监管区域以外的地点进行查验，就地查验放行货物。但申请单位应按规定缴纳规费，并提供往返交通工具、住宿等。

4．海关查验的方法

海关对进出口货物的查验主要采取彻底查验、抽查、外形查验等方法以强化海关对进出口货物的实际监管。彻底查验是对货物逐件开箱（包）查验，对货物品种、规格、数量、重量、原产地、货物状况逐一与申报的报关单详细核对。抽查的方法是按一定比例对货物有选择地开箱（包）查验，并对开箱（包）查验的货物品种、规格、数量、重量、原产地、货物状况等逐一与申报的报关单详细核对。外形查验主要是核对货名、规格、生产国别、收货单位和发货单位等标志是否与报关单相符，检查外包装是否有开拆、破损痕迹以及有无反动字样、黄色文字、图像等。

5．海关查验时报关人员的职责

（1）代表货主到场。海关查验货物时，进出口货物的收货人、发货人或他们的代理人应到达货物查验现场，并按照海关的查验要求，负责搬移、开拆和重封货物的包装等。为了较好地完成这一任务，报关人员在代理报关以前，对被代理报关的货物应有一定的了解，并对各种单证应进行初步的审查，有不清楚或不符合规定的地方应向被代理人了解或指出。在海关查验现场回答海关人员提出的有关问题，并配合海关的查验监管活动。

（2）缴付规费。海关根据所在地港口、车站、国际航空港和国际邮件交换站进出境货物、旅客行李、邮件以及运输工具的实际情况，规定其监管区域。在海关监管区域执行任务不收规费。但若进出境货物的收货人、发货人及其代理人要海关派员到海关监管区域以外的地方（如货主的仓库、工厂、施工工地或铁路专用线、专用码头、专用机场等）办理海关手续，执行监管任务时，应事先向海关提出申请，经海关同意，并按海关的规定缴付规费。

因此，规费是海关超出监管区域向货主提供服务而收取的服务费。其作用既是对海关服务的报偿，也具有一定的限制功能，因为海关人员缺乏，工作紧张，不可能经常大量地派出人员执行分散的监管任务。

（三）进出口货物的征税

税费计征是指海关根据国家的有关政策、法规对进出口货物征收关税及在进口环节征收税费。

根据《海关法》和进出口关税的有关规定，进出口的货物除国家另有规定的以外，均应征收关税。关税由海关依照《海关法》和《中华人民共和国进出口关税条例》（以下简称《进出口关税条例》）征收。

我国对进口货物除征收关税外，还要征收增值税，少数商品要征收消费税。

根据国家法律的规定，上述两种税款由税务机关征收。为简化征收手续，方便货物进出口，同时又可有效地避免货物进口后另行征收可能造成的漏征，国家规定进口货物的增值税和消费税由海关在进口环节代税务机关征收。因此，在实际工作中又常常称为海关代征税。

海关税费计征的一般程序如下。

1．税则归类

税则归类就是将进出口货物按照《进出口税则》的归类总规则归入适当的税则编号，以确定其适当的税率。

2．税率的运用

（1）关税税率。《进出口税则》中的关税进口税率，有普通税率和优惠税率两栏，出口税率只有一种。根据《进出口税则》规定，对原产于共同适用最惠国待遇条款的世界贸易组织成员的进口货物，原产于与中华人民共和国签订含有相互给予最惠国待遇条款的双边贸易协定的国家或者地区的进口货物，以及原产于中华人民共和国境内的进口货物，适用最惠国税率。对原产于与中华人民共和国签订含有关税优惠条款的区域性贸易协定的国家或者地区的进口货物，适用协定税率。对原产于与中华人民共和国签订含有特殊关税优惠条款的贸易协定的国家或者地区的进口货物，适用特惠税率。原产于除适用最惠国税率、协定税率、特惠税率国家或者地区以外的国家或者地区的进口货物，以及原产地不明的进口货物，适用普通税率。出口关税税目与进口税则相同，税目税率表中仅标示征收出口税率或实行暂定税率的税目。

（2）代征税税率。目前，海关在进口环节代国家其他部门征收的代征税有增值税、消费税和船舶吨税。

3．完税价格的审定

完税价格是指海关按照《海关法》和《进出口关税条例》的有关规定，计算应征关税的进出口货物的价格。以海关审定的成交价格为基础的到岸价格作为进口货物的完税价格。

4．税费的计算

（1）关税。

$$进口关税=完税价格×进口关税税率=CIF 价格×进口关税税率$$

$$出口关税 = 完税价格×出口关税税率 = \frac{FOB价格}{1+出口关税税率}×出口关税税率$$

知识链接 3-5

目前我国与国际上大部分国家一样，对进口货物采取从价税，把到岸价格（CIF）作为完税价格。出口货物的完税价格是经海关审查确定的离岸价格扣除出口关税后的价格。

（2）增值税。

$$进口增值税=(完税价格+关税税额+消费税额)\times增值税税率$$

（3）进口消费税。

$$从价消费税额 = \frac{完税价格+关税}{1-消费税税率}\times消费税税率$$

$$从量消费税额=应税消费品数量\times消费税单位税额$$

完税价格和税费额计算到分，分以下四舍五入。税费额的起征点均在人民币 50 元。人民币 50 元以下的免征。

5．税费的缴纳

（1）纳税人的范围。进口货物的收货人、出口货物的发货人是关税的纳税义务人。在我国境内销售货物或者提供加工、修理、修配劳务以及进口货物的单位和个人，是增值税的纳税义务人。在我国境内生产、委托加工和进口《中华人民共和国消费税暂行条例》规定的消费品的单位和个人，是消费税的纳税义务人。

（2）缴纳期限。对经海关审定应征关税、增值税、消费税和监管手续费、船舶吨税的货物或船舶，纳税义务人应当在海关填发税费款缴纳证的次日起 15 日内（星期日和法定节日除外），向指定银行缴纳税费款。税费款缴纳证一式六联，其中第一联至第五联经海关加盖"中华人民共和国××海关单证专用章"后，纳税义务人凭以向银行缴纳税款。第六联（存根联）由填发海关存查。

（3）汇率。进出口货物如果是以外币计算成交的，由海关按照填发税费款缴纳证之日国家外汇管理部门公布的《人民币外汇牌价表》的买卖中间价，折合人民币。《人民币外汇牌价表》未列入的外币，按照国家外汇管理部门确定的外汇率折合人民币。

（4）滞纳金。对进出口货物纳税义务人未在规定的缴纳期限内缴纳税费的，由海关自到期日次日起至缴清税费款日止，按日征收欠缴税费款 5‰的滞纳金，并制发滞纳金收据。

$$关税滞纳金额=关税应税额\times滞纳天数\times5‰$$

$$增值税滞纳金额=增值税应税额\times滞纳天数\times5‰$$

$$消费税滞纳金额=消费税应税额\times滞纳天数\times5‰$$

（四）进出口货物的放行

放行是口岸海关监管现场作业的最后环节。口岸海关在接受进出口货物的申报后，经审核报关单据、查验实际货物，并依法办理进出口税费计征手续并缴纳税款后，在有关单据上签盖放行章，海关的监管行为结束，在这种情况下，放行即为结关。进出口货物可由收货人提取、发运，出口货物可以由发货人装船、起运。

放行的基本形式有以下几种。

1. 征税放行

进出口货物在取得海关放行前，如属于应税货物，应由海关的税收部门按照《进出口关税条例》和《中华人民共和国进出口税则》的规定，并根据一票一证的方式对这些货物收货人、发货人征收有关关税和代征税，然后签印放行。

2. 担保放行

担保就是以向海关缴纳保证金或提交保证函的方式，保证在一定期限内履行其承诺的义务的法律行为。其目的是确保海关监管货物的安全性，避免因纳税人无偿付能力或不履行义务而对海关造成的风险。

3. 信任放行

这是海关为适应外向型经济发展的需要，在有效监管的前提下，对监管模式进行改革的一项措施。海关根据进出口企业的通关信誉、经营情况、管理水平等因素，对其进行评估分类。对被海关授予"信得过企业"称号的各类企业给予通关便利，采取集中报关、预先报关、信任放行等优惠措施，使这些企业的进出口货物在口岸进出口时径直放行，事后在一定时期内，可分批或集中定期纳税以完备海关手续。

本章小结

本章着重讲解了国际货运代理从业人员在执行国际货运代理业务时应掌握的国际贸易相关知识：如何为进出口货物办理投保，投保险别及其承保范围，结算方式，以及对出入境货物办好报关报检应具备的基本知识。通过学习本章内容，可以使日后工作中在受理委托方委托时有个系统认识，以便恰当、合理安排。

延伸阅读

近 因 原 则

一、近因原则的含义

近因是指在风险和损失之间，导致损失的最直接、最有效、起决定作用的原因，而不是指时间上或空间上最接近的原因。

近因原则是判断风险事故与保险标的损失直接的因果关系，从而确定保险赔偿责任的一项基本原则，是保险当事人处理保险案件，或法庭审理有关保险赔偿的诉讼案，在调查事件发生的起因和确定事件责任的归属时所遵循的原则。按照近因原则，当保险人承保的风险事故是引起保险标的损失的近因时，保险人应负赔偿（给付）责任。长期以来，它是保险实务中处理赔案时所遵循的重要原则之一。

保险中的近因原则的含义为"保险人对于承保范围的保险事故作为直接的、最接近的原因所引起的损失，承担保险责任，而对于承保范围以外的原因造成的损失，不负赔偿责任。"按照该原则，承担保险责任并不取决于时间上的接近，而取决于导致保险损失的保险事故是否在承保范围内，如果存在多个原因导致保险损失，其中所起决定性、最有效的，以及不可避免会产生保险事故作用的原因是近因。

由于导致保险损失的原因可能会有多个，而对每一个原因都投保，于投保人而言不经济且无此必要，因此，近因原则作为认定保险事故与保险损失之间是否存在因果关系的重要原则，对认定保险人是否应承担保险责任具有十分重要的意义。

中国《保险法》《海商法》只是在相关条文中体现了近因原则的精神而无明文规定，中国司法实务界也注意到这一问题，在最高人民法院《关于审理保险纠纷案件若干问题的解释（征求意见稿）》第十九条规定"人民法院对保险人提出的其赔偿责任限于以承保风险为近因造成损失的主张应当支持。近因是指造成承保损失起决定性、有效性的原因"。

二、实际应用近因原则的细节

按照近因原则，如果是单一原因导致保险损失的，则只需判断该原因是否为保险合同所约定的保险事故，适用较为容易。但存在多个原因的，近因原则的适用较为复杂，以下结合案例来具体分析。

（1）保险损失由一系列原因引起，则前一原因（即诱因）是否构成"近因"，应判断各原因之间是否存在因果关系及性质。

① 各原因之间不存在因果关系的，前一原因（即诱因）不构成"近因"。（案例：保险船舶因大雾偏离航线搁浅受损，本案近因是大雾导致船舶搁浅，超载和不适航与大雾没有因果关系，不是近因。）

② 各原因之间存在因果关系的，则应判断因果关系的性质。

不存在必然因果关系的不构成"近因"。（案例：保险车辆遭受暴雨浸泡，气缸进水，强行启动发动机导致发动机受损，近因是强行启动发动机，暴雨并不必然导致发动机受损，不是近因。）

存在必然因果关系的构成近因。（案例：在著名的艾思宁顿诉保险公司案中，被保险人投保了意外伤害险，他在森林中打猎时从树上掉下来受伤，爬到公路边，等待救援时，因夜间天冷又染上肺炎死亡。从树上掉下来这一意外事故引起肺炎并最终导致死亡，因而意外事故是近因，保险人应负保险责任。）

是否存在必然因果关系有争议的，取决于法官自由裁量。（案例：投保人被车辆碰擦，送往医院后不治身亡，死亡原因是心肌梗死，车祸是不是心肌梗死的诱因，即构成死亡的近因取决于法官自由裁量。）

（2）多个致损原因，其中对保险事故的发生起直接的、决定性作用的原因是近因。（案例：船舶开航前船长因病不能出航，经港监批准由大副临时代理船长，航行途中三副纵火造成火灾事故，三副与大副之间有矛盾不是近因，三副故意纵火才是火灾事故损失的近因。）

（3）多个致损原因共同作用导致保险事故，则多个原因均是近因。例如，船舶遭敌人炮火攻击，影响了航行能力，以致撞礁沉没。显然船舶沉没的近因是战争，而如果被保险人未加保战争险，则保险人不负赔偿责任。

资料来源：关于近因原则的案例分析[EB/OL]．（2020-05-08）[2022-03-04]．https://wenku.baidu.com/view/3c13035f16791711cc7931b765ce05087fa2751b.html?rec_flag=default&fr=Recommend_RelativeDoc-60306, 60321,40155,40250,40309-kpdrec_doc_pc_view-693e9fe0804d2b160b4ec0d0&sxts=1628470463672.

本章思考题

一、选择题

1. 按 FOB 价格出口，卖方所承担的风险与按 CIF 价格出口相比（ ）。
   A. 小 　　　　 B. 大 　　　　 C. 一样 　　　　 D. 无法比较
2. 信用证支付方式属于（ ）。
   A. 卖方信用 　　 B. 买方信用 　　 C. 商业信用 　　 D. 银行信用
3. 下列险别中不属于中国人民保险公司承保的海洋运输货物基本险的是（ ）。
   A. 平安险 　　 B. 勾损险 　　 C. 水渍险 　　 D. 一切险
4. 将汇票划分为银行汇票和商业汇票的依据是（ ）。
   A. 出票人 　　 B. 付款人 　　 C. 受款人 　　 D. 承兑人
5. 在下列贸易术语中，卖方负责将货物装到船上的是（ ）。
   A. EXW 　　　　 B. FAS 　　　　 C. FCA 　　　　 D. FOB
6. INCOTERMS® 2010 解释了多少种贸易术语？（ ）
   A. 11 　　　　 B. 12 　　　　 C. 13 　　　　 D. 3

二、判断题

1. 就卖方承担的费用而言，在 FCA、CIP、CPT 三种贸易术语中，FCA 最小，CPT 其次，CIP 最大。（ ）
2. 平安险原意为"单独海损不赔"，因此对于自然灾害和意外事故引起的单独海损，平安险都不予赔偿。（ ）
3. 中国人民保险公司淡水雨淋险与平安险和水渍险的不同之处在于，后两者承保的仅是海水所致损失。（ ）
4. 出口商采用 D/A 30 天比采用 D/P 30 天承担的风险要大。（ ）
5. 保险单的签发日期可以晚于提单日期。（ ）

三、名词解释

1. 汇票
2. 象征性交货
3. 托收
4. 清洁提单
5. 实际全损
6. 推定全损

四、简答题

1. 简述提单的性质和作用。
2. 有关贸易术语的国际惯例主要有哪几种？
3. FOB、CFR、CIF 之间有何异同？

4. 共同海损和单独海损的区别是什么？

5. 简述信用证的含义及信用证结算方式的特点。

6. 简述信用证业务中各当事人之间的关系。

五、案例分析

1. 我方按 CIF 条件向南美某国出口花生酥糖 1000 箱，投保一切险。由于货轮陈旧，航速太慢且沿线到处揽货，结果航行 4 个月才到达目的港。花生酥糖因受热时间过长而全部软化，难以销售。请问：这种货损保险公司是否负责赔偿？为什么？

2. 国外开来不可撤销信用证，信用证中规定最迟装运期为 2021 年 12 月 31 日，议付有效期为 2022 年 1 月 15 日。我方按信用证中规定的装运期完成装运，并取得签发日为 2021 年 12 月 10 日的提单，当我方备齐议付单据于 2022 年 1 月 4 日向银行议付交单时，银行以我方单据已经过期为由拒付货款。请问：银行的拒付是否合理？为什么？

六、技能操作题

根据以下销售合同审核国外开来的信用证，指出信用证中存在的问题并说明应如何修改。

Sales Confirmation

No: 0003916

Date: Sep.30th, 2008

Seller: Ningbo Huadu Textile International Trade Corp.

Buyer: Sunny Men Corporation, P.O. Box No.6789 Toronto, Canada.

Commodity and Specifications:

Polo brand full cotton men's shirt 15, 000 PCS, 5% more or less at seller's option

Packing: In cartons of 20 PCS each, containerized

Unit Price: US$1.20 Per Piece CFR Toronto

Total value: US$18, 000.00 (U.S. Dollars Eighteen Thousand only)

Time of shipment: During Nov./Dec.2008 In two equal monthly lots, from China to Toronto, allowing transshipment.

Insurance: To be covered by the Buyer

Terms of Payment: By Irrevocable Sight Letter of Credit to reach the Seller 15 days before the month of shipment and remained valid for negotiation in China until the 15th days after date of shipment.

IRREVOCABLE DOCUMENTARY CREDIT

NO. 051086

Oct.12th, 2008

FROM: THE ROYAL BANK OF CANADA

TO: BANK OF CHINA, NINGBO,CHINA

WE OPEN IRREVOCABLE DOCUMENTARY CREDIT NO. 051086

BENEFICIARY: NINGBO HUADU TEXTILE IMP. AND EXP. CO. LTD.

JIEFANG SOUTH ROAD 111, NINGBO, CHINA

APPLICANT: SUNNY MEN CORPORATION P.O.BOX NO.6789 TORONTO, CANADA

AMOUNT: US $18, 000.00 (US DOLLARS EITHTEEN THOUSAND ONLY)

THIS CREDIT IS AVAILABLE BY BENEFICIARY'S DRAFT AT 30 DAYS AFTER SIGHT FOR 100% OF INVOICE VALUE DRAWN ON THE ROYAL BANK OF CANADA ACCOMPANIED BY THE FOLLOWING DOCUMENTS:

1．SIGNED COMMERCIAL INVOICE IN 3 COPIES.

2．FULL SET OF CLEAN ON BOARD BILL OF LADING MADE OUT TO ORDER AND BLANK ENDORSED MARKED FREIGHT PREPAID AND NOTIFY APPLICANT.

3．INSURANCE POLICY IN DUPLICATE COPIES FOR 110% OF INVOICE VALUE.

COVERING ALL RISKS AND WAR RISK SUBJECT TO CIC DATED JAN. 1ST, 1981.

4. CERTIFICATE OF ORIGIN IN DUPLICATE ISSUED BY CHINA INTERNATIONAL CHAMBER OF COMMERCE OR OTHER GOVERNMENT AUTHORITIES.

5．INSPECTION CERTIFICATE OF QUALITY ISSUED BY APPLICANT

COVERING:

POLO BRAND FULL COTTON MEN'S SHIRT 15, 000 PCS AT US$1.20 PER PIECE CFRC 3% TORONTO AS PER S/C NO. 0003916 DATED SEP.30th, 2008.

LATEST SHIPMENT: NOV.30th, 2008 FROM NINGBO TO TORONTO.

PARCIAL SHIPMENTS: ALLOWED

TRANSHIPMENT: PROHIBITED

THE GOODS SHALL BE CONTAINERIZED.

DOCUMENTS MUST BE PRESENTED WITHIN 8 DAYS AFTER THE DATE OF THE B/L, BUT WITHIN THE VALIDITY OF THE CREDIT.

THE ROYAL BANK OF CANADA

第四章　国际海上货运代理实务

知识目标

- ☐ 了解国际海上货运的特点及海上货运的经营实务;
- ☐ 熟悉国际海上集装箱货运代理实务的操作流程;
- ☐ 掌握国际海运提单的填制;
- ☐ 学会海运运费的计算方法。

导读案例

我国货主 A 公司委托 B 货运代理公司办理一批服装货物海运出口,从青岛港到日本神户港。B 公司接受委托后,出具自己的 house B/L 给货主。A 公司凭此到银行结汇,提单转让给日本 D 贸易公司。B 公司又以自己的名义向 C 海运公司订舱。货物装船后,C 公司签发海运提单给 B 公司,B/L 上注明运费预付,收发货人均为 B 公司。实际上 C 公司并没有收到运费。货物在运输途中由于船员积载不当,造成服装玷污受损。C 公司向 B 公司索取运费,遭拒绝,理由是运费应当由 A 公司支付,B 仅是 A 公司的代理人,且 A 公司并没有支付运费给 B 公司。A 公司向 B 公司索赔货物损失,遭拒绝,理由是其没有诉权。D 公司向 B 公司索赔货物损失,同样遭到拒绝,理由是货物的损失是由 C 公司过失造成的,理应由 C 公司承担责任。

资料来源:海运案例分析[EB/OL]. (2021-06-29)[2022-03-04]. https://www.renrendoc.com/paper/134957614.html.

请问:本案中 B 公司相对于 A 公司而言是何种身份?B 公司是否应负支付 C 公司运费的义务?A 公司是否有权向 B 公司索赔货物损失?D 公司是否有权向 B 公司索赔货物损失?

第一节　国际海上货运代理概述

海洋运输是历史悠久的国际贸易货物运输方式,由于国际贸易是在世界范围的商品交换,地理条件决定了海洋运输的重要作用。目前,国际贸易总运量中的 2/3 以上的货物是利用海洋运输完成的。我国进出口货运总量的约 90%都利用海洋运输。国际海上货物运输除了具有与陆运、空运相区别的特点外,还具有与国内海上货物运输不同的特点。

一、国际海上货运的特点

（一）海洋运输的特点

1. 通过能力强

海洋运输可以利用四通八达的天然航道，不像火车、汽车受轨道和道路的限制。

2. 运量大

海洋运输船舶的运载能力远远大于火车、汽车和飞机的运载能力。如一艘万吨级船舶的载重量，一般相当于250～300节车皮的载重量，石油井台、火车、机车等超重大货物也适用于海上运输。

3. 运费低

海运运量大，航程远，分摊于每货运吨的运输成本较少。据统计，海运运费一般约为铁路运费的1/5、公路汽车运费的1/10、航空运费的1/30，这就为低值大宗货物的运输提供了有利的竞争条件。

（二）海上危险的特点

1. 遭遇海上危险的可能性大

船舶海上航行受自然气候和季节性影响较大，随时都有遭遇狂风、巨浪、暴风、雷电、海啸等不可抗的自然灾害的可能，遇险的可能性比陆路运输与沿海运输要大很多。同时海上运输还存在社会风险，如战争、罢工、贸易禁运等。

2. 海上危险造成的损失巨大

国际海上货运船舶一旦遭遇海上危险，给船舶和货物造成的损失是巨大和惊人的。一艘远洋运输船舶的规模往往较大，一次载运的货物数量之大也是任何其他运输工具都无法比拟的，特别是超大型船舶，一旦造成损失，其损失程度都是巨大的。而且当遭遇危险时，能得到外来力量援助的及时性差，或者根本无法得到援助而使已经遭遇的危险和损失进一步扩大。油轮遭遇事故后，除油轮本身和所载运的货油损失外，还会因货油流入海洋造成海洋环境的污染，后果和损失更是无法估量。

3. 为适应海上危险而发展起来的一些比较特殊的制度

面对海上危险的客观存在，人们在长期海上货物运输实践并总结所发生的海上危险的情况下，为了分散危险，防止和减少海上事故的发生，为了在发生事故并带来损失时能得到一定的经济补偿，也为了促进海上货物运输事业的发展，而逐步形成和发展并沿袭至今的一些适应海上危险的比较特殊的制度。这些制度包括共同海损制度、海上保险制度、海上救助制度、承运人责任限制制度和船舶所有人责任限制制度等。

（三）国际性特点

1. 船公司的业务经营对国际海运市场的依存性

国际海运市场中汇集了许多船舶经营人，竞争非常激烈，运力的供给与需求的平衡关系左右着运价和租金水平的变动，任何个别的船舶经营人都不能对市场的运价和租金水平的变化产生很大影响，相反，个别船舶经营人的经营活动要适应国际海运市场的变化。

2．主要货运单证的国际通用性

国际海上货物运输中使用的单证繁多，其作用各不相同，各个国家、港口或船公司所使用的货运单证并不完全一致。但是，国际海上货运船舶航行于不同国家的港口之间，作为划分各方责任和业务联系主要依据的货运单证，其名称、作用、记载内容和编制方法大同小异，可以在国际上通用。

3．适用法规的国际统一性

处理国际海上货物运输中发生的各种事故或争议时，管辖权的归属和法律适用的不同，直接导致处理的结果不同。所以，适用具有国际统一性的公约和法规对于促进国际海上货物运输的发展尤为重要。

二、国际海上货运的经营方式

当前国际上普遍采用的海上货运的运营方式可分为两大类，即班轮运输和租船运输。

（一）班轮运输

1．班轮运输的含义

班轮运输又称为定期船运输。船舶沿固定的航线，经固定的港口，按事先公布的固定船期运输货物，按事先公布的费率收取运费。

2．班轮运输的特点

（1）班轮运输具有固定航线、固定港口、固定船期和相对固定的运价，因此，"四固定"是班轮运输的最基本的特点。

（2）承运人与货主在货物装船之前通常不签订具有详细条款的运输合同，而是在承运人装船后或接受货物后签发载有详细条款的提单并作为双方发生货运纠纷时的依据。

（3）班轮运输可以为多个货主服务；特别适应小批量零星件杂货的海上运输；运输速度快，能及时、迅速地将货物发送和运达目的港，而且能保证货运质量。

（4）在实践中，班轮运输货物交付的地点一般为：在件杂货班轮运输中，承运人在装货港指定码头仓库接受货物、卸货港指定码头仓库交付货物；在集装箱班轮运输中，承运人在装货港的码头堆场或货运站接受货物、卸货港的堆场或货运站交付货物。

（5）在班轮运输中，船舶的一切正常营运支出均由船方负担（如装船、卸船和理舱在内的作业和费用）。

（6）在班轮运输中，承运人与货主之间不规定装卸时间，也不计算滞期费和速遣费。

（二）租船运输

1．租船运输的含义

租船运输又称为不定期船运输，没有预定的船期表、航线、港口，船舶按租船人和船东双方签订的租船合同规定的条款完成运输。根据协议，船东将船舶出租给租船人使用，完成特定的货运任务，并按商定的运价收取运费。

采用租船运输的货物主要是低价值的大宗货物，例如煤炭、矿砂、粮食、化肥、水泥、木材、石油等。一般都是整船装运，运量大，租船运输的运量占全部海上货运量的80%左右。运价比较低，并且运价随市场行情的变化波动。租船方式主要有航次租船、定期租船和光船租船三种。

（1）航次租船（voyage charter）。航次租船又称为程租船，是出租人负责提供一艘船舶，在约定的港口之间运送约定的货物，进行一个航次或数个航次的租船方式。其特点是：船东占有船舶、经营船舶、运营船舶；承租人支付运费（每吨运费率或者包干费）；航次成本中的装卸费用按合同规定，或由船东或由承租人负责；其余成本均由船东负责；合同中规定货物装卸时间（laytime）、装卸时间的计算、滞期（demurrage）和速遣费（despatch）。

（2）定期租船（time charter）。定期租船又称为期租船，是指以租赁期限为基础的租船方式。在租期内，租船人按约定支付租金以取得船舶的使用权，同时负责船舶的调度和经营管理。期租租金一般规定以船舶的每载重吨每月若干金额计算。租期可以长，也可以短，短时几个月，长时可以达到 5 年以上，甚至直到船舶报废为止。

期租的对象是整船，不规定船舶的航线和挂靠港口，只规定航行区域范围，因此租船人可以根据货运需要选择航线、挂靠港口，便于船舶的使用和营运。期租对船舶装运的货物也不做具体规定，可以选装任何适运的货物；租船人有船舶调度权并负责船舶的营运，支付船用燃料费用、各项港口费用、捐税、货物装卸费用等。不规定滞期速遣条款。

（3）光船租船（bare boat charter）。光船租船又称为光租，不同的是船东不提供船员，只把一条空船交给租方使用，由租方自行配备船员，负责船舶的经营管理和航行各项事宜。对船东来说，一般不放心把船交给租船人支配；对租船方来说，雇用和管理船员工作很复杂，租船人也很少采用这种方式。因此，光船租船形式在租船市场上很少采用。

2．租船运输的特点

（1）租船运输没有相对于班轮运输的"四固定"，船期表、航线、港口等都要根据租约而定。

（2）租船运输的舱位租赁一般以提供整船或部分舱位为主，主要根据租约来定。

（3）租船运输中承租人与出租人的权利与义务、船舶营运中的风险及有关费用分担责任都根据租约的规定设定。

（4）租船运输中的提单一般不是独立的文件，它要受租约的约束，对于承租人和出租人而言，仅相当于货物收据。

（5）租船运输中船舶港口使用费、装卸费及船期延误费按租约规定由承租人和出租人进行分担、划分及计算。

（6）租船运输适用于大宗散货运输，货物的特点是批量大、附加值低、包装相对简单。因此，租船运输的运价（或租金率）相对班轮运输而言较低。

 知识链接 4-1

各国海商法对商船所下的定义不完全一致，我国《海商法》在第三条中规定："本法所称船舶，是指海船和其他海上移动式装置，但是用于军事的、政府公务的船舶和 20 总吨以下的小型船艇除外。前款所称船舶，包括船舶属具。"其他国家的海商法也有类似的规定。从各国海商法对商船所下的定义来看，所谓商船，是以商业行为为目的，供海上及在与海相通的水域或水中航行使用的船舶。由此可见，凡不是以商业行为为目的的船舶，如军舰、海关缉私船、水上巡逻艇、政府公务船、科学考察船等，不能称为商船。又如水上仓库、浮船坞、灯塔等，尽管它们都漂浮在水上，但它们不能"供航行使用"，当然也就不能称为商船。因此，商船与广义上的船舶是不同的。

三、海洋货物运输的主要航线及港口

（一）海洋货物运输航线

海洋货物运输航线（shipping route）是指船舶根据不同水域、潮流、港湾、风向、水深等自然条件以及社会、政治和经济因素，为达到最大的经济效益所选定的营运通道。

1. 海洋货物运输航线的分类

1）按航行范围划分

（1）远洋航线（gross ocean-going shipping line）：是指跨越大洋的运输航线。如远东各港至欧洲、美洲和大洋洲的航线。

（2）近洋航线（near-sea shipping line）：是指本国各港口至邻近国家港口间的海上运输路线，如中国各港口至日本港、马六甲海峡、印度尼西亚沿海的各港口间的运输航线。

（3）沿海航线（coastal shipping line）：是指本国沿海各港口间的海上运输航线。

2）按港口大小和货运量多少划分

（1）干线（trunk line）：是指货运量大而集中的主干航线。如欧洲、地中海、澳大利亚以及北美等航线。

（2）支线（feeder line）：又称为补给线，是指小港与大港之间的集散航线。

3）按船舶营运方式划分

（1）定期航线（liner）：又称为班轮航线，是指使用固定船舶，按固定船期和固定港口航行并以相对固定的运价经营客货运输业务的航线。其经营以航线上各港口保有持续、稳定的往返客货为先决条件。

（2）不定期航线（tramp shipping line）：与定期航线相对而言，是指使用不定船舶、不定船期、行驶不定港口和不定航线，并采用租船市场运价，以大宗、低值货物运输业务为主的航线。

2. 主要海洋货物运输航线

目前主要海洋货物运输航线有以下几条。

（1）北大西洋航线（North Atlantic shipping line）。北大西洋航线是北美与西欧间的运输大动脉，因横跨大西洋北部而得名。该航线西起北美的东海岸，北经纽芬兰横跨大西洋，入英吉利海峡至西欧、北欧，其支线分布于欧美两岸。该航线两岸拥有世界 2/5 的重要港口，承担 70%～80%的海洋货运量，是世界上最繁忙的货运航线。

（2）北太平洋航线（North Pacific shipping line）。北太平洋航线是美加（美国、加拿大）西海岸与远东之间的主要航线，因横跨太平洋北部而得名。该航线东端为北美西海岸港口，南至美国的圣地亚哥，北至加拿大的鲁伯特太子港，西端为亚洲各国港口，北起日本横滨和俄罗斯的海参崴，中经中国上海，西至印度、新加坡，南至菲律宾的马尼拉。第二次世界大战后，亚洲一些新兴国家的经济迅速发展，进出口货运量成倍增长。该航线经由巴拿马运河可与美国东海岸各大港口及西欧的北大西洋航线相连，在世界航运中的地位与作用与日俱增。

（3）苏伊士运河航线（Via Snez Canal shipping line）。该航线因通过苏伊士运河而得名，也称为亚欧航线。（苏伊士运河位于埃及的东北部，是世界第一大运河，通航于 1869年，全长 161.6km。）该航线西起西欧、南欧各港，经直布罗陀海峡入地中海，通过苏伊士运河入红海，再进入印度洋，之后分为两路：东至远东各港口，为欧亚间的主要航线；南至澳大利亚、新西兰各港口，为欧洲、澳大利亚、新西兰之间的主要航线。运河的开通和使用，改变了过去绕道南非好望角的航线，使欧亚航程大大缩短，成为欧亚非海上交通要道。

（4）巴拿马运河航线（Via Panama Canal shipping line）。该航线是连接大西洋与太平洋沿岸港口的重要捷径，因通过巴拿马运河而得名。巴拿马运河位于巴拿马共和国中部地区，是世界第二大运河，通航于 1920 年，全长 81.3 km。该航线北起大西洋加勒比海，经里蒙湾入巴拿马运河，南经巴拿马湾进入太平洋。巴拿马运河的开通和使用，避免了绕道南美合恩角，缩短了航程，成为美洲东西岸之间和美洲东岸至远东之间的重要运输纽带。

除此之外，还有南非航线、南美航线、南太平洋航线、加勒比海航线。

（二）世界和我国的主要贸易港口

港口是国家的门户，又是国际贸易货流的出入口。港口是海洋交通与内陆交通之间的重要联系枢纽，其位置一般在江、河、湖、海沿岸，具有一定的设备和条件，供船舶来往停靠，办理客货和其他专门服务。港口的范围包括港内水域及紧接水域的陆地。

港口按其基本功用可分为商港、渔港、军港和避风港四大类型。这里我们主要介绍商港。

商港主要供商船停靠，办理客货运输，一般具有停靠船舶、上下客货、供应燃料、物料及修理船舶所需的各种设备和条件。现代商港不仅是水陆运输的枢纽和货物集散地，而且是一个巨大的生产单位，其规模的大小一般以其吞吐量来表示。

目前，世界上许多国家都在不断扩建新港区，以适应国际贸易发展的需要，我国也正在加强港口建设，以扩大我国的进出口贸易量。

1. 世界主要港口

（1）荷兰的鹿特丹（Rotterdam）。该港是世界第一大港，位于莱茵河和马斯河入海的三角洲，濒临世界海运最繁忙的多佛尔海峡，是西欧水陆交通的要冲。它是荷兰和欧盟的货物集散中心，运入西欧各国的原油、石油制品、谷物、煤炭、矿石等都经过这里，有"欧洲门户"之称。可供远洋轮用的码头岸线长达 38 km，共有 951 个泊位。该港是国际上水、陆、空交通的重要枢纽，现在约有 300 多条远洋航线连接世界各地，每年约有 3.5万艘次远洋货轮在这里停靠，是世界上最大的商品集散中心。近年来，该港集装箱运输业务居世界港口吞吐量的首位。

（2）美国的纽约港（New York）。该港共有深水泊位 400 余个，其中杂货、油轮泊位各近百个，有集装箱泊位 37 个，是世界上最大的集装箱码头，港口各种设备齐备，有起重 500 t 的大型浮吊及各式吊车。

（3）日本的神户（Kobe）。该港是日本第一大港，一年内浓雾时间只有 10 天左右，锚地深度约 12.2 m（40 ft），泥底。有 36 个浮筒，可以系带 29 条远洋船。该港的面积为 5668 万 m²，现有 231 个泊位、驳船 959 艘、港口作业船 46 艘、集装箱装卸塔桥 21 台。

此外，德国的汉堡（Hamburg）、比利时的安特卫普（Antwerp）、新加坡的新加坡（Singapore）、法国的马塞（Marseilles）、英国的伦敦（London）等皆为主要港口。

2．我国的主要港口

上海港是我国最大的港口，该港航道包括长江口南航道和黄浦江航道，可同时靠泊万吨级船舶 60 余艘。该港进出口货物主要有钢铁、粮食、煤、石油、化肥和杂货等，是我国主要外贸港口之一，外贸物资吞吐量占全港的 20%，也是我国最大的集装箱运输港。

其次是大连港，该港有 7 个装卸作业区，分别有石油、煤炭、木材和干货等专业码头，其中万吨级泊位 30 个，最大的泊位可靠 10 万吨级油轮，是我国主要对外贸易港口之一。外贸物资年出口量达 2000 多万吨，占全港吞吐量的 61%。

秦皇岛港年吞吐量仅次于上海、大连港，居全国第三位。山西大同、河北开滦、宁夏"太西煤"等优质煤炭从这里装船出口，该港口已成为我国最大的煤炭输出港，占全国出口煤炭运量的 80%，其中 60%～70% 是运往日本的。此外，我国的主要港口还有天津港、青岛港、黄埔港、湛江港、连云港、烟台港、南通港和宁波港等。

四、国际海上货运代理的业务特点

一般而言，国际海上货运代理主要是接受货主的委托，以委托人的名义或以自己的名义从事海上进出口货物报关报验、租船订舱等业务，并收取相应的报酬。

我国目前国际海上运输主要以集装箱班轮运输为主，以不定期船运输为辅，因此，国际海上货运代理也常称为国际海运班轮代理或国际海上集装箱运输代理。

一般而言，国际海上货运代理业务具有如下特点。

（1）随着集装箱运输的发展，集装箱运输业务成为国际海运货运代理业务的主流，也少量从事不定期船运输中有关杂货、干散货、液散货的报关报验以及集运、转运等业务。

（2）国际海上货运代理的从业人员较多，业务主要以缮制单证、报关报验为主，从事整箱/拼箱装箱、拆箱、集运、分拨业务。

（3）一些国际海上货运代理同时兼任船公司的订舱代理，业务空间更广，可以代表船公司受理货主订舱申请，以取得代理费收入。

（4）一些具有较高业务能力和较为完善的业务网络的企业，已经发展成无船承运人或多式联运经营人等当事人，从而使其身份呈现多重性。

（5）在从事国际海上货运代理业务的同时，也往往提供延伸服务，甚至"门到门"多式联运服务和第三方物流服务，兼营铁路、公路集疏运业务和仓储业务。

五、国际海上货运代理的业务相关人

（一）海上运输主体

1．货主

货主是海上运输服务的需求者（买方），在法律上，它们被称为发货人（托运人）、收货人等。

（1）发货人（consignor）和托运人（shipper）。一般而言，发货人通常是指实际交付货物的人；托运人通常是指与承运人订立运输合同并支付运输费用的人。在实务中，发货人和托运人通常为同一人，但有时也可能不是同一人。

（2）收货人（consignee）。我国《海商法》规定：" '收货人'，是指有权提取货物的人。"

2．班轮公司

班轮公司是海上运输服务的供给者（卖方），它是指运用自己拥有或自己经营的船舶，提供国际港口间班轮运输服务，并依据法律规定设立的船舶运输企业。

3．码头经营人

码头经营人（operator of transport terminals），是指接受货主、承运人或其他有关方的委托，负责接管、运输货物，并为这些货物提供或安排包括堆存、仓储、装载、卸载、积载、平舱、隔垫和绑扎等与货物运输有关的服务的企业。

4．集装箱货运站

集装箱货运站是利用集装箱场所，对货物进行装箱、拆箱工作，并完成货物的交接、分类和短时间保管等辅助工作的企业。

5．航运中间商

航运中间商是指介于海上运输需求者与海上运输供给者之间，为它们提供中介服务，促进海上运输交易行为实现的中介组织。

（二）国际船舶代理

船舶代理根据船舶经营人的委托从事船舶有关营运业务，办理进出港口手续。船舶代理分国内水运船舶代理和国际海运船舶代理。国内水运船舶代理通常由各港务管理单位充当。国际海运船舶代理有船舶揽货总代理和不负责揽货的船舶代理两种形式。船舶代理单位办理的业务包括：组织货物运输，如组织货载；组织旅客运输；安排货物装卸；为船舶和船员服务，代办各种手续；代办财务相关业务和船舶租赁、买卖等，以及商办海事处理和海上救助等业务。

1．国际船舶代理的分类

从事国际贸易货物运输的船舶在世界各个港口之间进行营运的过程中，当它停靠于船舶所有人或船舶经营人所在地以外的其他港口时，船舶所有人或船舶经营人将无法亲自照管与船舶有关的营运业务。

解决这一问题的方法有两种：第一，在有关港口设立船舶所有人或船舶经营人的分支机构。第二，由船舶所有人或船舶经营人委托在有关港口的专门从事代办船舶营运业务和服务的机构或个人代办船舶在港口的有关业务，即委托船舶代理人代办这些业务。在目前的航运实践中，船舶所有人或船舶经营人由于其财力或精力所限，而无法为自己所拥有或经营的船舶在可能停靠的港口普遍设立分支机构，又由于各国航运政策的不同，委托船舶代理人代办有关业务的方法成为普遍被采用的比较经济和有效的方法。

设立在世界海运港口的船舶代理机构或代理人对本港的情况和所在国的法律、规章、习惯等都非常熟悉，并在从事船舶代理业务的实践中积累了丰富的经验。因此，它们经常能比船长更有效地安排和处理船舶在港口的各项业务，更经济地为船舶提供各项服务，从而加快船舶周转，降低运输成本，提高船舶的经营效益。目前，船舶所有人或船舶经营人大多对自己拥有或经营的船舶在抵达的港口采用委托代理人代办船舶在港口各项业务的办法来照管自己的船舶。世界上的各个海运港口也都普遍开设有船舶代理机构或代理行，而且在一个港口通常开设有多家船舶代理机构从事船舶代理业务。

船舶代理属于服务性行业。船舶代理机构或代理行可以接受与船舶营运有关的任何人的委托，业务范围非常广泛，既可以接受船舶所有人或经营人的委托，代办班轮船舶的营运业务和不定期船的营运业务，也可以接受租船人的委托，代办其所委托的有关业务。

由于船舶的营运方式不同，而且在不同营运方式下的营运业务中所涉及的当事人又各不相同，所以各个当事人所委托代办的业务也有所不同。因此，根据委托人和代理业务范围的不同，船舶代理人可分为班轮运输代理人和不定期船运输代理人两大类。

1）班轮运输船

（1）总代理人。在班轮运输中，班轮公司在从事班轮运输的船舶停靠的港口委托总代理人。该总代理人的权利与义务通常由班轮代理合同的条款予以确定。总代理人通常应为班轮制作船期广告，为班轮公司揽货，办理订舱、收取运费，为班轮船舶制作运输单据，代签提单，管理船务和集装箱，代理班轮公司就有关费率及班轮公司营运业务等事宜与政府主管部门和班轮公会进行合作。总之，凡班轮公司自行办理的业务都可通过授权，由总代理人代办。

（2）订舱代理人。班轮公司为使自己所经营的班轮运输船舶能在载重和舱容上得到充分利用，力争做到满舱满载，除在班轮船舶停靠的港口设立分支机构或委托总代理人，还会委托订舱代理人以便广泛地争取货源。订舱代理人通常与货主和货运代理人有着广泛和良好的业务联系，因而能为班轮公司创造良好的经营效益，同时能为班轮公司建立起一套有效的货运程序。

2）不定期运输船

（1）船东代理人。船东代理人受船东的委托，为船东代办与在港船舶有关的诸如办理清关，安排拖轮、引航员及装卸货物等业务。此时，租约中通常规定船东有权在装卸货港口指派代理人。

（2）船舶经营代理人。作为期租承租人的船舶经营人，根据航次租约的规定，有权在装卸货港口指派代理人，该代理人受船舶经营人的委托，为船舶经营人代办与在港船舶有关的业务。

（3）承租人代理人。根据航次租约的规定，承租人有权提名代理人，而船东（或船舶经营人）必须委托由承租人所指定的代理人作为自己所属船舶在港口的代理人，并支付代理费及港口的各种费用。此时，代理人除了要保护委托方（船东或船舶经营人）的利益，还要对承租人负责。

（4）保护代理人。在港口的代理人是由承租人提名的情况下，船东或船舶经营人为了保护自己的利益，会在委托了由承租人提名的代理人作为在港船舶的代理人以外，再另外委托一个代理人来监督承租人提名代理人的代理行为，该代理人即保护代理人，或称监护代理人。同样，当根据租约的规定，代理人由船东或船舶经营人指派时，承租人就可能在装卸港口指派自己的代理人，以保护承租人的利益。

（5）船务管理代理人。船务管理代理人为船舶代办诸如补充燃物料、修船、船员服务等业务，而这些代理业务是与船舶装卸货无关的，当船舶经营人为船舶指派了港口代理人后，船东为了办理那些与装卸货无关而仅仅与船务有关的业务时，若船舶经营人代理人没有得到船舶经营人的委托，就不会为船东代办有关船务管理业务，此时，船东就会委托一个船务管理代理人代办自己的有关业务。

（6）不定期船代理人。总代理人是特别代理人的对称，其代理权范围包括代理事项的全部。不定期船总代理人的业务很广，如代表不定期船船东安排货源，支付费用，选择、指派再代理人并向再代理人发出有关指示，等等。当然，承租人有时也会指派总代理人，或在租约中规定由租家指派代理人或提名代理人时，则承租人就有权在一定地理区域选定总代理人，当承租人指派甲代理人，而船舶不停靠甲地时，则可由甲代理人为其委托人选择、指派再代理人，并由再代理人代办与在港船舶有关的业务。委托人授予代理人代理权是建立在对代理人的知识、技术、才能和信誉等信任的基础上的，而船东或承租人选用总代理人的最大优点在于，委托方和代理人之间有信任感、业务上具有连续性，一旦委托则船舶在所有港口的代理业务都由总代理人办理，或由其选择、指派的再代理人（即分代理）来完成。

2．国际船舶代理的业务范围

《中华人民共和国国际海运条例》第二十三条规定："国际船舶代理经营者接受船舶所有人或者船舶承租人、船舶经营人的委托，可以经营下列业务：（一）办理船舶进出港口手续，联系安排引航、靠泊和装卸；（二）代签提单、运输合同，代办接受订舱业务；（三）办理船舶、集装箱以及货物的报关手续；（四）承揽货物，组织货载，办理货物、集装箱的托运和中转；（五）代收运费，代办结算；（六）组织客源，办理有关海上旅客运输业务；（七）其他相关业务。国际船舶代理经营者应当按照国家有关规定代扣代缴其所代理的外国国际船舶运输经营者的税款。"

可见，国际船舶代理业务是一项范围很广的综合性业务，包括所有原应由船公司自行办理的业务和少量应由货主自行办理的与货运有关的业务。各国的船舶代理机构或代理行都有自己的业务章程，但代理的作用和业务范围却大致相同。如《中国外轮代理公司业务章程》规定了船舶代理的 20 项业务。通常，国际船舶代理业务范围大体可归纳为以下五个方面。

（1）客运、货运组织工作。

① 客运组织工作。包括代办客票、办理旅客上下船手续等。

② 货运组织工作。包括代为揽货、洽订舱位；绘制出口货物积载计划；缮制各种货运单证；签发提单、提货单；办理海上联运货物的中转业务；等等。

（2）货物装卸工作。有关货物装卸，包括：联系安排装卸；办理申请理货及货物监装、监卸、衡量、检验；办理申请验舱、熏舱、洗舱、扫舱；洽办货物理赔工作；等等。

（3）集装箱管理工作。有关集装箱管理，包括：办理集装箱的进出口申报手续，联系安排集装箱的装卸、堆存、清洗、熏蒸、检疫、修理、检验；办理集装箱的交接、签发集装箱交接单证；等等。

（4）船舶、船员服务工作。包括：办理船舶进出口岸的申报手续，主要有船舶出入境海关手续、出入境边防检查手续、出入境检验检疫手续、海事机构申报手续；申请引航以及安排泊位；洽购船用燃料、物料、属具、工具、垫料、淡水、食品；安排提取免税备件；洽办船舶修理、检验、上漆；办理船员登陆、签证、调换及遣返手续，转递船员邮件，联系申请海员证书，安排船员就医、游览；等等。

（5）其他工作。包括：洽办海事处理，联系海上救助；代收运费及其他有关款项；提供业务咨询和信息服务；支付船舶速遣费及计收滞期费；经办船舶租赁、买卖、交接工作；代签船舶买卖和租赁合同；经营、承办其他业务；等等。

（三）国际海上货运代理

国际海上货运代理也称为远洋货运代理，通常是指接受进出口发货人、收货人的委托，代办国际海上货物运输及其相关业务并收取服务报酬的人。

（四）无船承运人

无船承运人（non-vessel operating carrier，NVOC），也称为无船公共承运人（non-vessel operating common carrier，NVOCC），是指以承运人身份接受托运人的货载，签发自己的提单或其他运输单证，向托运人收取运费，通过班轮公司（实际承运人）完成国际海上货物运输，承担承运人责任，并依据法律规定设立的企业。

六、从事国际海运货运代理业务应具备的基本条件

从事国际海运货运代理应具备的基本条件如下。

（1）具备良好的资信。

（2）了解有关法律法规与政策。

（3）精通国际货运业务知识。

① 以国际海运班轮代理为例，海上货运代理应做到"六知"。

❑ 了解国际班轮航线现状与构成，即知线。

❑ 了解装、卸港口情况，即知港。

❑ 了解船舶情况，即知船。

❑ 了解货物对运输的要求，即知货。

❑ 了解运价市场，即知价。

❑ 了解业务操作规程，即知规程。

② 如欲从事无船承运业务，还应在此基础上具备以下条件。

❑ 足够的流动资金和支付能力。

❑ 具有签发自己运输单证的条件与能力。

❑ 具有完善的代理服务网络。

❑ 企业应拥有精通无船承运业务的专家。

❑ 与所经营的航线上的主要班轮公司、箱主公司保持良好的合作关系。

❑ 拥有相关的车队及货运站，或者与相关的车队、货运站保持良好的关系。

第二节　国际海上集装箱运输货运代理实务

集装箱运输是成组运输的高级形式和运输现代化的重要标志之一，对运输业的发展有深远的影响，被人称为"集装箱革命"。

一、集装箱运输的发展概况

（一）集装箱运输的发展历史

说到集装箱运输就要追溯到 19 世纪后半叶，当时英国的兰开夏出现了一种运输棉纱和棉花的新型载运工具，是一种带有活动框架的托盘，被后人称为"兰开夏托盘"（Lancashire flat），它被认为是集装箱运输的雏形。后来在 20 世纪初，相继在英国、美国、德国等一系列国家的铁路上出现了简单的集装箱运输。

集装箱运输在全球范围内的广泛使用还是在海上集装箱出现以后。20 世纪五六十年代，国际航运中的班轮经营者面临着提高效率的难题。在当时，虽然由于技术的进步，船舶航行速度有了显著提高，航行时间大大缩短，但这一优势却由于装卸效率低下，船舶在港滞留时间过长和不断上涨的装卸搬运费用而丧失了许多。根据当时的统计，美国—欧洲、远东、南美等多条定期航线上船舶停泊时间占航次时间的比例已经达到 40%～50%。为有效降低成本，1956 年当时美国的泛大西洋轮船公司（后来的海陆公司）率先对一艘油轮进行了改装，在甲板上设置了装载集装箱的平台，一次承载 16 个集装箱，航行于纽约—休斯敦航线。该船试航行 3 个月以后，取得了显著的经济效益，平均每吨货物的装卸费由原来的5.83 美元降为 0.15 美元，装卸速度也明显加快。随后，该公司又陆续将改造的、新建的全集装箱船投入国内、国际航线，其他发达国家也纷纷效仿，海上运输的集装箱化逐渐在全球拉开帷幕。时至今日，集装箱运输已成为海上货物运输的主流。

我国集装箱运输开始于 20 世纪 50 年代，1955 年铁道部就成立了集装箱运输管理部门，在国内办理小型集装箱运输。1973 年，中国外运与日本班轮公司合作，开辟了中日首条集装箱运输试运航线，开创了我国集装箱运输的先河。此后，集装箱多式联运也在我国逐步发展起来。

（二）集装箱运输的特点

集装箱运输之所以发展迅速，是因为它在许多方面都有着明显的优势和特点。

1. 它是一种高效率的运输方式

将尺寸各异的小件装进标准规格的大型"容器"内，以集装箱为单元进行运输，大大提高了运输效率。据统计，集装箱的装卸由于使用吊装桥而使装卸效率比传统件杂货提高4 倍。另外，集装箱是水密的，使货物几乎可在全天候条件下进行装卸、运输，从而缩短了船舶在港内的时间。据统计，两条同吨位的集装箱船，在运输能力和运费收入方面相当于三条同吨位的杂货船。此外，周转速度加快，提高了港口的设施、设备的利用率。场站也因集装箱可以码垛堆高，节省了堆场的面积。

2．它是一种高质量的运输方式

集装箱具有坚固、密封的特点，运输过程中箱内货物不易受外界恶劣天气影响而损坏，也不易在装卸过程中损坏、短少。若货物没装满、箱内有缝隙，则可以使用集装箱缓冲充气袋，防止因箱体的倾斜造成货物的碰损，使货物经得起多次搬运、装卸。

3．节省货物运输的包装费用

货物在集装箱内，集装箱本身实际上起到一个强度很大的外包装作用。货物在集装箱内，由于集装箱的保护，不受外界的挤压、碰撞，因此货物的外包装可大大简化，从而节约了木料或其他材料，节省了包装费用。如原来需要木箱包装的，可改为硬纸箱；原来需要厚纸箱的，可改为用厚纸包装。有些商品甚至无须包装，如目前国际上运输成衣服装，采用衣架集装箱。这种集装箱内专门设计安装有一排排挂衣架供服装直接吊挂，无须任何包装，货到目的地后，收货人直接从集装箱内取出服装，无须重新熨烫平整即可直接上货架，既节省包装用料和费用，又能使商品及时供应市场。据统计，如集装箱运输实现"门到门"服务，其包装费用一般可节省50%以上。

4．它极大地延伸了海关监管的范围，方便了进出口商人

我们知道，买卖货物的进出口都要经过海关进行严格的查验和监管。在集装箱没有出现时，海关只有在沿海港口的码头附近、国际航空机场、公路和铁路的边境货场等非常有限的站口设立监管区域，对进出口的货物逐一检验放行。这无疑对大量的进出口货物出关和入关形成了极大的障碍。而集装箱的出现为海关的货物监管提供了很大的方便，因为集装箱可以封闭，海关能够以此作为其监管区域的最小单位。出口货物装进集装箱、海关做好关封以后，就算完成了出口通关手续。进口货物入境以后，海关只要不开箱，集装箱可以运往任何目的地去办理进口通关手续。因此，大大方便了进出口通关手续及运输。这种方便是20世纪七八十年代的条件所无法比拟的。

集装箱运输是以集装箱为运输单元进行货物运输的一种方式。下面介绍什么是集装箱以及它的种类。

二、集装箱的定义及种类

（一）集装箱的定义

集装箱（container）又称为"货柜""货箱"，原义是一种容器，具有一定的强度和刚度，是专门用于周转使用并便于机械操作和运输的大型载货容器。它的外形像一个箱子，又可以集装成组货物，因此叫作"集装箱"。

国际标准化组织根据集装箱在装卸、堆放和运输过程中的安全需要，规定了作为一种运输工具的货物集装箱应具备的基本条件。

（1）能长期地反复使用，具有足够的强度。

（2）途中转运不用移动箱内货物，可以直接换装。

（3）可以进行快速装卸，并可以从一种运输工具直接方便地换装到另一种运输工具。

（4）便于货物的装满与卸空。

（5）具有 1 m³（35.32 ft³）以上的内容积。

随着集装箱运输的发展，为满足装载不同种类货物的需要，出现了不同种类的集装箱。这些集装箱不仅外观不同，而且结构、强度、尺寸等也不相同。

（二）集装箱的种类

集装箱的分类有不同的标准，例如按制箱材料分有铝合金集装箱、钢板集装箱、纤维板集装箱和玻璃钢集装箱。

在这里，我们主要根据集装箱的用途对其类型加以介绍，主要有以下几种。

（1）普通集装箱，又称为干货集装箱（dry container）。普通集装箱用来运输无须控制温度的件杂货，其使用范围极广，占全部集装箱的 80% 以上。这种集装箱通常为封闭式的，在一端或侧面设有箱门。这类集装箱主要用来装运普通的、无特殊要求的件杂货。

（2）散货集装箱（bulk container）。散货集装箱主要用于运输豆类、谷物、硼砂、树脂等货物。这种集装箱除箱门外，在顶部还设有装货口，底部有升降架，可升高并倾斜至40°，以便卸货。使用集装箱装运散货，一方面提高了装卸效率，另一方面提高了货运质量，减轻了粉尘对人体和环境的危害。散货集装箱顶部的装货口应设水密性良好的盖，以防雨水进入箱内。

（3）冷藏集装箱（reefer container）。冷藏集装箱分外置式和内置式两种。温度可在−28～26 ℃调整。内置式集装箱在运输过程中可随意启动冷冻机，使集装箱保持指定温度；而外置式集装箱则必须依靠集装箱专用车、船和专用堆场、车站上配备的冷冻机制冷。这种箱子适合在夏天运输黄油、巧克力、冷冻鱼肉、炼乳、人造奶油等物品。

（4）开顶集装箱（open top container）。开顶集装箱是没有刚性箱顶的集装箱，但有由可折叠式或可折式顶梁支撑的帆布、塑料布或涂塑布制成的顶篷，其他构件与通用集装箱类似。这种集装箱适用于装载大型货物和重货，如钢铁、木材，特别是像玻璃板等易碎的重货，利用吊车从顶部吊入箱内不易损坏，而且也便于在箱内固定。

（5）台架式集装箱（flat rack container）。台架式集装箱是没有箱顶和侧壁，甚至连端壁也去掉，而只有底板和四个角柱的集装箱。这种集装箱可以从前后、左右及上方进行装卸作业，如用吊车从顶部装入，也可以用叉车从侧面装入。这种集装箱适合装载长大件和重货件，如重型机械、钢材、钢管、木材、钢锭等。台架式的集装箱没有水密性，怕水湿的货物不能装运，如果必须装运，则需积载于舱内，或用帆布遮盖。

除此之外，还有一些专门用来运输特定种类货物的集装箱，例如：

（1）动物集装箱（pen container）。动物集装箱是一种装运鸡、鸭、鹅等活家禽和牛、马、羊、猪等活家畜用的集装箱。这种集装箱会特设通风孔、喂食口，以及便于清扫的清扫口和排水口。

（2）罐式集装箱（tank container）。罐式集装箱是一种专用以装运酒类、油类（如动、植物油）、液体食品以及化学品等液体货物的集装箱。这种集装箱有单罐和多罐数种，装货时货物由罐顶部装货孔进入，卸货时货物则由排货孔靠重力自行流出或从顶部装货孔吸出。

（3）平台集装箱（platform container）。平台集装箱的形状类似铁路平板车，载货重量可达 40 t，用这种集装箱装运汽车极为方便。这种集装箱的应用打破了过去一直认为集装箱必须有容积的概念。

（4）汽车集装箱。汽车集装箱是一种运输小型轿车用的专用集装箱。

集装箱现在的应用范围越来越广泛，不但用于装运货物，还有其他广泛用途。例如用集装箱改办公室，建设"集装箱流动电站"：可在一个 20 ft[①] 的集装箱内装置一套完整的发电机组，装满燃油后可连续发电 96 h，供应 36 个 20 ft 或 40 ft 冷藏集装箱的用电。美国已研制成了由若干个 20 ft 的集装箱组成的"战地医院"，可在战地迅速布置。

为了有效地开展国际集装箱多式联运，必须进一步做好集装箱标准化工作。

三、集装箱的标准

目前世界上通用的国际标准集装箱是根据国际标准化组织（ISO）第 104 技术委员会（ISO/TC 104）制定的国际标准来建造和使用的。ISO/TC 104 制定的国际集装箱标准有三个系列。各国使用的集装箱规格尺寸主要是第一系列的 A、B、C、D 四种箱型（规格分别是 40 ft、30 ft、20 ft、10 ft）。目前在国际货物运输中采用最多的是 20 ft 和 40 ft 集装箱。

在这里主要介绍常用的 20 ft 和 40 ft 集装箱的规格。

外尺寸为 20 ft×8 ft×8 ft6 in[②]，简称 20 ft 货柜。

外尺寸为 40 ft×8 ft×8 ft6 in，简称 40 ft 货柜。

20 ft 货柜：内容积为 5.69 m×2.13 m×2.18 m，配货毛重一般为 17.5 t，体积为 24～26 m^3。

40 ft 柜：内容积为 11.8 m×2.13 m×2.18 m，配货毛重一般为 22 t，体积为 54 m^3。

集装箱分不同的尺寸，很难统计。为了便于计算集装箱数量，在国际上以 20 ft 集装箱作为换算标准箱，用 TEU（twenty-foot equivalent unit）表示，以此作为集装箱船载箱量、港口集装箱吞吐量、集装箱保有量等的计量单位。

其他规格的集装箱可以用 TEU 来换算统计。例如一个 40 ft 集装箱在报关时按两个 TEU 计算（但在实务中，一个 40 ft 集装箱的实际载货量，大约等于 1.7 个 TEU）。

运输时采用何种规格的集装箱，应根据航线上的具体货源条件和港口条件来定。一般来说，在货运量较少的航线上，选用集装箱的规格不宜太大。当然，还得视货物的密度，如果在进出口货物中轻泡货（货物的体积大于重量）较多，则用规格较大的集装箱为宜。

此外，对于集装箱货物的装载问题也要慎重，有些从业人员忽视这一点，总是按笼统的概念行事，只知道"20 ft 的集装箱装 26 m^3，40 ft 集装箱装 54 m^3"而不考虑实际情况。

例如，一批商品的纸箱尺寸是 80 cm×70 cm×60 cm（体积为 0.336 m^3），现在集装箱剩下的空间是 802 cm×55 cm×239 cm（空间为 10.54 m^3）。

问：现在集装箱中能装下几个这样的纸箱？

按照有些人的逻辑，集装箱此时至少可装下 31（31.37）箱这样的货物。但是细心的人会发现集装箱剩余空间三维中最小的尺寸是 55 cm，而纸箱三维的尺寸中的任何一维都大于 55 cm。因此，实际上一箱货都装不下去了，除非把纸箱拆散。要注意：散装商品（如

---

① 1 ft=0.3048 m。

② 1 in=0.0254 m，1 ft=12 in。

煤炭等）不受尺码限制，有空间就可以装；而包装商品却不同，它们要受长、宽、高尺寸的限制。

由于集装箱的长、宽、高尺寸是有一定标准的，它们的容积和载重量也有一定的限制，因此在设计出口商品的包装尺寸和对集装箱货物进行装载时，应当根据各种商品的实际情况，充分考虑集装箱的内径尺寸，在不影响、不损坏商品本身的外观形态和品质的前提下，一方面尽量设计出合理的商品外包装尺寸，另一方面进行合理的装载，充分利用集装箱的有效空间，以使每个集装箱的装载率都能达到最佳效果，从而降低出口商品的单位运输成本。

 知识链接 4-2

集装箱运输的关系方主要有无船承运人、实际承运人、集装箱租赁公司、集装箱堆场和集装箱货运站等。

（1）无船承运人（non-vessel operating common carrier，NVOCC）。无船承运人专门经营集装货运的揽货、装拆箱、内陆运输及经营中转站或内陆站业务，可以具备实际运输工具，也可以不具备。对真正的货主来讲，它是承运人，而对实际承运人来讲，它又是托运人。通常无船承运人应受所在国法律制约，在政府有关部门登记。

（2）实际承运人（actual carrier）：掌握运输工具并参与集装箱运输的承运人。实际承运人通常拥有大量的集装箱，以利于集装箱的周转、调拨、管理以及集装箱与车船机的衔接。

（3）集装箱租赁公司（container leasing company）：专门经营集装箱出租业务的公司。

（4）集装箱堆场（container yard，CY）：办理集装箱重箱或空箱装卸、转运、保管、交接的场所。

（5）集装箱货运站（container freight station，CFS）：处理拼箱货的场所。它在办理拼箱货的交接、配载积载后，将箱子送往 CY，并接受 CY 交来的进口货箱，进行拆箱、理货、保管，最后拨给各收货人。同时，也可按承运人的委托进行铅封和签发场站收据等业务。

四、集装箱运输的方式

由于集装箱是一种新的现代化运输方式，它与传统的货物运输有很多不同，做法也不一样，目前国际上对集装箱运输尚没有一个行之有效并被普遍接受的统一做法。但在处理集装箱具体业务中，各国大体上做法近似，现根据当前国际上对集装箱业务的通常做法做详细介绍。

（一）集装箱货物装箱的方式

集装箱货物可根据装箱的数量和方式分为整箱和拼箱两种。

（1）整箱（full container load，FCL）。它是指货方自行将货物装满整箱以后，以箱为单位托运的集装箱。这种情况在货主有足够货源装载一个或数个整箱时通常采用，除有些大的货主自己备有集装箱外，普通货主一般都是向承运人或集装箱租赁公司租用一定的集装箱。空箱运到工厂或仓库后，在海关人员的监管下，货主把货装入箱内，加锁、铝封后交承运人并取得站场收据，最后凭收据换取提单或运单。

（2）拼箱（less than container load，LCL）。它是指承运人（或代理人）接受货主托运的数量不足整箱的小票货运业务后，根据货类性质和目的地进行分类整理，把去同一目的地的货集中到一定数量拼装入箱。由于一个集装箱内有不同货主的货拼装在一起，所以叫作拼箱。这种情况在货主托运数量不足装满整箱时采用。拼箱货的分类、整理、集中、装箱（拆箱）、交货等工作均在承运人码头集装箱货运站或内陆集装箱转运站进行。

（二）集装箱货物的交接地点与交接方式

在集装箱运输中，根据整箱货、拼箱货的不同，其交接地点可以是装运地发货人的工厂或仓库和交货地收货人的工厂或仓库（door）、装运地和交货地的集装箱的堆场（container yard，CY）、装运地和卸货地的集装箱货运站（container freight station，CFS）以及装运港和卸货港的船边（hook or rail）。

因此，集装箱货物的交接方式就可能有以下十六种。

1．门到门交接（door/door）

门到门交接形式上习惯只有一个发货人、一个收货人，由承运人负责内陆运输，也就是说，承运人在发货人工厂或仓库接收货箱后，负责将货箱运至收货人的工厂或仓库。门到门交接的货物是整箱货，而且通常是采取多式联运时使用的一种交接方式。

2．门到场交接（door/CY）

门到场交接形式是在发货人的工厂或仓库接收货箱后，由承运人负责运至卸货港集装箱码头堆场交货，目的地的内陆运输则由收货人自己负责安排。门到场交接的货物也为整箱货。

3．门到站交接（door/CFS）

门到站交接形式是在发货人的工厂或仓库接收货箱后，由承运人负责运至目的地集装箱货运站交货，即整箱货接收、拼箱货交付。

4．门到钩交接（door/hook）

门到钩交接是在发货人的工厂或仓库接收货箱后，由承运人负责运至卸货港码头，并在船边交货。门到钩交接的货物通常为整箱货。此时货物的卸船费多由承运人负担，但也可约定由收货人负担。

5．场到门交接（CY/door）

场到门交接是指在装货港集装箱码头堆场接收货箱，由承运人负责运至收货人工厂或仓库交货的交接方式，即整箱接收、整箱交付。

6．场到场交接（CY/CY）

这是一种在装货港集装箱码头堆场接收货箱，并将其运至卸货港集装箱码头堆场的交接方式。

7．场到站交接（CY/CFS）

这是一种在装货港集装箱码头堆场接收货箱，并将其运至目的地集装箱货运站的交接方式。

8．场到钩交接（CY/hook）

这是一种在装货港集装箱码头堆场接收货箱，将其运至卸货港码头，并在船边交货的交接方式。

9．站到门交接（CFS/door）

这是一种在起运地集装箱货运站接收货物后，将其运至收货人工厂或仓库的交接方式。

10．站到场交接（CFS/CY）

这是一种在起运地集装箱货运站接收货物后，将其运至卸船港集装箱码头堆场的交接方式。

11．站到站交接（CFS/CFS）

这是一种在起运地集装箱货运站接收货物，并将其运至目的地集装箱货运站交付的方式。

12．站到钩交接（CFS/hook）

这是一种在起运地集装箱货运站接收货物，将其运至卸货港码头，并在船边交付的方式。

13．钩到门交接（hook/door）

这是一种在起运港码头船边接收货箱，并将其运至目的地收货人工厂或仓库交付的方式。

14．钩到场交接（Hook/CY）

这是一种在起运港码头船边接收货箱，并将其运至卸货港集装箱堆场交付的方式。

15．钩到站交接（hook/CFS）

这是一种在起运港码头船边接收货箱，并将其运至卸货港集装箱货运站交付的方式。

16．钩到钩交接（hook/hook）

这是一种在起运港码头船边接收货箱，并将其运至卸货港码头，在船边交付的方式。

在以上十六种交接方式中，凡涉及"门"（door）者，通常属于多式联运，而在全集装箱船运输中通常不涉及"钩"（hook），因此，在海上集装箱班轮运输中，集装箱货物的交接地点通常为 CY 或 CFS。而 CY/CY 交接方式是最常见的一种。

在全球经济一体化的驱使下，集装箱作为一种可以标准化的运输方式，得到了迅速发展，伴随着适箱货源的增多，全球港口集装箱吞吐量 1998—2008 年增长了近 200%，由此本章专门介绍海上集装箱进出口货运业务流程。

五、国际海上集装箱出口货运的业务流程

出口集装箱的操作流程可以分为订舱配载、报关、集港、装箱、重箱进场、提单签发、费用结算等，从操作内容来讲，涉及货物和单证等，从关联部门来讲，涉及客户、船公司、码头、检查检验部门等。

（一）报价接单

1．接受客户询价和向客户报价

报价是和客户建立合同关系的重要部分。因此，及时准确地处理询价、报价是日常经营中的重要一环。

1）对报价人员的要求

（1）需掌握发货港至各大洲、各大航线常用及货主常需服务的港口、价格。

（2）主要船公司船期信息。

（3）需要时应向货主问明一些类别信息。

2）报价时的注意事项

（1）报价有效期。

（2）支付条款。

（3）附加费。

（4）责任条款。

（5）是否为当前客户（是否已有运价协议）。

（6）对新客户，要核查资信情况。

（7）货主是否有特殊要求。

（8）目前操作能力是否达到客户需求，尤其对于特种货来说。

（9）运价改变（运价改变是否已告知相关方）。

（10）详细联系方法。

2. 接单

签订货运代理合同后，客户一般会将托运单交给货运代理人。集装箱班轮运输，即以场站收据（dock receipt）作为集装箱货物的托运单，该单由发货人或其货运代理人缮制送交船公司或其代理人订舱，因此托运单也是订舱单。目前使用的集装箱托运单一般一式十联，各联用途如下。

（1）第一联，货主留底。

（2）第二联，船代留底。

（3）第三联，运费通知（1）。

（4）第四联，运费通知（2）。

（5）第五联，装货单（shipping order）。

（6）第五联，（附页）缴纳出口货物港务费申请书。

（7）第六联，（浅红色）场站收据副本大副联。

（8）第七联，（黄色）场站收据（dock receipt）。

（9）第八联，货代留底。

（10）第九联，配舱回单（1）。

（11）第十联，配舱回单（2）。

船公司或其代理人在接受订舱后便在托运单上加填船名、航次、提单号，并在第五联装货单上盖章，表示确认订舱。然后将第二联~第四联留存，第五联以下全部退还给货代公司。货代公司将第五联、第五联附页、第六联、第七联拆下，用作报关单证，第九联或第十联作配舱回执，其余供内部各环节使用。

托运单中的核心单据是第五联~第七联：第五联是装货单，盖有船公司或其代理人的签单章，是船公司发给船方和集装箱装卸作业区作为接受装货的指令，报关时海关查核后在此联盖放行章，船上大副凭此收货；第六联供港区配载，由港区留存；第七联是场站收据，俗称黄联（黄色纸张），在货物装上船后由船上大副签字（通常由码头堆场签章），退回船公司或其代理人，据以签发提单。

如果托运人还要委托货运代理人制单和代理报关等，托运人还要提供下列单据。

（1）出口货物明细单。

（2）商业发票。

（3）装箱单。

（4）报关单及报关委托书。

（5）出口收汇核销单。

（6）出境货物通关单（实行法定商检的商品）。

（7）登记手册（进料加工、来料加工、补偿贸易商品）。

（8）许可证（实行出口许可证管理的商品）。

（9）配额证（对出口欧美地区实行配额管理的商品）。

（二）订舱配载

货运代理人在截单期前向船公司或其代理人预订舱位叫作订舱（space booking）。截单期是该船接受订舱的最后日期，超过截单期，如果舱位尚有余或船期因故延误，船公司同意再次接受订舱，称为"加载"。截单期一般在预定装船日期前几天，以便进行报关、报检、装箱、集港、制单等项工作。

船期表及船公司所公布的各种航运信息是订舱配载的重要参考资料，货运代理人在订舱时有一定的选择余地，但必须按照委托书的内容所要求的船期、船公司、箱型、装货及交货方式等办理。

1. 一般订舱的操作程序

订舱配载的程序是货运代理人将缮制好的全套托运单据（注明要求配载的船只、航次等）送交船公司或其代理人，经后者审核货名、重量、尺码、卸货港等项目后，可予接受即在托单上填写船名、航次、提单号，留下需要的相关联，并在托运单联中的装货单上盖好签单章，连同其余各联退回货运代理人作为对该批货物订舱的确认。

货运代理人订舱前在可供选择的条件下需要注意的事项如下。

（1）运输方式应选择最为便捷的船只，一般来说，直达船快于中转船。

（2）在直达船情况下，如挂港甚多，尽可能选择挂靠的是第一港或第二港，以达到快速运达的要求。

（3）应选择运价较低而服务较好的船公司。

（4）应考虑某些条款对船公司或发货人、收货人是否能予接受，如有些港口船公司不接受运费到付；有些箱型（如高箱、挂衣箱等）特种箱船公司能否供应；船公司的某些免责条款是否可以接受；等等。

2. 危险品的操作程序

危险货物由于具有易爆、易燃、有毒、腐蚀、放射等危害性，在进出口运输安排上要求较高，难度较大，托运的手续和需要的单证比一般普通货物烦琐。在我国远洋航运中，由于发货人托运对提供的材料、单证错误，包装不善，以及船方管理不良和积载、隔离不当造成的海难事故举不胜举。为防患于未然，对发货人或货运代理来说，托运时必须小心谨慎，正确缮制和提供完整的各类单证，这是保证运输安全的首要条件之一。办理危险货物的托运一般需要注意以下事项。

（1）危险货物的托运订舱必须按各类不同危险特性的货物分别缮制托运单办理订舱配船，以便船方按各种不同特性的危险货物，按照《国际海运危险货物规则》的隔离要求分别堆装运输，以利安全。例如一份信用证和合同中同时出运氧化剂、易燃液体和腐蚀品三种不同性质的货物，托运时必须按三种不同性质的危险货物分别缮制三份托运单，且不能一份托运单同时托运三种性质互不相容的危险货物；否则，船方就会将三种互不相容的危险货物装在一起，三种不同性质、互不相容的货物极容易互相接触，产生化学反应，引起燃烧、爆炸，造成事故。如是集装箱运输，切忌将互不相容的危险货物共同装在一个集装箱内。

（2）托运单的缮制，除一般普通货物共同需要的内容，如目的港、唛头、收货人、通知人、品名、重量、尺码、件数等，危险货物的托运单还需增加下述七项内容。

① 货物名称必须用正确的化学学名或技术名称，不能使用商品俗名。例如，"漂白粉或漂粉精"不能用"BLEACHING POWDER"，而应使用"次氯酸钙（CALCIUM HYPOCHLORITE）"；砒霜不能用俗名"信精"，而应使用"三氧化二砷"。

② 必须注明危险货物"DANGEROUS CARGO"字样，以引起船方和船代理的重视。

③ 必须注明危险货物的性质和类别。例如，氧化剂（OXIDIZING AGENT）和第5.1类（CLASS5.1）字样，或易燃液体（INFLAMMABLE LIQUID）和第3.2类（CLASS 3.2）。

④ 必须注明联合国危险品编号，例如，磷酸为 UN N0.1805。

⑤ 必须注明《国际海运危险货物规则》页码，例如，硝酸钾为"IMDG CODE PAGE 5171"。

⑥ 易燃液体必须注明闪点，例如，"PLASH POINT 20℃"。

⑦ 对积载时有特殊要求的，也必须在托运单上注明，供船舶配载时参考。例如，必须装舱面的货物，需注明"DECK'SHIPMENT ONLY"；需远离火源和热源的货物，应注明"FAR AWAY FROM FIRE HEAT！"

（3）托运时应随托运单提供中英文对照的"危险货物说明书"或"危险货物技术证明书"，一式数份，内应有品名、别名、分子式、性能、运输注意事项、急救措施、消防方法等内容，供港口、船舶装卸、运输危险货物时参考。

（4）托运时必须同时提交经港务监督审核批准的"包装危险货物安全适运申报单"（简称"货申报"），船舶代理在配船以后凭此申报单再向港务监督办理"船舶载运危险货物申报单"（简称"船申报"），港务部门必须收到海事局审核批准的船申报后才允许船舶装载危险货物。

（5）托运时应提交"出入境检验检疫局"出具的按《国际海运危险货物规则》要求进行过各项试验且结果合格的"危险货物包装容器使用证书"。该证书需经港务局审核盖章后才有效。港口装卸作业区凭港务局审核盖章后的证书同意危险货物进港，并核对货物后方可验放装船。海事局也凭该包装证书办理第（4）项内容中的货申报。

（6）集装箱装载危险货物后，还需填制中英文的"集装箱装运危险货物装箱证明书"，一式数份，分送港区、船方、船代理和港务监督。

（7）危险货物外包装表面必须张贴《国际海运危险货物规则》规定的危险品标志和标记，具体标志或标记图案需参阅《国际海运危险货物规则》的明细表；成组包装或集装箱装运危险货物时，除箱内货物张贴危险品标志和标记，在成组包装或集装箱外部四周还需贴上与箱内货物内容相同的危险品标牌和标记。

（8）对美国出口或需在美国转运的危险货物，托运时应提供英文的"危险货物安全资料卡"（简称 MSDS），一式两份，由船代理转交承运人供美国港口备案。危险货物安全资料卡需填写概况、危害成分、物理特性、起火和爆炸资料、健康危害资料、反应性情况、渗溢过程、特殊保护措施、特殊预防方法九项内容。

（9）罐式集装箱装散装危险货物时，还须提供罐式集装箱的检验合格证书。

（10）对美国出运危险货物或在香港转运危险货物时，还需增加一份《国际海运危险货物规则》推荐使用的"危险货物申报单"。

3．船卡

货运代理人在取得船公司的配舱回单后，分船归类，做好每批货物的记录，这种记录称为船卡（shipping list by vessel）。

船卡的内容可根据货运代理人内部管理的需要而定，一般为表格式，表头为船名、航次、预离日期、作业港区、截单期等。表格内容有每批货物的运编号、提单号、货名、件数、尺码、重量、目的港、集装箱类别及数量、信用证装运期和有效期、装箱地点等。

船卡是货运代理人在某一条船上的全部货物清单，可据以检查通关情况、装箱情况、集港情况、信用证有效期内提单是否签发等。因此，它对货运代理人掌握工作进度、实现跟踪检查，加强有效管理极为有用。

（三）装运前的准备工作

出口货物在装船前主要有两项工作程序：一是申报海关检验放行；二是按船只集港时间及时将货物送入港区备装。以上两项工作各环节如不紧密相扣，就会影响出运，因此对每批货物实行跟踪管理是货运代理人一项十分重要的工作。

1．报关及海关查验

按照《海关法》规定，出口货物必须从设有海关的地方出境，出境前由出口货物的发货人或其代理人向海关如实申报，交验规定的单证文件，请海关办理查验放行，这种手续叫作报关。出口货物的发货人及其代理人必须分别是海关准予注册的有权经营出口业务和代理出口企业办理报关手续的企业。报关员需经海关培训考核，持有海关发给的报关员证件，才能办理报关事宜。

报关的主要流程如下。

（1）接受报关单证。出口货物报关单证一般包括委托书、报关单、装货单、发票、装箱单、合同、外汇、核销单等。进口货物报关单证一般包括委托书、提货单、报关单、发票、装箱单、合同等。根据海关要求，其他可能涉及的单证有许可证、产地证、商检证、环保证、监管证明、机电产品登记表、重要工业品登记表、信用证副本等。

若客户或上级工序提供有关单证有误，要及时联系更正。尤其是对商品名称、商品编码、贸易性质、原产地等重要项目的更改，应得到客户的书面确认，否则会因税率或因许可证等问题造成严重后果；更改项目要加盖核对章；不同合同的货物不能报在同一份报关单上。

① 送交预录入中心。按照新的通关作业模式，货主或代理申报时，所报单据内容应输入海关作业系统，输入内容准确完整，并及时发送、接受回执。

要随时关注所发送的报关单数据和回执。如果发送后在规定时间内收不到回执，就要及时与海关审单中心联系。

② 特殊情况处理。预录入时已发送的报关单证信息在海关进行报关审核被发现内容不符合保管要求，需做更改时，应及时前往海关将已发送的信息删除，同时建立更新后的报关信息，重新报关。

（2）海关现场报关。收到海关计算机回执后打印出正式报关单，连同其他报关单据送到海关报关现场申报，海关会对提供的单证进行现场核对，核销并提出处理意见。出口单位或其货运代理人在向海关现场申报时，随附的单证主要有以下几种。

① 出口发票，即出口单位缮制的出口商业发票。

② 货物的装箱清单或重量单或规格清单。

③ 装货单，即集装箱运输的场站收据（包含装货单联）。

④ 出口收汇核销单。

⑤ 出口货物许可证（实行出口许可证管理的商品）。

⑥ 出境货物通关单（实行法定商检的货物）。

⑦ 配额许可证（对出口欧美地区实行配额管理的商品）。

⑧ 登记手册（进料加工、来料加工、补偿贸易货物）。

⑨ 海关认为必要的贸易合同、信用证副本等。

（3）海关验货放行。对审核没有问题的单据，海关将予放行。放行时，接受海关签退的有关报关单证，如登记手册、证明、许可证、保管单、海关签章的装货单（或运单）等，并做好交接记录。

但对需要检查的货物，海关报关台会开出查验通知单，要求代理或货主将货物送到查验堆场让海关查验。海关总署对进出口货物查验比例有具体要求，进口货查验比例一般较出口货高。

（4）货物放行后的善后工作。许可证、手册等在海关核销后要及时收回并退给客户。出口退税单一般在船舶开航后一个月内退回，对长期不退回的，要及时与海关协商解决。

2．出口货物集港

在货运代理人接受托运、订妥舱位后，委托单位必须在船只截港期以前交付货物，其方式大致有以下几种。

（1）货主备车送货到货运代理人指定的装箱点（CFS）装箱。货运代理人在订妥舱位后以书面形式通知装箱点，装箱点按通知书上的商品名称、件数、所配船名、航次、关单号以及委托单位名称及托运编号等接收委托单位送来的货物，点验后签收送货回单。在港区集港期以前由货运代理人安排集装箱卡车，凭船公司或其代理人发给的"设备交接单"向指定场所提取集装箱空箱送到装箱点，由装箱点将货物装入箱内，装妥后在箱门上加具封志（seal），将货物送到港口作业区备装，此种方式俗称"内装箱"。

（2）货运代理人到委托单位指定的工厂、仓库接货。货运代理人提取集装箱到委托单位指定的货物储存场所，由储存场所安排劳动力自行装箱、理货、加封，装箱完毕，货运代理人将货物拉送到港口作业区备装。此种方式俗称"门到门"。

（3）委托单位自行送货至指定的港口作业区。由委托单位自行安排集装箱卡车提取空箱到货物储存场所装箱、理货、加封后，直接送入指定的港口作业区备装，此种方式俗称"自拉自送"，也属于"门到门"范畴。在"自拉自送"情况下，货运代理人须取得委托单位的保证，不得将货运代理人交付的"设备交接单"转让给他人，提取的空箱只可用于装载该批托运货物，不得移作他用。

（4）货运代理人到火车站或江河码头接货。有些外地来货存放车站、码头，为简化中间转仓环节，由货运代理人派车提货并送到装箱点装箱后，再送入港口作业区。

（四）装运和现场操作

1. 收取货物

现场理货员根据业务部门的通知及货物的海运提单号，接受客户所要运输的货物，检查货物情况和包装状态，进行必要的称量、核查，无误后由客户签字确认。对有异常情况的货物，应及时通知客户并请业务部门进行相关处理，必要情况下应拒收货物。

2. 堆放和装箱

接受货物后，应进行分类堆放，便于装箱。装箱时，应根据拼箱明细对货物进行装箱，同时应及时将货物装箱情况、装完的集装箱号、铅封号通知有关业务部门，并做好业务保存。

在码头的现场操作部门一般还提供以下服务。

（1）跟踪船期动态，并报知有关部门。

（2）根据船期表，对应预配清单和船卡，对所配出口货物的场站收据及装箱到达集港情况进行跟踪，并与订舱业务部门保持联系。

（3）如有超载情况，应负责同船公司现场配船人员协调解决。

（4）在协调无效情况下，应及时向有关业务部门和上级领导汇报，以采取应急措施。

（5）做好对特殊危险品、重大件、贵重品、特种商品和驳船来货（如支线来货）的船边接卸、直装工作，防止接卸和装船脱节。

（6）对在装船过程中发生的货损，应及时取得责任方的签证，并联系有关方做好处理工作。

（7）现场操作人员应在开船后及时做单船小结，对预配、实装、漏装数量进行统计小结，及时报知订舱业务部门。

如果为某一船公司提供现场 CY 服务，一般要根据船公司要求制作预配清单，并收取场站收据；港区开始签单时将所收的场站收据送港区配载处，代表船公司现场负责校对场站收据、装箱单，协助港区配船，开船后，应及时将装箱单副本带回现场办公室，交输单人员输入计算机。

（五）装运后的工作

货物通关、装箱、集港后，货物即可装船。货物装船后，港区现场将场站收据或收货单传送给船公司或其代理人，凭以签发装船提单或其他运输单据；由货运代理人转送给委托单位（出口企业）向银行结汇。至此，货运代理人接受的托运任务初步告一段落。

此外，由于某种原因，已经进入港区的货物如果发生退关、不能装船，货运代理人还须将留存港区的货物做出妥善处理。因此，货物装运后，主要有以下三项工作。

1．提单处理

提单是用以证明海上货物运输合同和货物已经交由承运人接收或装船，以及承运人据以交付货物的单证。货物装船后，货运代理人应立即从船公司或其代理人手中取得提单，并交给委托人向银行议付。

2．退关处理

货运代理人代委托单位订妥舱位、办妥通关手续或者货已集港，但在装运过程中因故中止装运，叫作退关（shout out）。退关的原因多种多样：有的是由于委托单位货未备妥、备齐，或信用证没有如期开到；有的是由于单证误差不能及时更正或补齐，例如集装箱装箱单与场站收据对不上号或内容差异，港区无法配载；有的是货已进港，通关时单证不全或存在问题，海关不予放行；也有的是船公司超载配舱或船只漏装。发生退关后除弄清情况、分清责任外，当务之急是迅速做好善后处理。

（1）单证处理。属于委托单位主动提出退关的，货运代理人在接到委托方通知后须尽快转告船公司或其代理人，以便对方在舱单上注销此批货物，并下达港区现场理货人员注销场站收据或装货单；另外，货运代理人须向海关办理退关手续，将注销的报关单及相关单证（外汇核销单、出口许可证、商检证件、来料或进料登记手册等）尽早取回退还委托方。如果不属于委托单位主动提出退关，而是由于船方、港方或海关手续不完备等各种原因造成退关的，货运代理人在办理以上单证手续前，须通知委托方说明情况并听取处理意见。

（2）货物处理。

① 通关后，如果货物尚未进入港区，货运代理人须分别通知发货人、集卡车队、装箱点停止发货，派车并装箱。

② 货物已经进入港区，如果退关后不再出运，须向港区申请，结清货物在港区的堆存费用，把货物拉出港区拆箱后送还发货人。

③ 退关后，如果准备该船下一航次或原船公司的其他航班随后出运，则暂留港区，待装下一航次或其他航班的船（限同一港区作业）。

④ 如果换装另一船公司的船只，因各船公司一般只接受本公司的集装箱，在此种情况下，须将货物拉出港区换装集装箱后再送作业港区。

3．海关核退出口报关单、退税联等有关单据

货物报关或出口后，海关按程序核退以下单证。

（1）出口报关单及报关单出口退税专用联各一份，报关单上盖有出境地海关验讫章，退税专用联上加盖"本票货物于某年某月某日运输出境"及出境地海关具名的印章。

（2）出口收汇核销单（左、中、右）全联，在中、右两联骑缝处盖有出境地海关验讫章，通常在报关时经海关核验盖章后退还。

（3）如果有出口许可证，退还其正本联，背面由出境地海关批注出口数量并盖印章。

（4）如果有配额许可证，由海关退还，正面盖有海关图章。

（5）如果有进料加工或来料加工、补偿贸易登记手册，由海关在册内成品出口页上批

注出口数，报关时即行退还。

以上报关单、出口退税专用联是出口企业向税务部门办理退税的主要证明，为慎重计，海关须核对船公司或其代理人提供的舱单后才可盖章退还。因此时间较长，通常在货物出口后1~4个星期可以办妥，货运代理人应抓紧此项善后工作，把应退单证及时收齐退交给出口委托单位。

六、国际海上集装箱进口货运的业务流程

海运进口的货运代理业务是我国货运代理业务中涉及面较广、线较长、货种较复杂的货运代理业务。完整的海运进口业务从国外接货开始，安排装船、运输，代办保险，直至货物运到我国港口后的卸货、接运、报关、报检、转运等，涉及多种运输方式和多个港口部门。

（一）接受委托

代理人与被代理人之间必须订立代理协议，确定代理的范围和代理人的职责权限，在授权范围内，代理人一切行为的后果由被代理人承担责任，因此委托协议是确定双方关系的重要依据。

1. 在协议中应明确的项目

（1）委托人（被代理人）及受托人、（代运人）的全称、注册地址。

（2）代办的范围。如是否包括海洋运输，是否包括装运前的装箱工作、集港运输等，到达目的港后是提单交货还是送货上门等。明确了代办范围，一旦发生意外，就能判明双方的责任，也能避免因双方职责不明而造成的损失。

（3）委托方应该提供的单证及提供的时间。提供的时间应根据该单证需用的时间而定。

（4）服务费收取标准及支付时间、支付方法。

（5）委托人及受托人特别约定。

（6）违约责任条款。

（7）有关费用（如海洋运费、杂费及关税等）的支付时间。

（8）发生纠纷后，协商不成的解决途径及地点。

2. 委托的形式

双方建立的委托关系可以是长期的，过去有不规定终止期限的长期委托协议，一方有意终止协议必须提前三个月或六个月书面通知另一方，才能终止协议，在这种情况下，委托人往往已把代理人订入订货合同，国外发货人在履行合同的有关运输部分会直接与代理人联系，有助于提高工作效率和避免联系脱节的发生。在目前的条件下，长期合同还是以一年或两年期为好，双方都有机会就当时情况变化提出修改意见，也可以续约，这在双方都是比较主动的。另外，可以就某一数量的货物签订委托协议，或就某批数量较大的货物签订委托协议，也可以一次托运多次装运。对于某一批货物也可以采取委托书的形式，但也必须具备上述要件。

3. 慎重审查的具体业务内容

接受委托是对责任的承诺，是一件十分严肃的事，如果草率接受委托而最后无力完成，

就要承受违约的经济赔偿责任，因此必须慎重审查。

（1）装货港口。要认真了解国外装运港的具体情况，如有无直达班轮航线，港口的装卸条件，运费和附加费的水平，港口和码头泊位的水深，港口对各种价格条件下收货人、发货人各应承担的责任和费用的具体情况和惯例。

（2）选择港的接受。有时在成交时明确规定一个装运港有困难，可以接受选择港条款，但必须将港口名称一一列出，一般为两个，最多不超过三个，应规定装运港由买方选择，如果必须卖方选择，要求卖方及时将所交货物名称、数量和装货港口通知买方。

（3）货量。这是确定运输条件的重要因素，因为有的适宜使用班轮，有的适宜于程租。

（4）如果该港口虽然通航班轮，但班次较稀疏，应争取一次装运或尽可能少的批次。

（5）如果使用程租船，也要注意每批交货的数量，一般来说，大吨位的船只吨运价低于较小吨位的船只。

（6）货名及规格。对于托运的货物要详细审核，如是否是危险品，危险品按照其性质必须有其特定的装运条件，有的危险品必须装在水线以下，有的危险品甚至必须装在冷冻舱，这是接受托运时必须注意的。

（7）装运日期。应注意是否能及时订到舱位或租到合适的船只。

（8）注意港口有无重名。世界港口中重名的不少，如美国、加拿大、圭亚那都有GEORGE TOWN 港，英国和澳大利亚都有 ARDROSSAN 港，因此接受托运时要注意港口后是否有国别，有的港口一般都是从某国起运的，但这不等于只此一港，不能想当然，而是要有根据。

（9）是否需要特种服务。这在购买成套二手设备时会经常遇到，这就需要对拆装时所需工时、拆装后待运期间的储存、由装货港集中的运输条件等均要做尽可能符合实际的估计。

（二）订舱

通常是指 FOB 条款项下的进口订舱，流程如下。

（1）在合同签订后，受托方将此票货物的详细资料（包括货名、重量、尺码、装卸港、装运期、发货人联系地址、合同号等）传真给在公司评审时确定的船公司或其代理，向船公司或其代理订舱并索取装货港代理资料。

（2）将船公司或其代理确认的装货港代理名称、地址及联系人资料传真给委托方，让委托方与国外发货人联系，确认装货港代理。

（3）密切与装货港代理联系，落实有关发货人的备货情况和拟装运情况。如有变化，或与合同不符，要将信息反馈给委托方。需要修改合同时，按《合同评审控制程序》中的合同修订程序进行，若有必要，可重新进行合同评审，重新批准后，再执行。

（4）将船公司或其代理安排的该票货物的船名、船期等资料传真给委托方，让其通知发货人按此船期与装货港代理联系装运。

（三）装运

海运集装箱进口的装运程序类似于出口 FOB 业务，主要包括以下几个过程。

（1）发货人向收货人指定的装货港代理提供托运单。

（2）装货港代理根据收货人的订舱要求在托运单上填写符合规定的船名、航次、提单号和集装箱堆场名称，并提供给发货人。

（3）发货人凭装货港代理提供的填有船名、航次、提单号的托运单，向装货港代理指定的集装箱堆场提取空箱，自行装货或委托集装箱堆场代理装货。

（4）装集装箱后，发货人在规定期限内清关，集装箱堆场凭海关放行单将装有货物的集装箱装船。

（5）船公司或其代理凭船上大副收据和集装箱堆场货物装船签章签发提单。

（四）收取运费

（1）在货物装船后，向船公司或其代理索取提单副本，并按照提单上的实际货运量（箱量）计算海运费，并通知客户按此运费额准备运费。

（2）在集装箱货物抵达目的港后，及时通知客户做好提货准备，并通知船公司或其代理，在没有收回海运费的情况下不能放货（进口 FOB 货）。

（3）在客户换单提货前，收取海运费，并通知船公司或其代理放单。

（4）按照与船公司的协议运价（已采购运价）填写联系单后，发往财务部，支付船公司或代理进口海运费。

（5）将该票进口业务的单证资料整理存档，备查。

（五）进口集装箱的接卸与堆存

（1）集装箱站根据进口船舶靠泊计划，到船公司或其代理处领取离船电和舱单，交有关计算机人员审核。

（2）计算机人员审核无误后，把舱单所有内容输入计算机，并参照离船电，打印出整箱货、拼箱货的箱号，交给集装箱站现场操作人员。

（3）现场操作人员根据进口重箱的数量和分票情况合理安排场地，堆存重箱。

（4）现场操作人员根据分票箱号合理安排机械卸箱堆码，同时收取集装箱交接凭证"交箱凭证联"，并检查箱体、铅封是否完好无损，如发现问题应立即与箱管部门联系解决。

（5）现场操作人员收箱完毕后，与箱管部核对箱数、签字，依据"接箱凭证"与计算机人员核对箱号、箱数，准确无误后留存。

（六）进口单证

一般情况下，要求委托人提供下列单证。

1. 提单正本

提单作为运输契约证明、货物收据及物权凭证，在海洋运输货物的贸易中具有重要的作用。在贸易中提单是物权转移的凭证，是议付中的重要单证之一，承运人在交付货物时也要求必须收回正本提单（全套正本提单一般为三份，只须提供其中之一，其余即自行失效。但是，在变更卸货港交付货物时，要求收回全套正本提单）。因此提单交接必须办理签收手续，货运代理人在接受提单正本时还应仔细审阅以下内容。

（1）运费支付方式。如果是到付运费，运费应在船舶抵达目的港时支付，以便在换取提单时代付。

（2）注意卸货费的划分。

（3）正本提单经背书，上有"ORIGINAL"字样，根据航运习惯，标有"1st ORIGINAL""2nd ORIGINAL""3rd ORIGINAL"，以及"DUPLICATE""TRIPLICATE"等字样者也是正本提单。

（4）提单的背书及转让则取决于提单收货人（consignee）一栏所记载的方式。

提单的背书是构成单据合法转让的必要手续。

指示提单的背书通常有如下三种。

（1）空白背书（blank endorsement），也称为普通背书，即持有人仅签章，使提单成为不记名提单。

（2）全衔背书，也称为完全背书（endorsement in full），即持有人在签章以外加注受让人名称，例如"deliver to×××"，即使提单成为记名提单。此时收货人就是×××。

（3）指示背书，即背书人在提单背面签章以外加注凭×××指示。例如，"deliver to the order of ××bank"（××银行可以提货或再背书转让）。

有时因为运输路线短，在船到前无法收到正本提单，应该按照船公司的要求提供银行担保或其他可以被接受的担保，货运代理人也可自行出具担保提货。担保必须郑重，担保提货后要注意向委托人收回正本提单并向船公司进行担保的销案、收回担保函，避免担保函长期流落在外。

为了避免因正本提单不能及时得到而造成的麻烦，有的国家在老客户之间或母子公司之间采用"海运单"（sea waybill）。它不能转让，这种单据直指某法人为收货人，已失去物权凭证的作用，提货时就无须提供正本海运单为条件。收货人仅需按要求证明自己确实是海运单上注明的收货人即可提取货物。证明材料包括海运单副本、盖有法人章和具法人代表签字的单位保函、本单位经办人的工作证和身份证。

为了使收货人能在卸货港及时提取货物，目前，在海运实践中出现了所谓"电放"的业务。即由托运人在货物的装船港将承运人或其代理人签发的全套正本提单交回承运人或其代理人，并由承运人使用电传、电报等通信手段，授权其在卸货港的代理人，明确该提单号项下的货物不需要在收货人出示正本提单的情况下放货。由于此时的授权放货通知是采用电报、电传等电函方式，所以在实务中人们称之为"电放"。

2. 发票

发票是买卖双方货款结算的凭证，也是办理保险、报关、报检及索赔的依据，发票应列明商品名称、具体计价单位，计价单位应与海关规定的商品计量单位一致，免费品、样品或短装后补装的货物，也需由发货人开具形式发票以利于作业。

3. 装箱单和重量单

装箱单应列明具体装运内容、包装外形尺寸、包装形式、包装材料。重量单必须列明货物每件重量和总重量，为国内卸货时安排相应能力的卸货工具提供数字依据。对于成套设备，大件货物装箱单和重量单更是卸货时必备的单证。

4. 品质证明和产地证明

它们表明了商品的质量依据、级别、商标或牌号、产地，是验收商品的依据。

5．保险单

保险单是向保险公司办理索赔的依据，它载明投保的险别、投保的金额、保险的起讫地点、保险期限以及检验期限，它决定了货物到达目的港后必须进行检验的期限和转运内地时是否需要另行保险的规定。

6．进口许可证

进口许可证是国家对进口贸易实行管理的措施之一，凡属许可证实施条例规定的凭证进口货物，除国家另有规定外，都必须事先申请领取进口货物许可证，海关凭证验收。许可证不得伪造、涂改、转让。

7．机电产品进口登记表

凡进口机械设备、电子产品及其零部件、元器件等机电产品，均应根据《机电产品进口管理暂行办法》向本地区、本部门机电产品进口管理机构领取登记表。登记表应注明进口品种、数量、金额、国别等有关内容。

8．其他单证

如木箱包装需要熏蒸证明、放射性物品需要安全包装证明等，视所委托的物品而定，海关对特种物品也有不同的要求，如国际救济物品、国际会议用品及使领馆的办公用品和家用物品都有特定的单证。

为了保证每个货运代理人员都能熟悉工作中所应该了解的规定，每个工作人员都应关心收集有关规定，货运代理企业应该指定专人注意有关行政单位的规定和法令的发布，汇总成册并及时转发给业务人员。

（七）报关、报检及关税处理

1．报关

货主可以作为报关人，也可以委托专业报关人（报关行）或兼职的报关人（货运代理）作为报关人，地位虽有不同，但作为报关人其首要职责是必须严格遵守国家有关法令及海关的一切法规，所提供的一切单证或证件必须是真实的，填写的一切数据也必须是正确的。

（1）一般进口货物的报关。

① 对一般进口货物向海关的申报程序为：填写报关单—录入计算机—海关预审—审核—查验—审价—征税—复审—放行。

② 报关单的内容有船名、贸易国别、货名、标记、件数、重量、金额、经营单位、运杂费和保险费、报关单位等项。报关单一式两份。

③ 报关所需单据：报关单和报关委托书、进口许可证和国家规定的其他批准文件、提货单、提单副本、发票、装箱单、合同、减免税证等。

④ 进口报关除必须真实正确，还必须及时，即自船舶抵港后14天内必须办理报关手续，否则将被罚款（自第15天起每日按CIF价格的0.5‰征收滞报金）。

（2）须转口输出的货物、来料加工货物、进料加工货物的报关。须转口输出的货物、来料加工货物、进料加工货物等报关单必须一式三份，（应按有关文件的具体规定）除报关单，还应随附下列单据。

① 商务部或者受商务部委托的省级地方商务主管部门及副省级城市商务主管部门签发的进口货物许可证和国家规定的其他批准文件。

② 提货单（海关检查单证和查验货物后在提单上加盖放行章，凭以提取货物）。

③ 发票一份。

④ 装箱单一份。

⑤ 减免税或免验的证明一份。

2．报检

进口报检是对列入《出入境检验检疫机构实施检验检疫的进出境商品目录》的进口商品实施法定检验。

报检所需单证：报检单及报检委托书、合同、提单、发票、装箱单等。

在法定检验之外，检验检疫机构可以对进口货物进行公证鉴定，鉴定结果可以作为索赔依据。

3．关税处理

海关除征收关税，还代征增值税及消费税。

（1）进口关税的计算方法为

$$进口关税= CIF 价格×进口关税税率$$

（2）增值税的计算方法为

$$增值税=(CIF 价格+进口关税金额+消费税金额)×增值税税率$$

（3）进口货物的收货人或其代理人应如实向海关申报进口成交价格，以海关审定的成交价格做基础，计算所得的到岸价格是货物的完税价格。关税必须在海关填发税款缴纳证的次日起 7 天内向指定银行缴纳税款，如果逾期，按日加收税金的 1‰的滞纳金。

（4）对某些享受减免税政策的进口物品，进口报关时应提供有关证明。

（5）关税争议的处理：如对征税、减税等有异议，应当先按海关核定的税额缴纳税款，然后自海关填发税款缴纳证之日起 30 天内向海关书面申请，逾期申请复议者，海关可不予办理。对海关误征及货物短卸等情况应办理退税，纳税人可在缴纳税款之日起 1 年内，书面申请理由，连同原纳税收据，向海关申请退税，逾期不予办理。

（八）监管转运

进口货物入境后一般在港口报关放行后再内运，但经收货人要求，经海关核准也可运往另一设关地点办理海关手续，这称为转关运输货物，属于海关监管货物。办理转关运输的进境地申报人必须持海关颁发的转关登记手册，承运转关运输货物的承运单位必须是经海关核准的运输企业，持有转关运输准载证，监管货物在到达地申报时，必须递交进境地海关转关关封、转关登记手册和转关运输准载证。申报必须及时，并由海关签发回执，交进境地海关。

（九）进口交货

1．交货

交货有两种情况：一是象征性交货，即以单证交接，集装箱进口货物到港后经海关验放，并在提货单上加盖海关放行章，将该提货单交给货主，即为交货完毕。俗称货主自提。

二是实际性交货，即除完成报关放行外，货运代理人负责向集装箱堆场办理提货，并负责将货物运到货主指定的地点，交给货主。如果是整箱提货，通常还要负责空箱的还箱工作。以上两种交货方式，都应做好交货工作的记录。

2．办理集装箱进口货物的提货手续

（1）收货人或其代理人凭加盖海关放行章的提货单和船公司的交货记录，到船公司或船舶代理指定的进口部门缴纳进口港杂费，并办理集装箱设备交接单。

（2）集装箱堆场进口部门依据收货人或其代理人提供的海关签章放行的提货单和船公司的交货记录，并出具进口集装箱计划单交计算机操作人员。

（3）计算机操作人员留存货主在船公司办理的集装箱设备交接单中的"留底联"和"场站留底联"，并在"场站留底联"记录车队、车号、联系电话以及有效证件号码备查，以跟踪集装箱回空情况，同时开具出门证，与集装箱设备单中的"留底联"一起送交船公司。

（4）现场业务员依据"集装箱计划单"中所列箱号，速查箱位，指挥叉车装车，同时请货主或其代理人在集装箱设备交接单上签字。

（5）办理进口转关货物提货时，进口业务员应验证海关颁发的载货登记本和海关监管车辆证件及驾驶证、行车证，核对车号无误后，方可办理发货手续。

（6）凡在集装箱站内重拆空的集装箱，在向货主或其代理人收取拆箱费后，组织叉车及搬运工人拆箱装车，拆箱装车完毕后让货主或其代理人签字，并为其开出门证。现场业务员到计算机操作人员处开列"交箱凭证"并与箱管部办理人签字交接，每周缮制"站内重拆空周报表"交箱管部经理签字确认。

（7）对整箱发运的集装箱，进口业务员每周打印"周报表"交箱管部空箱堆场确认是否回空集装箱，对无确认回空集装箱进行追索。

（8）对船公司指定的回空集装箱，进口部门开具"交箱凭证"，承运车辆在指定回空地点卸箱后，凭收箱人在"交箱凭证"的签章到进口部门领回押箱支票。如回空集装箱出现破损、污染等情况，则须向押箱人收取一定费用。

七、拼箱业务

集装箱运输分为整箱（FCL）和拼箱（LCL）两种，有条件的货运代理公司也承办拼箱业务，即接受客户尺码或重量达不到整箱要求的小批量货物，把不同收货人、同一卸货港的货物集中起来，拼凑成一个 20 ft 或 40 ft 整箱，这种做法，我们称为集拼（consolidation）。

（一）承办集拼业务的货运代理一般应具备的条件

（1）具有集装箱货运站（CFS）装箱设施和装箱能力。

（2）与国外卸货港有拆箱分运能力的航运或货运代理企业建有代理关系。

（3）政府部门批准有权从事集拼业务并有权签发自己的 house B/L。

　知识链接 4-3

从事集拼业务的国际货运代理企业由于其签发了自己的提单（house B/L），故通常被货主视为承运人（集装箱运输下承运人的概念是：有权签发提单，并对运输负有责任的人）。

其主要特征有如下几点。

（1）不是国际贸易合同的当事人。

（2）在法律上有权订立运输合同。

（3）本人不拥有海上运输工具。

（4）因与货主订立运输合同而对货物运输负有责任。

（5）有权签发提单，并受该提单条款约束。

（6）具有双重身份，对货主而言，它是承运人，但对真正运输货物的集装箱班轮公司而言，它又是货物托运人。

（二）出口集拼业务

集拼业务的操作比较复杂，先要区别货种，合理组合，待拼成一个 20 ft 或 40 ft 箱时可以向船公司或其代理人订舱。

集拼的每票货物各缮制一套托运单（场站收据），附于一套汇总的托运单（场站收据）上，例如有五票货物拼成一个整箱，这五票货物须分别按其货名、数量、包装、重量、尺码等各自缮制托运单（场站收据），另外缮制一套总的托运单（场站收据），货名可做成"集拼货物"（consolidated cargo），数量是总的件数（packages），重量、尺码都是五票货的汇总数，目的港是统一的，关单（提单）号也是统一的编号，但五票分单的关单（提单）号则在这个统一编号之尾缀以 A、B、C、D、E 以兹区分，货物出运后船公司或其代理人按总单签一份海运提单（ocean B/L），托运人是货运代理公司，收货人是货运代理公司的卸货港代理人，然后，货运代理公司根据海运提单，按五票货的托运单（场站收据）内容签发五份海运代理人的"仓至仓"提单（house B/L），house B/L 编号按海运提单号，尾部分别缀以 A、B、C、D、E，其内容则与各该托运单（场站收据）相一致，分发给各托运单位供银行结汇用。

另外，货运代理公司须将船公司或其代理人签发给它的海运提单正本连同自签的各 house B/L 副本快递给其卸货港代理人，其卸货港代理人在船到时向船方提供海运提单正本，提取该集装箱到自己的货运站（CFS）拆箱，通知 house B/L 中各个收货人持正本 house B/L 前来提货。

（三）进口集拼业务

装运港货运代理接受客户尺码或重量达不到整箱要求的小批量货物，把不同收货人、同一卸货港的货物集中起来，运到目的港后再拆箱分票提货。进口集拼业务的大致流程如下。

（1）装运港货运代理接受国内外客户的小批量货物的订舱，拼凑成 20 ft 或 40 ft 标准箱，向船公司或船代订舱，并向客户签发自己的 house B/L，供客户银行结汇用，并向客户收取拼箱海运费及装箱费。

（2）货运代理将收集到的零星货物进行分类，合理组合，把同一卸货港的小票货物集中起来，集拼成 20 ft 或 40 ft 的整箱。

（3）货运代理将集拼成的 20 ft 或 40 ft 整箱向船公司或船公司代理订舱、装运。

（4）船公司或船公司代理向订舱货运代理签发一份整箱海运提单，提单的托运人为装货港货运代理公司。收货人则为货运代理公司在卸货港的代理人。货运代理公司按整箱运价向船公司或代理公司支付海运费。

（5）货运代理公司将船公司或船公司代理签发的海运提单正本连同自签的各份 house B/L 副本快递给卸货港代理人。海运提单亦可做"电放"处理。

（6）卸货港代理人在船到时向船方提供海运提单正本（或"电放"证明），提取该集装箱到自己的货运站（CFS）拆箱。

（7）作为托运方的货运代理公司要求承运船公司或船方卸货港代理人按货运代理公司签发的 house B/L 做提单分票处理，并通知各持有 house B/L 正本的收货人来换取船公司签发的提货单。

（8）收货人凭船公司签发的提货单报关。

（9）通关后，收货人或其代理凭海关放行的提货单去货运站（CFS）提货，卸货港代理人与 house B/L 副本核对无误后放给提货人。

（10）卸货港代理人向收货人或其代理收取 CFS 拆箱费及装车费等，并开具出门证给提货人。

（11）如果该货运站属海关监管仓库性质，则须经海关人员出具报关单复印件。

比较成功的 NVOCC 一般发布自己的船期表，它们航线多，班次密，接货范围和接货港口广，集拼价格比较优惠，同时建立自己的集散地，并且有较完整的代理网络，签自身提单。集拼是规模要求极强的业务，规模的形成一部分靠内部集中，一部分靠与同行的合作。

第三节　班轮运输的运费核算

一、班轮运费

船公司或其他承运人在进行货物运输过程中，不可避免地要发生诸如船员工资、伙食、燃油、物料、港口装卸、修理、保险以及公司管理费用等营运开支。为了维持和扩大再生产，还要计提折旧和获取一定的利润。因此，必须向货主收取运输费用。

（一）班轮运费的构成

班轮运费是由班轮公司运输货物而向货主收取的费用，它包括货物的装卸费和货物从装运港至目的港的基本运费和附加运费。基本运费是对任何一种货物都要计收的运费；附加运费则是视不同情况而加收的运费。

班轮运输航线上船舶定期或经常挂靠的港口称为基本港口，综合这些港口的基本情况，为在航线上基本港口间的运输而制定的运价称为基本运价或基本费率（base rate）。它是计收班轮运输基本运费的基础。基本运费是构成班轮运输全程应收运费的主要部分，是根据普通货物在航线上各基本港口间进行运输的平均水平制定的。

实际上，在运输中由于船舶、货物、港口以及其他原因，会使承运人在运输中增加一定的营运支出或损失。因此，为了补偿这部分损失，只能采取另外收取追加费用的方法来弥补，这部分不同类型的费用就是附加运费。

 知识链接 4-4

世界上第一个班轮公会成立于 1875 年，班轮公会的组织发展很快，世界各航线都有班轮公会成立，参加班轮公会的班轮公司称为班轮公会成员，其中最具代表性的班轮公会是"远东班轮公会"，它成立于 1887 年，会址设在英国伦敦，是一个相当庞大的国际航运垄断组织，其会员公司包括英国、挪威、瑞典、丹麦、荷兰、德国、美国、法国、日本等约 30 个国家的 40 多家船公司。

2008 年 10 月 18 日，有着 129 年历史的远东班轮公会停止运作。远东班轮公会的停止运作，标志着亚欧货主经过了 20 年的努力，终于取得了公平竞争的地位。这仅仅是班轮公会时代瓦解的开始，它证明了班轮公会的垄断地位已岌岌可危，却并不代表全球货主都获得了平等地位。美国、日本等诸多国家仍有 300 多个班轮组织，虽然美国明确表态取消班轮公会反垄断豁免权，印度竞争委员会考虑取消班轮价格垄断豁免权，并允许各班轮公司对货主独立报价，保守势力较强的日本贸易委员会也正在就有关公会制度是否有存在的必要征求日本和世界各地业内人士的意见，但由于担心公会被取缔后每家班轮公司都可以自由制定各自的定价政策，届时市场不稳定性将加剧，经多年建立起来的价格体系也将有可能陷入混乱，目前尚未就取消豁免权做出切实的计划。

远东班轮公会停止运作只是表明亚欧航线的航运市场将重新回到公平竞争的状态，它的积极面在于不再给予垄断性质的班轮公会以法律认可。但航运联盟等其他合作形式的诞生是否会催生新的利益集团，航运公司与货主之间是否能真正实现平等合作，仍然需要时间来回答。

接下来按附加费衍生的原因分类介绍几种常见的附加费。

1．由货物特性衍生的附加费

（1）超重附加费（heavy additional）。它是指单件货物的毛重达到或超过规定的重量时所征收的附加运费。超重货物在装卸作业中需使用重型吊机，要对其进行专门加固绑扎，多支出相当的吊机使用费及人工、材料费，因此需征收此项费用予以弥补。

（2）超长附加费（long length additional）。它是指单件货物的长度达到或超过规定长度时（通常为 9 m）所加收的附加运费。因为超长货物在装卸时造成装卸困难，占用较大舱容，甚至舱容配载困难（由于货物超长时，该件货物运费吨均加收超长附加费，所以不应将长短不一的货物捆扎在一起作一票货物运输，否则会因一根超长货物造成全捆货物加收附加费）。

（3）超大件附加费（bulky additional）。它是指单件货物的体积超过规定的数量时（如 6 m³）所加收的附加运费。一件货物超长、超重、超大件三种情形同时存在时，则应在分别计算了上述三种附加费后，采取按择大件计收或按全部加总计收这两种形式。

2．运输及港口原因衍生的附加费

（1）直航附加费（direct additional or direct surcharge）。它是指托运人要求承运人将一批货物不经过转船而直接从装货港运抵航线上某非基本港时，船公司为此而增收的附加费。通常船公司都有规定，托运人交运一批货物至非基本港，必须每港、每航次达到或超过某一数量时（如 1000 运费吨），才同意托运人提出的直航要求，并按各航线规定加收直航附加费。

（2）转船附加费（transhipment additional）。它是指运往非基本港口的货物，必须在途中某一基本港换装另一船舶才能运至目的港而加收的附加运费。货物在中途港转船时发生的换装费、仓储费和二程船的运费均包含在转船附加费中，通常这些费用由船公司以基本运费的一定百分比来确定，其盈亏由船公司自理。

（3）港口附加费（port additional）。船方由于港口设备条件差、装卸效率低、速度慢（如船舶进、出需要通过闸门）或费用高而向货方收取的附加费叫作港口附加费。港口附加费随着港口装卸效率及其他条件的变化而随时变化。

3．临时性附加费

承运人常因偶发事件而临时增收附加费，通过这种方式来补偿因意外情况而增加的开支。临时性附加费的特点是一旦意外情况消除，此项附加费也消除，等待再次出现时才会重新征收。

（1）燃油附加费（bunker surcharge or bunker adjustment factor，B.S. or BAF），它是指因国际市场燃油价格上涨，使船舶的燃油费用增加而使船舶运输成本增高，船公司为补偿因燃油价格上涨而增收的附加运费。

（2）货币贬值附加费（devaluation surcharge or currency adjustment factor，CAF），简称币值附加费。它是指船方按运价表中的运价征收的运费因货币贬值的原因造成面额相同而实际价值减少，为弥补贬值后的损失而增收的附加费。货币贬值附加费是在 1967 年世界金融危机后出现的一种附加费，随危机的消除船公司一度取消此项附加费，但也有船公司在随后又征收此项附加费，该附加费与燃油附加费一样均会因国际金融市场的变化而临时增加或取消。

（3）港口拥挤附加费（port congestion surcharge）。由于港口拥挤，船舶抵港后不能很快靠卸而需要长时间等泊，有时长达几个月之久，造成船期延长，空耗成本。为此船方要向货方征收附加费以弥补这种损失。这项费用为港口拥挤附加费。港口拥挤附加费也是一种临时性附加费，变动性较大。有些港口拥挤附加费可高达 300%，但船公司并不希望到此类港口靠泊装卸，因为拥挤等待的损失远大于征收此费用。当然，一旦港口拥挤情况有变化，此附加费就调整，港口正常，即可取消。

（4）绕航附加费（deviation surcharge）。它是指因某一段正常航线受战争影响，运河关闭或航道受阻塞等意外情况发生，迫使船舶绕道航行，延长运输距离而增收的附加运费。绕航附加费是一种临时性的附加费，一旦意外情况消除，船舶恢复正常航线航行，该项附加费即可取消（如 1967 年 6 月苏伊士运河因中东战争而关闭，往来欧洲、亚洲间的船舶只好绕道非洲南端的好望角航行，均增收绕航附加费。到 1975 年 6 月 5 日运河重新开放时取消征收该项附加费）。

（5）选择卸货港附加费（optional additional）。它是指由于贸易的原因，货物在托运时，托运人尚不能确定具体的卸货港，要求在预先指定的两个或两个以上的卸货港中进行选择，待船舶开航后再做选定。这样就会使这些商品在舱内的积载增加困难，甚至会造成舱容的浪费，因此而增收的附加费。

（6）变更卸货港附加费（alteration of destination additional）。它是指由于贸易的原因，货物无法在原定的提单上记录的卸货港卸货，临时改在航线上其他基本港卸货而增收的附加费。

除上述附加费，还有一些附加费须由船、货双方临时议定，如洗舱费、熏蒸费等。

（二）班轮运费的计算

1. 班轮运费的计算标准

在班轮运价中，有些商品按重量计收运费，有些商品按体积计收运费，有些商品按价值计收运费，还有些商品按件数计收运费，这些就叫作运价计算标准（basis）。班轮运价表中对运价的计算标准一般有以下几种规定。

（1）按货物的毛重计收（运价表中以 W 表示），适用于重量货。

（2）按货物的体积计收（运价表中以 M 表示），适用于轻泡货。

（3）按货物的毛重或体积从高计收（在运价表中以 W/M 字母表示）。

（4）运费吨（freight ton）又称为计费吨，是计算运费的一个特殊计算单位，指按每一种货物的重量或体积（尺码）计算运费，分为重量吨和尺码吨。重量吨是指按货物毛重计算运费时使用的单位；尺码吨是指按货物体积计算运费时使用的单位。一般情况下，同一货物的重量和体积相比较，以大者为运费吨。例如，棉织品 1 t，其体积超过 1 m^3。则其运费吨为尺码吨，即以其体积来计算运费。反之，1 t 水泥、钢材等其体积不足 1 m^3，则以其重量为运费吨，即以其重量来计算运费。

（5）按货物的价格计收（在运价表中以 Ad.Val 字样表示），又称为从价运费，一般按货物 FOB 货价一定百分比计算，为 1%～5%，适用于高值货物，如黄金、白银、名贵皮毛、名贵药材、精密仪器、名画古董等。船公司在运输中，对这类货物在积载和保管方面需要采取特殊安全措施，承担责任较大。因此，这类高值货物须按其价值计收运费。

（6）按货物重量、体积或价值三者中较高的一种计收（在运价表中以 W/M or Ad.Val 字样表示）。

（7）按货物的件数计收（以 per unit，head，piece etc 表示），如火车头按辆、活牲畜按头、大型机车按台计收。

（8）按议价运费计收（以 open rate 字样表示）。大宗低值货物，如粮食、煤炭、矿物等，一般在班轮运价表中未规定具体费率，在订舱时，由船公司与托运人临时洽商议订。议价运费比等级运费要低。

（9）起码运费率（以 minimum rate 表示），是指按每一提单上所列的货物重量或体积所计算出的运费尚不足运价表中规定的最低费率时，则按最起码运费计收，即对每一提单应计收的最低运费不低于起码运费。

2. 班轮运费的计算公式

前面提到，班轮运价由基本费率和附加费两个部分构成，因而其计算公式为

附加费为绝对数值：运费总额=货运数量（重量或体积）×基本费率+附加费

附加费按百分比计算：运费总额=货运数量（重量或体积）×基本费率×(1+附加费率)

从价运费通常按FOB价格计算。如果贸易合同采用CIF价格，则需经过换算求得FOB价格后，再按FOB价格计算从价运费。

3．计算步骤

在计算一笔运费时，应按下列步骤进行。

（1）了解货物品名、译名、特性、包装、重量、尺码（是否超重、超长）、装卸港（是否需转船、选卸港）等。

（2）根据货物的品名，从货物分级表中找出该货物的等级和计算标准。如属未列明货物，则参照性质相近货物的等级和计算标准计算。

（3）查找货物所属航线等级费率表，找出货物等级相应的基本费率。

（4）查找有无附加费、各种附加费的计算办法及费率。

如果是从价运费，则按规定的百分比乘以FOB货值计算。

（5）查找各种数据后，列式进行计算。

【例4-1】

某轮从上海港装运10 t，共计11 m³的蛋制品去英国普利茅斯港，要求直航，求全部运费。

解：

☐ 查货物分级表知蛋制品为12级，计算标准为W/M（按毛重或体积较高者计收运费）。

☐ 从中国到欧洲地中海航线分级费率表查出12级货物的基本费率为116元/t。

☐ 因该货物体积大于重量，所以运费吨应为11 t。

☐ 从附加费率表中查知普利茅斯港直航附加费每运费吨为18元，燃油附加费35%。

☐ 代入计算公式：

$$运费总额=11×[116×(1+35\%)+18]=1920.6（元）$$

在运费计算过程中，如果错用货物的重量或尺码的计费单位，或者商品的等级不符而误用了费率，都会造成运费计算的错误。

【例4-2】

某商品500箱，每箱体积为0.025 m³，毛重为30 kg，计收标准为W/M，每吨运费为450元，另收燃油附加费20%、港口附加费10%，求运费。

解：每吨运价=基本运费+附加运费

=基本运费+(燃油附加费+港口附加费)

=450+(450×20%+450×10%)=585（元）

运费吨：W=30 kg=0.03 t

M=0.025 运费吨

由于W>M，所以采用W计算为

运费总吨=0.03×500×585 =8775（元）

4．班轮运费的支付及计费的币种

运费按照支付的时间划分，通常有预付运费（freight prepaid）和到付运费（freight to

collect）两种。预付运费时，托运人必须在承运人签发提单之前支付全额运费；到付运费时，货主必须在货物运抵目的港、承运人交付货物之前付清全额运费。

计费的币种就是费率表中用以表示费率的货币种类。从事国际贸易货物运输的班轮公司都是以国际上比较通用的、在国际外汇市场上可以自由买卖的自由外汇作为计费的币种，而不是以货物装船地通用的货币作为计费的币种。

二、集装箱班轮运费的计算

1. 集装箱班轮运输中的基本运费计算

（1）采用与计算普通杂货班轮运输基本运费相同的方法，对具体的航线按货物的等级和不同的计费标准来计算基本运费。

（2）对具体航线按货物等级及箱型、尺寸的包箱费率（box rate），或仅按箱型、尺寸的包箱费率而不考虑货物种类和级别计算基本运费。

包箱费率是指对单位集装箱计收的运费率。包箱费率也称为"均一费率"（freight for all kinds，FAK）。采用包箱费率计算基本运费时，只需要根据具体航线、货物等级以及箱型、尺寸所规定的费率乘以箱数即可。

2. 集装箱班轮运输中的附加运费计算

集装箱班轮运输中的附加运费也与杂货班轮运输中的情况相似。但是，实践中有时会将基本运费和附加运费合并在一起，以包干费（all in freight）的形式计收运费。此时的运价称为包干费率，又称为"全包价"（all in rate，AIR）。

【例 4-3】

某轮从广州港装载杂货——人造纤维，体积为 20 m³，毛重为 17.8 t，运往欧洲某港口，托运人要求选择卸货港鹿特丹或汉堡，鹿特丹和汉堡都是基本港口，基本运费率为 USD 80/ft，三个以内选卸港的附加费率为每运费吨加收 USD3，"W/M"。

问：

（1）该托运人应支付多少运费（以美元计）？

（2）如果改用集装箱运输，海运费的基本费率为 USD 1100/TEU，货币附加费 10%，燃油附加费 10%。改用集装箱运输时，该托运人应支付多少运费（以美元计）？

解：

（1）按照散货装运：

由于 $W=17.8$ t，$M=20$ 运费吨

$$运费=(80+3)\times20=1660（美元）$$

即按照散货装运该批货物时，托运人应支付运费 1660 美元。

（2）若改用集装箱装运：选用一个 TEU 即可。

$$运费=(1+10\%+10\%)\times1100=1320（美元）$$

即如果选用集装箱装运该批货物，托运人应支付运费 1320 美元。

由计算结果可知，该批货物改用集装箱运输可节省运费。

第四节　班轮提单与海运单

一、提单的定义及性质

（一）提单的定义

《海商法》第七十一条规定：提单是用以证明海上货物运输合同和货物已经由承运人接收或者装船，以及承运人保证据以交付货物的单证。

（二）提单的性质

从提单的定义可知，提单具有以下三个方面的法律性质。

1. 提单是运输合同的证明

提单是承运人与托运人之间原已存在海上货物运输合同的证明。在承运人签发提单前，托运人与承运人之间就货物的名称、数量以及运费等达成的协议，就是货物运输合同，它包括托运单、运价表、船期表和托运人应了解的承运人的各种习惯做法等。

承运人签发提单只是履行合同的一个环节，提单并不会因此而成为运输合同。在托运人和承运人之间，如果提单上的条款和规定与原运输合同有抵触，应以原合同为准。

2. 提单是货物收据

提单是承运人接收货物或将货物装船后，向托运人出具的货物收据。提单作为货物收据，对承托双方具有"初步证据"的效力。这种证据效力是相对的，如果证实承运人确实未收到货物或所收到的货物与提单记载不符，仍可否定提单的证据效力。

但是当提单已转让给包括收货人在内的第三方时，提单在承运人和第三方之间就具有"最终证据"的效力，即使承运人能举证确实未收到货物或所收到的货物与提单记载不符，承运人也必须对其与事实不符的记载负责。

3. 提单是物权凭证

提单是货物所有权的凭证，是票证化了的货物。一定情况下，谁拥有提单，谁就拥有该提单所载货物的所有权，并享有物主应享有的一切权利。

提单这种物权凭证的属性大大增强了提单的效用，使得国际市场上货物的转卖更为方便。只要在载货船舶到达目的港交货之前直接转让提单，货物所有权就可随即转让。当提单被转让后，承运人与包括收货人在内的提单受让人之间的权利、义务将按提单规定而确定。在发生货损、货差时，收货人可以直接依靠提单对承运人投诉，而无须经过该提单签订者——托运人的授权。

二、提单的种类

（一）基本种类

1. 按货物是否已装船区分

（1）已装船提单（shipped B/L or on board B/L）。这是指提单载明的全部货物装船后才签发的提单，提单上须注明船名和装船日期。在件杂货运输方式下，只有在货物装船后，托运人或其代理人才能取得船方签发的"大副收据"，然后凭以向船代换取提单。由于这种已装船提单对收货人按时收货有保障，因此，议付银行往往根据信用证的有关规定，要求提供已装船提单，之后方准予结汇。

（2）收货待运提单（received for shipment B/L）。这是指承运人已接收提单载明的全部货物，但尚未装船时所签发的提单。因此，提单上没有装船日期，甚至连船名都没有。在集装箱运输方式下，根据不同的运输条款，承运人在托运人仓库或集装箱货运站或集装箱码头堆场接收货物后，即签发"场站收据"，托运人或其代理人凭以向船代换取提单，这种提单就是收货待运提单。

由于签发收货待运提单时，货物尚未装船，无法估计货物到卸货港的具体日期，因此，买方往往不愿意接受待运提单。正规的做法是，待货物装船后，凭收货待运提单换取已装船提单，或由承运人在收货待运提单上加注船名和装船日期，并签字盖章使之成为已装船提单。但实务中，通常是在货物装船后，直接凭场站收据换取已装船提单。

2．按提单抬头区分

（1）记名提单（straight B/L）。记名提单又称为收货人抬头提单，是指在提单"收货人"一栏内具体填写某一特定的人或公司名称的提单。承运人出具这种提单后，只能将货物交给提单上指定的收货人，除非承运人接到托运人的指示，才可将货物交给提单指定以外的人。

（2）指示提单（order B/L）。指示提单是指在提单"收货人"一栏隐去了具体特定的人或公司的名称，只是注明"TO ORDER OF ××"或"TO ORDER"字样交付货物的提单。前者凭记名人指示交货，按照发出指示的人不同可分为托运人指示、收货人指示和银行指示等；后者凭不记名人指示交货，一般应视为托运人指示。

指示提单可以通过空白背书和记名背书两种背书（endorsement）方式进行转让。空白背书时，背书人（提单转让人）只需在提单背面签字盖章；而记名背书除由背书人签字盖章，还须注明被背书人（提单受让人）的名称。记名背书后，只有提单受让人可凭提单提货。

 知识链接 4-5

某年 6 月，中国 A 公司与美国 B 公司签订货物买卖进口合同，7 月 17 日货物装船后，船公司应 B 公司申请，一是办理了电放提单，所以当时没有签发正本提单，二是制作了副本提单。该提单载明托运人为 B 公司、收货人为 A 公司、运费到付等。8 月 4 日，货到目的港烟台后，A 公司持副本提单到船公司代理处办理提货手续，在支付了相关海运费后换取提货单。8 月 6 日，或由于工作的疏忽，或基于 B 公司的申请，船公司又向 B 公司补签了正本提单。随后，船公司通知卸货港代理不要将货物交付 A 公司。为此，A 公司申请海事法院对船公司及其代理下发海事强制令。庭审中，船公司和 B 公司依据船公司补发的正本提单否认 A 公司持有提货单，认为 B 公司持有正本提单，提单具有物权凭证和提货功能，提货单则没有此功能。而 A 公司则向船公司、B 公司提出提单侵权损害赔偿之诉。

1. A公司持有的提货单是否具有法律效力？船公司补发的正本提单是否仍有提货功能？

2. 船公司补正本提单的行为是否构成违约和侵权？

（3）不记名提单（blank B/L or open B/L）。只在提单"收货人"一栏填写"TO BEARER"（货交提单持有人）。这种提单可以不经背书进行转让。

3. 按有无影响结汇的批注区分

（1）清洁提单（clean B/L）。这是指未被承运人加注或即使加注也不影响结汇的提单。如果货物在装船时或被承运人接收时表面状况良好，不短少，承运人则在其出具的"大副收据"或"场站收据"上不加任何不良批注，从而使据此签发的提单为清洁提单。银行在办理结汇时，规定必须提交清洁提单。

（2）不清洁提单（foul B/L）。这是指承运人在提单上加注有碍结汇批注的提单。如果托运人交付的货物表面状况不良，承运人为分清责任，有必要在提单上做出相应的批注，这种提单就是不清洁提单。

4. 按收费方式区分

（1）运费预付提单（freight prepaid B/L）。这是指托运人在装货港付讫运费的情况下承运人签发的提单。以 CIF、CFR 贸易条件成交的货物，由卖方租船或订舱，并承担相应的运输费用，因此，其运费是预付的。这种提单正面须载明"FREIGHT PREPAID"（运费预付）的字样。

（2）运费到付提单（freight collect B/L）。这是指货物到达目的港后支付运费的提单。这种提单正面须载明"FREIGHT COLLECT"（运费到付）的字样，以明确收货人具有支付运费的义务。以 FOB 贸易条件成交的货物通常由买方租船或订舱，并承担相应的运输费用，因此，其运费为到付的。

5. 按不同的运输方式区分

（1）直达提单（direct B/L）。这是指货物从装货港装船后，中途不经转船而直接运抵目的港卸货的提单。

（2）转船提单或联运提单（transshipments B/L or through B/L）。这是指在装货港装货的船舶不直接驶达货物的目的港，而需要在中途港换装其他船舶运抵目的港，由承运人为这种货物运输签发的提单。

（3）多式联运提单（combined B/L or multimodal transport B/L）。这是指货物由两种及其以上运输方式共同完成全程运输时所签发的提单。这种提单一般由承担海运区段运输的承运人签发，也可由经营多式联运的"无船承运人"（non-vessel operative common carrier，NVOCC）签发，主要适用于集装箱运输。

6. 按船舶的经营方式区分

（1）班轮提单（liner B/L）。这是指经营班轮运输的船公司或其代理人签发的提单。这种提单除正面项目和条款，背面还列有关于承运人与托运人的权利和义务等运输条款。

（2）租船提单（charter party B/L）。这是指根据租船合同签发的一种提单。这种提单在出租人与承租人之间不具有约束力，出租人与承租人之间的权利、义务仍依据租船合同确定。但是，当此提单转让给出租人和承租人以外的第三方后，提单签发者、出租人与第三方之间的权利、义务将依据提单确定。此时，出租人同时受租船合同和其所签发的提单的约束。

如果出租人根据提单对第三方提单持有人所承担的责任，超过其根据租船合同所应承担的责任，则船东可就其额外承担的责任向承租人追偿。出租人与承租人之间的权利、义务关系不会因为出租人签发提单而改变。

由于上述提单受租船合同的约束，并非一个独立完整的文件，因此，当信用证规定可接受此种提单时，货物卖方在转让该提单的同时，还应附一份租船合同副本，以供第三方提单持有人了解约束自己的租船合同的全部内容。

7. 按提单签发人不同区分

（1）班轮公司（船公司）提单。这是指在班轮运输中，由班轮公司或其代理人所签发的提单。在实践中，班轮公司通常为整箱货签发提单。

（2）无船承运人提单（NVOCC B/L）。这是指在班轮运输中，由无船承运人或其代理人所签发的提单。在实践中，无船承运人通常为拼箱货签发提单。由于拼箱货是在集装箱货运站内装箱和拆箱，而集装箱货运站又大多有仓库，所以又称为仓至仓提单（house B/L）。当然，视情况而言，整箱货也可以由无船承运人签发。

（二）特殊种类

在实践中，特定情况下，存在着可能不符合法律规定或者出于货运业务的特殊要求而出示的提单。

1. 按签发提单时间为标准

（1）预借提单（advanced B/L）。预借提单是指由于信用证规定的装运期或交单结汇期已到，而货物尚未装船或货物尚未装船完毕时，应托运人要求，由承运人或其代理人提前签发的已装船提单。即托运人为能及时结汇而从承运人处借用的已装船提单。

当托运人未能及时备妥货物，或者船期延误使船舶不能如期到港，托运人估计货物装船完毕的时间可能要超过信用证规定的装运期甚至结汇期时，就可能采取从承运人那里借出提单用以结汇的办法。

但是，承运人签发预借提单要冒极大风险，因为这种做法掩盖了提单签发时的真实情况。许多国家法律的规定和判例表明，一旦货物引起损坏，承运人不但负责赔偿，而且丧失享受责任限制和援用免责条款的权利。

（2）倒签提单（anti-date B/L）。倒签提单是指在货物装船完毕后，应托运人的要求，由承运人或其代理人签发的提单，但是该提单上记载的签发日期早于货物实际装船完毕的日期。即托运人从承运人处得到的以早于货物实际装船完毕的日期作为提单签发日期的提单。由于"倒填日期"签发提单，所以称为"倒签提单"。

由于货物实际装船完毕日期迟于信用证规定的装运日期，若仍按实际装船日期签发提单，肯定影响结汇，为了使签发提单日期与信用证规定的装运日期相吻合，以便结汇，托运人就可能要求承运人仍按信用证规定的装运日期"倒填日期"签发提单。承运人倒签提单的做法同样掩盖了真实的情况，因此也要承担由此而产生的风险责任。

（3）顺签提单（post-date B/L）。顺签提单是指在货物装船完毕后，承运人或其代理人应托运人的要求而签发的提单，但是该提单上记载的签发日期晚于货物实际装船完毕的日期。即托运人从承运人处得到的以晚于该票货物实际装船完毕的日期作为提单签发日期的提单。由于"顺填日期"签发提单，所以称为"顺签提单"。

由于货物实际装船完毕的日期早于有关合同中装运期限的规定，如果按货物实际装船日期签发提单将影响合同的履行，所以托运人就可能要求承运人按有关合同装运期限的规定"顺填日期"签发提单。承运人顺签提单的做法也掩盖了真实的情况，因此也要承担由此而产生的风险责任。

2．其他特殊提单

（1）舱面货提单（on deck B/L）。舱面货提单是指将货物积载于船舶露天甲板，并在提单上记载"on deck"字样的提单，也称为甲板货提单。

积载在船舱内的货物（under deck cargo，舱内货）比积载于舱面的货物可能遇到的风险要小，所以承运人不得随意将货物积载于舱面运输。但是，按商业习惯允许装于舱面的货物、法律规定应装于舱面的货物、承运人与托运人协商同意装于舱面的货物可以装于舱面运输。另外，由于集装箱运输的特殊性，通常有 1/3 以上的货物要装于甲板，所以不论集装箱是否装于舱面，提单上一般都不记载"on deck"或"under deck"，商业上的这种做法已为有关各方当事人所接受。

（2）并提单（omnibus B/L）。并提单是指应托运人的要求，承运人将同一船舶装运的相同港口、相同货主的两票或两票以上货物合并而签发的一套提单。

托运人为节省运费，会要求承运人将属于最低运费提单的货物与其他提单的货物合在一起只签发一套提单。即将不同装货单号下的货物合起来签发相同提单号的一套提单。

（3）分提单（separate B/L）。分提单是指应托运人的要求，承运人将属于同一装货单号下的货物分开，并分别签发的提单（多套提单）。

托运人为满足商业上的需要，会要求承运人为同一票多件货物分别签发提单，如有三件货物时，分别为每一件货物签发提单，这样就会签发三套提单。即将相同装货单号下的货物分开签发不同提单号的提单。

（4）交换提单（switch B/L）。交换提单是指在直达运输的条件下，应托运人的要求，承运人同意在约定的中途港凭起运港签发的提单换发以该中途港为起运港的提单，并记载有"在中途港收回本提单，另换发以中途港为起运港的提单"或"switch B/L"字样的提单。

由于商业上的原因，为满足有关装货港的要求，托运人会要求承运人签发交换提单。签发交换提单的货物在中途港不换装其他船舶，而是由承运人收回原来签发的提单，再另签一套以该中途港为起运港的提单，承运人凭后者交付货物。

（5）交接提单（memo B/L）。交接提单是指由于货物转船或联运或其他原因，在不同承运人之间签发的不可转让、不是"物权凭证"的单证。交接提单只是具有货物收据和备忘录的作用。

有时由于一票货物会由不同的承运人来运输或承运，为了便于管理，更为了明确不同承运人之间的责任，就需要制作交接提单。

（6）过期提单（stale B/L）。过期提单是指出口商在取得提单后未能及时到银行议付的提单。因不及时而过期，形成过期提单，也称为滞期提单。

在信用证支付方式下，根据《跟单信用证统一惯例》的规定，如信用证没有规定交单的特定期限，则要求出口商在货物装船日起 21 天内到银行交单议付，不得晚于信用证的有效期限。超过这一期限，银行将不予接受。根据商业习惯，过期提单在运输合同下并不是无效提单，提单持有人仍可凭其要求承运人交付货物。

三、提单记载的内容

（一）提单正面记载的内容

提单样本如表 4-1 所示。

表 4-1 提单样本

Shipper		B/L NO.	**ORIGINAL**	
		中 国 对 外 贸 易 运 输 总 公 司 CHINA NATIONAL FOREIGN TRADE TRANSPORT CORPORATION 直 运 或 转 船 提 单 **BILL OF LADING DIRECT OR WITH TRANSHIPMENT**		
Consignee or order				
Notify address		SHIPPED on board in apparent good order and condition (unless otherwise indicated) the goods or packages specified herein and to be discharged or the mentioned port of discharge of as near there as the vessel may safely get and be always afloat. THE WEIGHT, measure, marks and numbers quality, contents and value, being particulars furnished by the Shipper, are not checked by the Carrier on loading.		
Pre-carriage by	Port of loading			
Vessel	Port of transshipment	THE SHIPPER, Consignee and the Holder of this Bill of Lading hereby expressly accept and agree to all printed, written or stamped provisions, exceptions and conditions of this Bill of Loading, including those on the back hereof.		
Port of discharge	Frail destination	IN WITNESS where of the number of original Bill of Loading stated below have been signed, one of which being accomplished, the other(s) to be void.		
Container Seal No. or marks and Nos.	Number and kind of packages Designation of goods	Gross weight (kgs.)		Measurement (m³)
REGARDING TRANSHIPMENT INFORMATION PLEASE CONTACT		Freight and charge		
Ex. rate	Prepaid at	Fright payable at	Place and date of issue	
	Total Prepaid	Number of original Bs/L	Signed for or on behalf of the carrier	

提单正面记载的内容如下。

1. 托运人（shipper）

"托运人"栏一般要求填写托运人完整的姓名和地址。托运人是运输合同的当事人，记载这一项的必要性是不言而喻的。

2. 收货人（consignee）

有关收货人名称的记载方法因不同需要而有所不同：如果是记名提单，则在"收货人"栏填上具体的收货公司或收货人名称及地址；如果是指示提单，则填为"指示"（order）或"凭指示"（to order）或"凭托运人指示"（to order of shipper）或"凭其他人指示"（to order of sb）；如果是不记名提单，在"收货人"栏标注"提单持有人"（to bearer）或空白不填写。

3. 被通知人（notify party）

此栏应按信用证的规定填写，如果信用证上未注明被通知人，则提单正本中此栏可保持空白，但提供给承运人的提单副本中应注明实际被通知人，以便承运人目的港代理向其寄送提货通知。

4. 装货港、卸货港、转运港（port of loading，port of discharge，port of transshipment）

如果是直达运输，则在"装货港"栏和"卸货港"栏直接填写实际装船港口和实际卸船港口的具体名称。如果是转船运输，则第一程提单上的"卸货港"栏填转船港，"收货人"栏填二程船公司；第二程提单上的"装货港"栏填上述转船港，"卸货港"栏填最后目的港。如是联运，则在联运提单上的"卸货港"栏填写最终目的港，并列明第一程和第二程船名及转运港。

5. 提单号（B/L No.）

提单号一般列在提单右上角，以便于工作联系和查核。发货人向收货人发送装船通知时，要列明船名和提单号。

6. 船名（vessel）

"船名"栏不仅需要填写船舶名称，还必须注明航次，如"Star v. 12"。如果是已装船提单，在签发时就必须填写这一项；如果是备运提单，则在货物实际装船完毕后补填。

7. 集装箱号、铅封号、唛头（container seal No. or marks and Nos.）

此栏填入的唛头须与商业发票及有关单据上的标志一致，并且不得与信用证有任何抵触。对于集装箱货物，还应注明集装箱号及其铅封号，以便于核对与查询。对于无包装标志的散货等应在提单上注明"无唛头"（N/M），不得在提单货物唛头栏内保持空白。

8. 集装箱数/货物包装种类及件数（number and kind of containers or packages）

此项内容可按商业发票填写，并且应与信用证的要求一致。如果同一种货物使用不同的包装，或者不同的货物，即使这批货物使用相同的包装，也需要在提单上分别列明，最后注明总件数。

9. 货物描述（designation of goods）

此栏可填货物总称，不需要填写详细的规格、等级成分等。

10. 毛重（gross weight）、尺码（measurement）

毛重应与装箱单、发票一致，并且应填货物总毛重。除信用证另有规定者外，毛重以千克（kg）或公吨（M/T）为单位，体积以立方米（CBM，m^3）为单位。

11．总箱数/货物总件数（total number of containers and/or packages）

用英文大写字母而不是阿拉伯数字来填写集装箱的总箱数或货物的总件数。在件数前，须加"SAY"字样，相当于"合计"，在件数后面加上"ONLY"，相当于"整"。例如，"SAY PACKED IN ONE HUNDRED CARTONS ONLY."

12．运费和费用（freight and charge）

运费支付方式一般分为预付（freight prepaid）或到付（freight collect）。CIF 或 CFR 出口时，由卖方租船订舱并支付运费，需填上"运费预付"字样，千万不可漏列，否则收货人会因运费问题提不到货。FOB 出口时，买方租船订舱并支付运费，需填写"运费到付"字样，除非收货人委托发货人垫付运费。

13．提单的签发日期、地点（place and date of issue）和份数

提单的签发日期是全部货物实际装船完毕的日期，不能早，也不能晚，否则就会变成顺签提单或倒签提单。

提单签发地点是货物装船地点，一般为装货港。

提单分为正本提单和副本提单。正本提单一般有三份，应注明"original"字样，收货人提交一份正本提单提货，其他两份即失效。副本提单应注明"copy"字样，用于日常业务，不具有法律效力。

14．提单签发人签字或盖章

提单必须由承运人或船长或其代理签发，并应明确表明签发人身份。一般表示为"carrier"或"captain"或"as agent for the carrier"或"signed for and on behalf of carrier"。

（二）提单正面印刷的条款

1．确认条款

确认条款是承运人表示在货物或集装箱外表状况良好的条件下，接受货物或集装箱，并同意承担按照提单所列条款将货物或集装箱从装货港运往卸货港、把货物交付给收货人的责任的条款。

2．不知条款

不知条款是承运人表示没有适当的方法对所接受的货物或集装箱进行检查，所有货物的重量、尺码、标志、品质等都由托运人提供，并不承担责任的条款。但是"不知条款"并不一定有效。

3．承诺条款

承诺条款是承运人表示承认提单是运输合同成立的证明，承诺按照提单条款的规定承担义务和享受权利，而且也要求货主承诺接受提单条款制约的条款。由于提单条款是承运人单方拟定的，所以该条款也称为代拟条款。

4．签署条款

签署条款是承运人表明签发提单（正本）的份数，各份提单具有相同的效力，其中一份完成提货后，其余各份自行失效，提取货物必须交出经背书的一份提单以换取货物或提货单的条款。

（三）提单背面印刷的条款

提单背面的条款可以分为两类：一类是强制性条款，即条款内容不能违反有关国际公约、国内法律或港口的规定，违反或不符合这些规定的条款无效；另一类是任意性条款，即国际公约、国内法律或港口规定中没有明确规定，允许承运人自行拟定的条款。

所有这些条款规定了承运人与货方之间的权利、义务和责任豁免，是双方当事人处理争议时的主要法律依据。各船公司的提单背面条款繁简不一，数目不同，但主要条款大同小异。

1. 首要条款（paramount clause）

首要条款是用以明确提单所适用法律的条款。

2. 定义条款（definition clause）

定义条款是对与提单有关术语的含义和范围做出明确规定的条款。

3. 承运人责任条款（carrier's responsibility clause）

承运人责任条款是用以明确承运人承运货物过程中应当承担的责任的条款。由于提单的首要条款已规定了提单所使用的法律法规（如《海牙规则》），而法律法规中也已明确了承运人的责任和义务，因此凡有首要条款的提单都不在此条款中明示承运人的责任。

4. 承运人责任期间条款（duration of liability）

承运人责任期间条款是用以明确承运人对货物运输承担责任的开始和终止时间的条款。中国《海商法》第四十六条规定："承运人对集装箱装运的货物的责任期间，是指从装货港接收货物时起至卸货港交付货物时止，货物处于承运人掌管之下的全部期间。承运人对非集装箱装运的货物的责任期间，是指从货物装上船时起至卸下船时止，货物处于承运人掌管之下的全部期间。"另外，该条还规定了承运人可以就非集装箱装运的货物在装船前和卸船后所承担的责任达成任何协议。

5. 特定货物条款

特定货物条款是用以明确承运人对运输一些特定货物时应承担的责任和享有的权利，或为减轻或免除某些责任而做出规定的条款。在运输一些性质特殊或对运输和保管有特殊要求的货物时，就会在提单中找到相应的条款，例如，舱面货（deck cargo）、活动植物（live animals and plants）、危险货物（dangerous goods）、冷藏货（refrigerated goods）、木材（timber）、钢铁（iron and steel）、重大件（heavy lifts and awkward cargo）等特定货物。

此外，提单背面还列有许多其他条款，如索赔通知与时效、留置权、共同海损与救助、忽悠过失赔偿责任、通知与交付等。

四、海运单

海运单（seaway bill，SWB），又称为海上货运单，是"承运人向托运人或其代理人表明货物已收妥待装的单据，是一种不可转让的单据，即不需以在目的港提示该单据作为收货条件，海运单上的收货人并不出示海运单，仅凭提货通知或其身份证明提货，承运人凭收货人出示的适当身份证明交付货物"。它是应国际贸易的发展，海上运输要求的不断变化而产生的。

1．海运单的操作

在承运人接管货物或将货物装船后，海运单和提单一样应按托运人的要求，由承运人、承运人的代理人或船长签发；托运人凭海运单和其他单证（如商业发票）到银行结汇；装货港的承运人或其代理人通过 EDI（电子数据交换）等方式将海运单的内容传送给其在目的港的代理人，目的港代理人在收到有关信息后，在船舶抵港前，尽早向海运单上注明的收货人或通知方发出到货通知；收货人凭到货通知单，并出示适当的身份证明，到目的港承运人的代理人处换取提货单，凭提货单到码头或船边提货。

海运单通常签发一正三副，如经要求，也可签发两份及以上的正本海运单。其中正、副本各一份交托运人，一份副本由装货港代理保存，另一份副本随船或以其他方式及时交卸货港代理。装货港代理须在有关的舱单上注明"签发海运单"字样并及时交卸货港代理，或者在 EDI 传输时注明"签发海运单"，此外，装货港代理还应主动另发"海运单清单"给卸货港代理。

2．海运单的优点

海运单具有迅捷、简便、安全的特点。

对托运人而言，无须将海运单随同商业发票和保险单等单证寄给收货人，也无须担心运单被盗用或遗失，由于单据程序得到了改进，从而提高了市场竞争力。

对收货人而言，可避免因等海运单而招致的延迟提货，也无须为货运单证的遗失或晚到而请求银行提供保证金或担保函，并可节省保证金利息或担保费。

对承运人而言，只要将货物交给海运单上列明的收货人或其授权的代理人，就应视为已经做到了谨慎处理，将货物交给了合适的有关方，免除提单业务中凭保函无单交付货物后可能担负错误交货的责任和难以向担保人追偿的风险。

 知识链接 4-6

------

20 世纪 90 年代初，在船公司普遍没有自己的海运单，而又不需要收货人在卸货港以提单换取提货单的情况下，"电放"的做法产生了。"电放"是指在装货港货物装船后，承运人签发提单，托运人再将全套提单交回承运人，并指定收货人，承运人以电信方式授权其在卸货港的代理人，在收货人不出具提单的情况下，交付货物。托运人和收货人要出具保函。

 案例

三则案例看货运代理提单风险与防范

案例一　进口商与货运代理勾结欺诈

宁波出口商 A 公司与美国进口商 B 公司签订了一笔外销合同，采用 FOB 贸易术语，双方约定 B 公司先支付 50%，等 A 公司发货后再支付余款。A 公司通过 B 公司安排的境外货运代理发货后，取得货运代理提单，并等待 B 公司支付余款再寄提单，但是 B 公司迟迟不支付余款，A 公司联系货运代理决定退运货物，经查询了解到客户早已串通货运代理将货物提走。A 公司决定起诉该货运代理公司时，发现其已经申请破产，且美国进口商 B 公司已人去楼空，造成 A 公司钱货两空。

【分析】

A 出口商导致钱货两失的原因如下。

第一，采用了高风险的 FOB 价格术语。

这导致了两个后果：一是出口商无从知晓实际承运人；二是无法获得保险赔付。

首先，FOB 术语下，由买方指定船公司或货运代理，并与船公司或者货运代理签订海上货物运输合同，买方的权益得到了合同的保护；而卖方除将货物交付给买方指定的船公司或货运代理外，并无其他接触，对其并不了解。因而，如果买方与船公司或货运代理恶意欺诈串通，则卖方因无法得知船公司与货运代理的具体信息，无法采取有效的诉讼措施，处于完全被动的地位。其次，在 FOB 贸易合同下，卖方既不是货物投保人，也不是保险受益人，因此无权向保险公司索赔。

第二，买方指定的货运代理为高风险的境外货运代理。

这带来了两个问题：其一，在买方未支付货款或只有预付款的情况下，境外货运代理将海运提单交给买方，买方持提单提取货物并随即转售，或者直接出售海运提单，之后买方与货运代理便携款跑掉，最终遭受损失的只有卖方，其二，由于货运代理经营规模较小，实力较弱，即使成功起诉对方，也很难获得赔付。此外，由于对境外法律不熟悉，诉讼费用高昂，这也使得很多受损公司自咽苦果。

第三，受到预付款的欺骗。

其一，进口商利用预付款使出口商放松警惕，在取得出口商的信任后，进口商将货物交给其指定的货运代理，然后进口商与货运代理勾结，取得货物后逃之夭夭，利用预付款欺诈已经成为国外进口商的惯用手法。其二，分期付款协议和预付款结合成为一种新型的诈骗手法。

当出口商发现承运人或者货运代理无单放货后，出口商会提出与进口商签订分期付款协议，协议签订后，进口商便拒绝支付余款或少付款，给出口商带来无穷的麻烦。

案例二　货运代理提单与船东提单管辖权争议

XY 公司出口运动鞋，采用 CFR 贸易术语，通过货运代理公司由意大利 ABC 船公司承运。航程中遇台风，XY 公司的两个大货柜跌入大海，造成货物全损，之后 XY 公司对 ABC 提起诉讼，针对提单纠纷的管辖权是在中国还是在意大利双方发生争议。ABC 公司又提出其主提单（MASTER B/L）上已载明"因本提单引起或与本提单有关的所有索赔和纠纷，应由米兰的法院管辖，排除其他国家的法院管辖"，此提单的管辖权不在中国，而在意大利米兰，XY 公司则认为法律适用地应视他们手中的货运代理提单上载明的条款而定，即管辖权在中国。最终法院做出了该纠纷应使用意大利米兰法律的判决，XY 公司败诉。此时 ABC 公司也不愿意因官司而损害其在当地的声誉，提出了索赔货损 60% 的和解方案，XY 公司得以挽回部分损失。

【分析】

虽然最后出口商获得了部分赔偿，但是管辖权纠纷却不得不引起我们深思。

如果有无船承运人提单和实际承运人提单同时存在，管辖权应根据各自提单条款约定适用的法律做出判断。本案实际承运人提单条款约定由米兰法院管辖，得到法院支持没有不妥。如果起诉无船承运人，则应根据其提单条款约定判断管辖权。

首先，我国《海商法》没有具体规定提单的管辖权，但是规定中国缔结或者参加的国际条约同本法有不同规定的，适用国际条约的规定；《中华人民共和国民事诉讼法》规定涉外合同或者涉外财产权益纠纷的当事人，可以用书面协议选择法院管辖。在国际公约中，《海牙规则》和《维斯比规则》并无对提单管辖权的明确规定，《汉堡规则》规定：原告可以选择（a）被告的主要营业所或通常住所；或（b）合同订立地，但该合同须是通过被告在该地的营业所、分支机构或代理机构订立的，或（c）装货港或卸货港，或（d）海上运输合同中为此目的指定的任何其他地点。其次，管辖权的判定遵循的几个原则：是否明示、显著；不能规避法律；国际礼让及侵权诉讼排除管辖权条款效力。

在此案中，虽然原告最后获得了赔偿，但是最好的方式是首先考虑根据 house B/L 管辖权条款在中国起诉无船承运人，无船承运人赔偿后持 master B/L 在米兰起诉实际承运人。

案例三　承运人违规向进口商放货纠纷

青海出口商 H 公司向俄罗斯 K 公司出口虾仁 1900 箱，总价值 18 万美元，付款方式为"付款交单"。合同签订后，H 公司委托 Z 货运代理公司运输并取得货运代理提单，实际承运人为 C 船公司。后 H 公司将货运代理提单交给托收银行后，一直未收到货款。通过查询，得知货物已被收货人在未提交正本提单的情况下提取。由于 C 船公司作为承运人擅自将所承运的货物放掉，造成 H 公司货值损失 18 万美元。为挽回自己的损失，H 公司作为原告，向 Z 货运代理公司和承运人 C 船公司提起无正本提单放货纠纷诉讼，主张由两公司共同承担全部损失的赔偿责任。经过法院的一审、二审诉讼，以 C 船公司单独承担全部赔偿责任的结果而告终。

【分析】

由于 C 船公司在货物到达目的港后，在未接到 H 公司电放通知的情况下，就将货物交付给收货人。C 船公司的上述行为违反了承运人适当交货的义务，侵犯了原告对货物的合法权益，依法应当承担赔偿责任。

实际承运人无单放货的情况日益增多，具体有以下几种形式。

（1）凭副本提单加保函交付货物（简称"凭保函放货"），这是无单放货中最常见的一种。出具保函的可能是银行、企业或提货人本人。

（2）记名提单下的无单放货，在美国法律下承运人不承担责任，在中国法律下承运人要承担无单放货责任。

（3）指示提单（order B/L）下的无单放货，根据托运人、收货人或其他有权处理提单所列货物的人经背书将货物释放。

（4）在 FOB 合同下货物运抵目的港后，境外货运代理以海运提单收货人身份提货后，向进口商无单放货。

（5）依卸货港法律或惯例无单放货，有些国家的法律强制规定，承运人必须将货物交给港口政府部门，经由该部门交给收货人，被港口当局无单放货；或者，某些卸货港就有不凭正本提单交货的习惯。

（6）卸货港无人提货或者收货人迟延、拒绝提货的无单放货。

（7）提单遗失的无单放货。可见，承运人无单放货并不必然就是违法行为，有的无单放货甚至是当地政府要求，被当地法院裁定强制无单放货。在本案中，出口商比较幸运，因为其承运人的无单放货行为在当地属于违法行为，如果遇到承运人无单放货属于合法行为，则出口商将遭受难以挽回的损失。

【启示】

由以上三则案例可以看到，货运代理提单风险很大，涉及价格术语、保险、货运代理、承运人、进口商等方方面面，需要全方位综合防范风险。

（一）审慎选择货运代理

出口企业要尽量选择正规的、信誉好的货运代理公司，如取得 FIATA 签单资格的货运代理和根据《中华人民共和国国际海运条例》取得无船承运人（NVOCC）资格并缴纳保证金的货运代理等。如果不可避免地要通过买方指定的货运代理并使用货运代理提单，必须对货运代理的资信仔细审查，未在工商部门注册登记，未在交通运输部注册并缴纳保证金的非法货运代理公司坚决不用。此外，尽量不要接受国内货运代理代理国外货运代理签发的提单，因为环节过于复杂，风险较大。

（二）价格术语避免 FOB

要尽量规避高风险的 FOB 术语，尽量争取按 CIF 或 CFR 条件出口，由出口方安排运输事宜，出口企业较为主动，可以合理选择货运代理。

如未能争取到由卖方办理托运，则应充分考查买方的资信情况和信誉是否良好，并在合同中约定买方只能指定实际从事海上货物运输的承运人，或者指定在中国交通运输部注册并缴纳保证金的无船承运人，不能指定未经注册未缴纳保证金的无船承运人，以避免遭受钱货两空的风险。

（三）加强保险措施

1. 投保陆运险

根据 INCOTERMS® 2010，卖方必须在指定的装运港内的装货点（如有的话），以将货物置于买方指定的船舶之上的方式，或以取得已经在船上交付货物的方式交货。在其中任何情况下，卖方都必须在约定的日期或期限内，按照该港的习惯方式交货。如果买方没有指定特定的装货点，卖方则可在指定装运港选择最合适的装货点。买方承担按照此规定交货时引起货物灭失或损坏的一切风险，卖方承担按照此规定完成交货前货物灭失或损坏的一切风险。

在这种情况下，一旦货物在由卖方仓库运至装货港装船过程中发生毁损灭失，即使买方所投保的是"仓至仓"保险，买方无法依其所投的货运险获得保险赔偿，因为买方对此运输阶段的货物不具有保险利益；卖方虽然对该运输区段的货物具有保险利益，但其亦不能凭此保险获赔，因为卖方根本不是买方所投货运险的当事方。此时，对于货物在越过船舷之前发生的毁损、丢失成为买方所投货运险的保险盲区，损失只能由卖方自己承担，是卖方面临的一大风险。为防范此风险，减少卖方损失，卖方应在签订货物买卖合同后，自已投保陆运险，以消除货物从卖方仓库运至装货港装船期间的这一保险盲区，一旦在此运输阶段发生货损，卖方便可从保险人处获得赔偿，从而最大限度地分散风险、保护自身的利益。

2. 投保出口信用险

由保险公司帮助调查客户的信用，以规避可能出现的风险，在发生风险事故时，由保险公司帮助通过不同的渠道对有关部门责任方进行追索，无论结果如何，出口方均可以在规定的期限内得到一定程度的赔偿，这种方式不仅效果好，还省去了大量的人力、精力和费用。

3. 投保卖方利益险

面对 FOB 贸易下卖方面临的此类目的港无人提货风险，可以通过相应的保险措施进行救济。中国人民保险公司设置了"卖方利益险"这一险种，在此种保险下，如果买方拒绝接收货物，保险人对被保险人（卖方）的利益损失承担责任，赔偿保单内载明的承保责任范围内的货物损失。

（四）防范提单风险

1. 提单发货人

卖方在交付货物给买方指定的承运人时，应要求承运人签发记载卖方为托运人的提单，以便在承运人凭保函无单放货给买方（买方未支付货款）时凭提单记载行使托运人的权利，即向承运人请求损害赔偿的权利。

2. 尽量使用指示性抬头的提单

如果采用记名抬头的提单，收货人是进口方，则会导致两种后果：其一，进口方拒绝提货，卖方就难以处理货物；其二，在有些国家，如果提单是记名抬头，则实际收货人不需要提单，仅凭表明身份就可以提走货物，这无疑会增加财货两失的风险。LC 条件下，在指示提单的格式上，尽量采用"TO ORDER OF ISSUING BANK"这种提单，与信用证开证行捆绑进来，以银行的信誉进行担保；买卖双方约定在背书转让时，只能由开证行背书，这样就算买方提出自己作为提单的托运人，卖方也没有后顾之忧，甚至在出现单证不符的情况下，还可以保证货物的所有权，因为只要银行背书让收货人提货，就可以要求开证行付款。

3. 提单的管辖权风险

在货运代理公司参与的情况下，会有两份提单出现：一份是货运代理提单；另一份是船东提单。由于货运代理提单的管辖权与船东提单的管辖权可能一致，出现争议时，很有可能出现判决法院所在国对自己不利的情况。因此，应该弄清楚货运代理提单及船东提单的管辖权，避免管辖权出现纠纷。此外，还要尽量避免管辖权在"方便旗国"。因为存在"方便旗国"制度，一些设备不完善的船东为了逃避管理，可能将船舶登记在一些法制不健全的国家，导致纠纷不能快速、合理解决。

（五）防范承运人无单放货

1. 尽量采用信用证的结算方式

信用证具有相对独立性，只要单证相符，银行就有无条件付款的义务。

2. 利用协议或者保函

托运人应与指定承运人的境内代理签订货运代理协议，另外，可以要求其提供境内担保者并出具保函，承诺被指定境外 NVOCC 安排运输的货物到达目的港后必须凭信用证项下银行流转的正本提单放货，否则要承担无单放货的赔偿责任。一旦出现无单放货，就能有依据进行索赔。需要注意的是，由于境内托运人不是境内无船承运人的委托人，货运代理协议内容很难确定，出具担保也很难做到。

3. 了解目的港当地法律

2009 年颁行的《最高人民法院关于审理无正本提单交付货物案件适用法律若干问题的规定》第七条规定，承运人依照提单载明的卸货港所在地法律规定，必须将承运到港的货物交付给当地海关或者港口当局的，不承担无正本提单交付货物的民事责任。因此，必须了解卸货港是否有这种规定。

（六）防范出口商自身风险

出口商要规范货物的"电放"程序，严格管理公司公章使用及"电放"指示函、保函等重要文件的发送，严防由于自己的过失导致货物被货运代理公司指示船公司放给他人。

买方一旦不付款，出口商要及时向银行查询正本提单的去向，及时索回正本提单和其他单证，并会同专业律师准确分析事实和证据，选择最佳途径向相关贸易商、货运代理公司和船公司进行索赔，以有效地维护自己的合法权益。

（七）防范进口商风险

1. 调查进口商资质和信用

国内出口企业在签订出口贸易合同时，要重视调查对方的资信情况，选择资质好、信誉高的合作伙伴；有条件的大公司，可以通过驻外代表处或委托专业的咨询调查机构调研，相应地采取有利于自己的付款方式和措施，将风险降到最低。同时，即使双方已经做了几次顺畅的贸易，也要特别小心，出口商要注意观察买方不同批次发货下对信用证条款有何新的要求，尤其是对指定的、陌生的外国无船承运人要格外小心，要核实其提单是否在交通运输部备案。若无，则须改为船公司提单。

2. 警惕预付款和分期付款

当客户采用预付款或分期付款时，卖方需特别警惕，一旦发现承运人有无单放货迹象，不要与收货人签订分期付款协议，使之成为法律上的证据，应该先弄清楚具体情况，收集有关资料和证据，通过法院来解决。

资料来源：由三则案例看货代提单风险[EB/OL].（2018-02-14）[2022-03-04]. https://mp.weixin.qq.com/s/yhcww1jDfSeXeCMyk6Js0w.

本章小结

本章简单介绍了国际海上货运的特点以及国际海上货运的经营方式；具体阐述了国际海上集装箱进出口货运业务的流程及拼箱业务的做法；讲解了班轮运费的构成及计算方法；细致介绍了提单的定义、性质、种类及内容的填制，为日后从事国际海上货运代理工作打下了基础。

延伸阅读

关于货运代理过程中使用集装箱可能遇到的法律问题

（一）使用集装箱运输容易产生的货损及风险防范

1. 前后装载不同品质的货物容易造成货物的污染，造成损失

（1）先装毒品，后装茶叶引起污染。

（2）先装卫生球，后装粉丝，前后货物容易出现化学反应。

上述两种情况是前后货物品质较极端的情况，但是也在提示我们，作为货运代理企业在使用集装箱装载货物时，应对前后货物的品质有所了解，如果前后两种物品有明显区别，在装箱时要严格检验，而且根据《进出境集装箱检验检疫管理办法》的规定对装货前的集装箱进行强制性检验；除要申报检验外，货运代理企业有权要求托运人向契约承运人和实际承运人履行告知义务，告知所要托运的货物品质，并且还应当保留相应的证据，表明已经告知承运人，使其能够进行必要的准备。货物装货前，货运代理公司应尽其所能提示船公司及箱公司一定要切实检查所用集装箱是否适货，对集装箱进行清理，使其能够适载下一票货物，并清理完好。应根据装载货物的不同需要，使用不同种类的集装箱。如果把不适合货物装载入集装箱，这样也可以对于分清责任和索赔有重要作用。另外，如果货运代理企业在合同中可以根据情况约定其是否要承担配载的义务，如果没有配载义务，但在实际履行过程中已经尽到谨慎注意的义务，如通知承运人，通知船公司，也可以最大限度地免除或减少责任。反之，如果配载义务含混不清，出现前后货物混杂、串味等状况，要求货运代理企业承担责任就在所难免。

2. 集装箱箱体老化、破损容易造成货物损坏

集装箱长期使用会出现箱门胶圈老化，整个箱体锈蚀，也容易造成漏水、箱内货物渗漏，还容易造成货物贬值。

为了防止这类损失，箱公司在提供集装箱时，应对箱体进行检查。通常情况下，海运集装箱的服役期限为10～15年，但因目前我国没有强制集装箱报废的规定，所以当发现集装箱有严重破损的情况，船公司可将箱体交修箱公司修箱。这也仅是箱公司的附随义务，货主很难要求。而从货运代理公司的角度来说，在接到货运代理合同之前，如果是实际承运人或船公司提供的箱体，通常很难确定将使用的集装箱是什么状况，也很难以强制的方法要求船公司。这样一来，因集装箱外观破损、可使用年限过长导致的风险就随之而来。我们认为要避免此类风险，货运代理企业首先应在合同中尽量减少对集装箱提供方面的义务，如果一定要提供，在实际操作中，要加强对集装箱的核验环节，并保存核验证据；在装货前与箱公司进行沟通与了解；如果需要单独签订集装箱租赁合同，应对于箱体质量有明确的约定，以便事后追偿。

3. 使用集装箱装运危险品时，托运人应承担首要义务，货运代理企业可以向托运人提出抗辩

根据《中华人民共和国海上国际集装箱运输管理规定》第二十七条规定："由托运人负责装箱的货物，从装箱托运后至交付收货人之前的期间内，如箱体和封志完好，货物损

坏或者短缺，由托运人负责；如箱体损坏或者封志破坏，箱内货物损坏或者短缺，由承运人负责。"对于危险品的装运，托运人大多是第一装箱人，所以责任格外重大，必须有极强的责任心，否则将造成严重后果，货运代理企业可以抗辩。而且，装运危险品，必须符合各类国际规定和有关的行业惯例，安排检验师上船监装，并取得监装证书。

装运危险品，要从包装、装箱、检验、积载、运输途中的照管、应急情况处理到卸货，都严格按照《国际海运危险货物规则》的标准和要求履行各自的义务，作为货运代理企业应严格履行积载义务，并与托运人积极沟通，及时将有关信息传达承运人处，使各方协同配合，尽可能防止各环节出现问题，以减少损失。

（二）集装箱内的货物除了要注意配载，还要安全地积载货物

这是防止出现货损、货差的重要环节。所谓积载，是指如何使货物平稳摆放，牢固捆扎，并防止箱内货物翻滚，钢丝绳断开。

由于积载货物需要专门的业务能力及知识，不具备相应知识及经验的人无法完成上述操作，因此上述义务应当明确约定由谁承担。很多货运代理企业在代理合同中约定了货运代理企业要承担配载与积载的责任，但事实上，这类义务应当由实际承运人来承担，而货运代理企业一旦承担了这类义务，无疑将自己的责任加大，而且从一名代理人变成实际义务的履行者，即承运人。然而又并不具备这方面的能力，这就使货运代理企业陷入了非常被动的局面。

同时，积载货物的工作很多时候是需要专门委托有关的装箱公司进行，相应的义务又都是在另行签订的委托装箱合同中约定的，这就出现了到底谁是真正的委托人的问题。

因此，货运代理企业首先要明确自己到底应不应承担装箱的责任，如果不应承担，就不用把别人的义务揽过来；如果需要委托他人承担，是否已经在合同中摆脱了自己的责任；如果一定要自己承担，是否已经对将要托运的货物积载方式有了足够的重视，对需要了解的情况是否已经了解清楚，应保存证据，如果是托运方告知不清，造成损失，也可抗辩；如果是整箱托运，应当了解是由托运人自己负责装箱、积载；货物积载过程中要规范到位。

资料来源：关于货运代理过程中使用集装箱中可能遇到的法律问题[EB/OL]．（2017-12-20）[2022-03-04]．https://www.sohu.com/a/211600663_151241.

本章思考题

一、选择题

1. 解释"*W/M* plus ad val"的含义。（　　　）
   A. 货物重量或尺码
   B. 货物重量加尺码
   C. 货物重量、尺码或价值选较高的
   D. 货物重量或尺码选较高的，再加上从价运费

2. 国际贸易中，海运提单的签发日期是指（　　　）。
   A. 货物开始装船的日期
   B. 货物全部装船完毕的日期

C．货物装船完毕船舶起航的日期

3．必须经过背书才能进行转让的提单是（　　　）。

    A．记名提单　　　　　　　　B．不记名提单　　　　　　　C．指示提单

4．海运提单和航空运单两种运输单据（　　　）。

    A．都是物权凭证

    B．都是可转让的物权凭证

    C．前者是物权凭证，可以转让，后者不是物权凭证，不可以转让

5．出口人完成装运后，凭以向船公司换取已装船提单的单据是（　　　）。

    A．shipping order　　　　B．mate's receipt　　　　C．freight receipt

6．国际贸易中最主要的运输方式是（　　　）。

    A．航空运输　　　　　　B．铁路运输

    C．海洋运输　　　　　　D．公路运输

二、判断题

1．与班轮运输相比较，租船运输批量大、运价高。（　　　）

2．班轮条款下的装卸费用均由班轮公司负担。（　　　）

3．清洁提单上一定记载有"clean"字样。（　　　）

4．S/O是装货单。（　　　）

5．海运单虽然是物权凭证，但不得转让。（　　　）

三、简答题

1．什么是海运提单？其有何作用？有哪些种类？

2．简述国际海上货运的特点和方式。

3．什么是海运单？其有何优点？

四、计算题

1．由天津运往埃及塞得港小五金共150箱，每箱体积20 cm×30 cm×40 cm，每箱毛重为25 kg。经查运费表计收运费标准为W/M，等级为10级，基本运费为每公吨388港元，另外加收燃油附加费30%，拥挤费10%，请问：应付多少运费？

2．上海出口至苏脂巴雅一批普通货物，装20 ft集装箱2个、40 ft集装箱3个。经查20 ft集装箱FAK包箱费率为1300美元，40 ft集装箱FAK包箱费率为2450美元，求FAK包箱运费。

五、单证题

根据提供的信用证内容及后面章节的提单格式制作一份提单。

L/C NO.: K52906　　DATE: APR.5th, 2003 ISSUED BY BANK OF CANADA

DOCUMENTS REQUIRED

…

FULL SET CLEAN SHIPPED"ON BOARD"OCEAN BILL OF LADING DATED NOT

LATER THAN 15th JUNE, 2003 MARKED"FREIGHT PREPAID"MADE OUT TO OUR ORDER NOTIFY WHITE BROTHERS CO., NO.65 ZHEJIANG ROAD, VANCOUVER, CANADA

SHIPMENT FROM SHANGHAI TO VANCOUVER, CANADA ON 10th JUNE 2003 BY OCEAN VESSEL VICTORY V.78

EXPIRY DATE: 30th JUNE 2003

COVERING GOODS: 20 M/T (1000 CTNS) SLICED WATER CHESTNUTS USD1000.00 PER M/T UNDER CONTRACT NO.SMF1008 CIF VANCOUVER

BENEFICIARY: SHANGMEI FOOD CO., LTD.

NO.32 HONGSHAN ROAD, SHANGHAI

SHIPPING MARKS: SMF/MADE IN CHINA /N0.1-1000CTN

B/L NO.: 018

GROSS WEIGHT: 21 000 kg

MEASUREMENT: 60.00 m^3

六、实训题

2019 年 4 月，我国 T 公司向荷兰 M 公司出售一批纸箱装货物，以 FOB 条件成交，目的港为鹿特丹，由 M 公司租用 H 远洋运输公司的货轮承运该批货物。同年 5 月 15 日，该批货物在青岛装船。当船方接受货物时，发现其中有 28 箱货外表有不同程度的破碎，于是在收货单上批注："该批货物有 28 箱外表破碎。"当船方签发提单，欲将批注转注提单时，卖方 T 公司反复向船方解释说买方是老客户，不会因为一点儿包装问题提出索赔，要求船方不要转注收货单上的批注，同时向船方出具了下列保函："若收货人因包装破碎货物受损为由向承运人索赔时，由我方承担责任。"船方接受了上述保函，签发了清洁提单。该货船起航不久，接到买方 M 公司的指示，要求其将卸货港改为法国的马赛港，收货人变更为法国的 F 公司。经过一个月航行载货船到达马赛港，船舶卸货时法国收货人 F 公司发现该批货物有 40 多箱包装严重破碎，内部货物不同程度受损，于是以货物与清洁提单记录不符为由向承运人提出索赔。后经裁定，承运人向法国收货人赔偿 20 多万美元的损失。此后，承运人凭保函向卖方 T 公司要求偿还该 20 多万美元的损失，但 T 公司以装船时仅有 28 箱包装破碎为由，拒绝偿还余下的十几箱损失。

问题：如何避免发生与此案例类似的情况？从本案中能得到怎样的启示？

分析：在本案中由于承运人接受保函而签发了清洁提单，进而引发了一系列的风险。

首先，收货人原本可以按公约或法律的规定按买卖合同的要求拒绝卖方提交的不清洁提单的货物，但由于承运人违反了规定，将不清洁提单签发为清洁提单，从而剥夺了收货人的这一权利。

其次，对于承运人而言，为了眼前的利益在装船时签发了清洁提单，因而必须承担收货人的损失。

最后，对卖方而言，不仅没有获取利益，反而会面临更大的风险：

（1）承运人管货责任心降低，货损扩大。

（2）卖方面临被解除合同、损害赔偿的风险。

在本案中，卖方应吸取的教训是：

（1）卖方应保证货物在装船前或装船时，货物的品名、标识、数量或件数、重量和体积等方面清楚、准确，不存在任何瑕疵，而且适合运输。

（2）如果货物在装船时，发现货损、货差，但又来不及更换，最好尽快通知收货人，请求其更改信用证或要求信用证延展一定期限，并得到其书面形式的认可。此外，出现这种情况还应及时与承运人协商，请求其延长一段时间。通情达理的收货人和承运人，一般会同意这种请求。表面上看，这可能会增加一些麻烦，甚至可能要负担一些损失，但总比出具保函的风险小得多。

承运人应吸取的教训是：

承运人是凭保函开出清洁提单的主要责任者，同时也是风险的主要承担者。为了减少责任，降低风险损失，承运人应做到：

（1）如果装船货物瑕疵较大，使承运人难以做到妥善管理、谨慎运送并控制瑕疵进一步发展，无法保证收货人不会提出索赔的情况下，即使卖方出具保函，承运人也应坚持拒绝接受保函，以免承担责任。

（2）当装船货物出现价格下降趋势时，承运人绝对不能接受保函而签发清洁提单。

第五章 国际陆上货运代理实务

导读案例

世界上最长的跨国铁路线路——中欧班列，是指按照固定车次、线路等条件开行，往返于中国与欧洲及"一带一路"沿线各国的集装箱国际铁路联运班列。中欧班列运行线铺画了西、中、东三条通道：西部通道由我国中西部经阿拉山口（霍尔果斯）出境，中部通道由我国华北地区经二连浩特出境，东部通道由我国东南部沿海地区经满洲里（绥芬河）出境。中欧班列从中国到欧洲，跨越了半个地球，通达欧洲22个国家的151座城市，其中有莫斯科、伊斯坦布尔、鹿特丹等美丽的城市。

截至2021年上半年，中欧班列累计开行突破4万列。自2016年6月8日统一品牌正式发布启用至今仅5年，中欧班列年开行量就突破"万列"大关，2020年的全年开行量是2016年的7.3倍。增势之猛、运行之稳，无一不彰显这颗国际运输市场新星的耀人光彩。

作为新形势下国际产业链供应链的重要载体，中欧班列在构建新发展格局中承担着历史使命，发挥着重要作用。尤其面对突如其来的新冠肺炎疫情，中欧班列实现逆势增长和安全稳定运行，彰显了共建"一带一路"倡议的强大生命力。

中欧班列犹如一支"钢铁驼队"，让中欧双方加深了解、扩大共识，让沿线各国深切感受"中国方案"的互利共赢。作为跨大洲、长距离、大运量、全天候、绿色低碳的新型运输方式，中欧班列是中国参与全球开放合作、共建"一带一路"、推动构建人类命运共同体的"中国方案"，是国际运输服务体系的重大创新，有力保障了全球产业链供应链的稳定，促进了国际陆运规则的加速完善。截至目前，中欧班列累计开行超4万列，运输货品达5万多种，合计货值超过2000亿美元，为沿线数亿民众送去了实惠。中欧班列运送货物货值占中欧货物贸易的比重也从2015年的1%增至2020年的7%，成为沿线国家广泛认同的国际公共产品。

中欧班列搭建了一条"生命通道"，让中欧双方守望相助、携手抗疫，让沿线各国深切感受"中国担当"的温暖情谊。面对疫情冲击，在国际海运、空运物流不同程度受阻的情况下，中欧班列保持安全稳定运行，全面助力复工复产，成为沿线各国携手抗疫的"生命通道"和"命运纽带"。从义乌到马德里，从厦门到杜伊斯堡，从武汉到罗兹……截至

2021 年 6 月 20 日，中欧班列累计向欧洲发运 1199 万件、9.4 万吨防疫物资，一趟趟抗疫物资专列极大缓解了欧洲国家抗疫物资短缺的局面，彰显了捍卫各国人民生命健康权的大国担当，受到沿线国家和国际社会的普遍赞誉，成为践行人类命运共同体理念的有效载体和有力见证。

中欧班列打开了一扇"共赢大门"，让中欧双方优势互补、深化合作，让沿线国家深切感受"中国机遇"的广阔空间。目前，中欧班列已铺画 73 条运行线路，穿越亚欧腹地的主要区域，通达欧洲 23 个国家的 160 多座城市，在为中外数万家企业带来了商机的同时，也促进了口岸经济、枢纽经济的繁荣发展，带动了沿线通道经济的快速发展。看欧洲，中欧班列使欧洲内陆国家的物流网络利用率大幅提升，波兰的罗兹、德国的杜伊斯堡、西班牙的马德里等节点城市的物流枢纽地位不断提高，俄罗斯、波兰、德国、荷兰等国的粮食、乳制品等也有了更广的销路。看中国，中欧班列的常态化开行，为内陆城市对外开放拓展了新空间。惠普、富士康、冠捷等企业纷纷将生产基地转移至中西部，带动了千亿级电子信息产业由东向西梯度转移，郑州、重庆等城市的外向型经济实现了显著增长。与此同时，中欧班列的发展也提升了企业全球资源配置能力。例如，TCL 集团就利用中欧班列将零配件运输至波兰，在当地组装后再配送至欧洲各地区，进而实现了境内外生产协同联动，降低了企业成本，提升了产品的国际竞争力。

资料来源：本案例源于网络，并经作者加工整理。

国际铁路货物运输在国际贸易中起着有效补充作用，如何进行国际铁路运输组织与管理？其流程又是怎样的？本章将具体介绍。

第一节　国际铁路货运代理实务

国际铁路运输是国际贸易运输的重要方式之一。与其他运输方式相比，铁路运输具有运输速度快、运载量较大、安全可靠、运输成本低、运输准确性和连续性强、受气候影响较小等一系列特点。因此，铁路运输在我国对外贸易中占有很重要的地位。

一、国际铁路货运代理概述

（一）国际铁路货物运输的概念及其作用

1. 国际铁路货物运输的概念

国际铁路货物运输是指起运地点、目的地点或约定的经停地点位于不同的国家或地区的铁路货物运输。

2. 国际铁路货物运输的作用

（1）有利于发展同欧亚各国的贸易。通过铁路把欧亚大陆连成一片，为发展中东、近东和欧洲各国的贸易提供了有利的条件。新中国成立初期，我国的国际贸易主要局限于东欧国家，铁路运输占我国进出口货物运输总量的 50% 左右，是当时我国进出口贸易的主要运输方式。进入 20 世纪 60 年代以后，随着我国海上货物运输的发展，铁路运输进出口货物所占的比重虽然有所下降，但其作用仍然十分重要。自 20 世纪 50 年代以来，我国与朝鲜、蒙古、越南、苏联的进出口货物，绝大部分仍然是通过铁路运输完成的；我国与西欧、北欧和中东地区一些国家也通过国际铁路联运进行进出口货物的运输。

（2）有利于开展同港澳地区的贸易，并通过香港进行转口贸易。铁路运输是内地和港澳地区开展贸易的一种运输方式。港澳两地的日用品一直以来都由内地供应，随着内地对该地区出口的不断扩大，运输量也逐渐增加，使对港澳地区的运输达到优质、适量、均衡、应时，在政治上和经济上都非常重要。为了确保这两个地区的市场供应，从内地开设了直达这两个地区的快运列车，这对稳定、繁荣港澳市场，以及这两个地区的经济发展起到了积极作用。

香港是世界著名的自由港，与世界各地有着非常密切的联系，海、空定期航班比较多，作为转口贸易基地，开展陆空、陆海联运，为我国发展与东南亚、欧美、非洲、大洋洲各国和地区的贸易，对保证我国出口创汇起着重要作用。

（3）对进出口货物在港口的集散和各省（市）之间的商品流通起着重要作用。我国幅员辽阔，海运进口货物大部分利用铁路从港口运往内地的收货人，海运出口货物大部分也是由内地通过铁路向港口集中，因此铁路运输是我国国际货物运输的重要集散方式。至于国内各省（市）和地区之间调运外贸商品、原材料、半成品和包装物料，主要也是通过铁路运输来完成的。我国国际贸易进出口货物运输大多都要通过铁路运输这一环节，因此铁路运输在我国国际货物运输中发挥着重要作用。

（4）利用欧亚大陆桥运输是必经之道。大陆桥运输是指以大陆上铁路或公路运输系统为中间桥梁，把大陆两端的海洋连接起来的集装箱连贯运输方式。

大陆桥运输一般都是以集装箱为媒介，采用国际铁路系统运送。我国目前开办的西伯利亚大陆桥和新欧亚大陆桥的铁路集装箱运输具有安全、迅速、费用少的优点。这种运输方式对发展我国与中东、近东及欧洲各国的贸易提供了便利的运输条件。为了适应我国经济贸易的发展，利用这两条大陆桥开展铁路集装箱运输也是必经之道，将会促进我国与这些国家和地区的国际贸易发展。

（二）国际铁路货物运输的方式

目前，我国国际铁路货物运输主要有以下两种方式。

1. 国际铁路货物联运

国际铁路货物联运是指由一个以上国家的铁路运输部门共同完成的一票货物的跨越国界的运输。该运输过程使用一份统一的国际联运票据，由各国的铁路运输部门负责在此期间的交接，而无须发货人与收货人的参与。

国际铁路货物联运是依据《国际铁路货物运输公约》（简称《国际货约》）和《国际铁路货物联运协定》（简称《国际货协》）在参加该公约或协定的国家间进行的。国际铁路货物联运协议的签订，使协定参加国间的货物运送变得相当方便，发货人只需一张运单即可实现运输部门对货物运送的全程负责，而且借助《国际货约》和《国际货协》的双重参加国，还可将联运范围进一步扩大，这为简便、省时、低风险、低成本地进行国际货运提供了良好环境。

国际贸易中的铁路联运开始于19世纪中叶的欧洲，当时在欧洲国家之间开办起了铁路联运业务，承担欧洲内陆国家之间的贸易商品运输任务。

为协调跨国铁路联运，1886年欧洲各国建立了国际铁路常设机构"国际铁路协会"，1890年该协会在瑞士首都伯尔尼举行会议，制定了著名的《国际铁路货物运送规则》，俗称《伯尔尼公约》。此公约后经修订改称为《国际铁路货物运输公约》，目前参加该公约的有包括欧洲、亚洲和北非的共33个国家。

第二次世界大战以后，社会主义阵营的东欧国家的苏联、阿尔巴尼亚和已经参加《国际货约》的保加利亚、罗马尼亚和原民主德国等8国为了协调这些国家之间的国际铁路联运业务，于1951年签订了《国际铁路货物联运协定》。随后，朝鲜、蒙古、越南以及我国也陆续加入了《国际货协》，虽然后来由于某些政治原因，民主德国、匈牙利、捷克等国退出了该协定，但该协定在其他签字国家之间仍然有效，也是我国对外贸易铁路货物运输中仍须遵守的重要国际协定。

 知识链接 5-1

《国家铁路货物运送公约》是1890年欧洲各国在瑞士首都伯尔尼举行的各国铁路代表会议上制定的。1938年修改时改称《国际铁路货物运输公约》，又称为《伯尔尼货运公约》，同年10月1日开始实行。在第一次和第二次世界大战期间曾经中断，战后又重新恢复，以后为适应国际形势的不断发展变化又屡经修改。当时参加国主要以欧洲国家为主，共有24个成员。

因铁路技术的进步和各国经济的发展以及铁路的变化，该公约又有多次修改。还是以欧洲国家铁路为主，但已有部分中亚和北非国家铁路参加。1980年5月9日再次对该公约进行了较大修订，修订后的公约英文全称为"Convention Concerning International Carriage of Goods by Rail"，英文简称COTIF，中文依旧是《国际铁路货物运输公约》。当时参加成员有39个国家。在苏欧剧变后，又有部分独联体国家陆续参加，现在《国际铁路货物运输公约》正式成员共有49个。

国际铁路运单是铁路承运国际联运货物时出具的凭证，亦是铁路与货主间缔结的运输契约。该运单从始发站随同货物附送至终点站并交给收货人，作为铁路同货主交接货物、核收运杂费和处理索赔与理赔的依据。国际铁路联运运单副本在铁路加盖承运日期戳后还给发货人，是卖方向银行结算货款的主要凭证。

2. 内地对香港、澳门地区的铁路运输

我国的香港、澳门地区，特别是香港因其独特的政治因素和地理位置，在我国的对外贸易运输中占有特殊而重要的地位。

（1）对香港的铁路运输。对香港的铁路运输既不同于国内运输，也不同于国际联运，可概括为"租车方式、两票运输、三段计费、货物承运收据结汇"的特殊运输方式。

出口单位在始发站装车托运至深圳北站，收货人是深圳外运公司。货到深圳后，由深圳外运公司作为各地出口单位的代理向铁路租车过轨，交付租车费并办理报关手续。过轨后，由香港"中国旅行社有限公司"作为深圳外运在香港的代理，在罗湖车站向港九铁路办理香港段铁路运输的托运、报关，货到九龙车站后，由"中国旅行社有限公司"负责卸货并交收货人。

采用此种特定运送方式时，内地的铁路运单不能作为对外结汇的依据，因此须以各地外运公司签发的货物承运收据为结算货款凭证。

承运货物收据相当于海运提单或国际联运运单副本，它既代表货物所有权，又是香港收货人的提货凭证。

（2）对澳门的铁路运输。因为澳门没有铁路车站，去澳门的货物先到广州：整车和零担到广州南，危险品到广州吉山，集装箱和快件到广州，收货人均是"广州外运"。然后，"广州外运"集中办理水路运输去澳门，货到澳门后，由澳门南光公司运输部负责接货并交付收货人。

（三）国际铁路货物联运合同的有关规章

世界上，由于铁路运输的国家垄断性，有关国际铁路运输承运人的权利义务的规定，以及运输价格、赔偿责任等基本上由国家制定相应的规则，或者通过国家之间制定有关协定来调节这些法律关系，托运人试图依据合同自定原则来与铁路部门就运输合同以及运价等进行协商几乎是不可能的。可以这样说，在主要的国际货物运输方式中，没有哪一种运输方式比国际铁路联运更具有国家垄断性了。因此，在国际铁路货物联运中，了解并掌握有关国际公约、规章显得格外重要。

在我国进行的国际铁路货物联运中作为承运人的铁路部门和发货人、收货人必须遵守的规章主要有以下几种。

1．《国际货协》

《国际货协》的产生背景前面已做介绍，它是关于国际铁路联运合同的重要国际性协定，作为国际铁路联运的专门法律性规定，参加该协定的各国铁路和发货人、收货人在办理铁路货物联运时都必须遵守。该协定对运输合同的缔结、履行和变更，对承运人、发货人、收货人的权利和义务等事项均做了具体规定。该协定在国际铁路联运中的地位与国际海上货物运输中的《海牙规则》《汉堡规则》一样重要。

2．《国际铁路货物联运统一过境运价规程》

《国际铁路货物联运统一过境运价规程》简称《统一货价》，是为了解决国际铁路联运中过境铁路运费的计收问题而专门制定的。它具体规定了参加《国际货协》的铁路利用铁路运送过境货物时，办理货物运送的手续、过境运送费用的计算、货物品名分级、过境里程和货物运费计算等内容，是《国际货协》参加国的铁路和发货人与收货人都必须遵守的强制性过境运价规定。

3．《国境铁路协定》和《国境铁路会议议定书》

《国境铁路协定》是由相邻国家签订的，它规定了办理联运货物交接的过境站、车站及货物交接条件和方法，交接列车和机车运行办法及服务方法等内容。根据国境协定的规定，两个相邻国家铁路定期召开国境铁路会议，对协定中的有关问题的执行进行协商，签订《国境铁路会议议定书》，其主要内容包括双方铁路之间关于行车组织、旅客运送、货物运送、车辆交接以及其他有关问题。我国与苏联、蒙古、朝鲜、越南各铁路局分别签订有国境铁路协定和协议书。

4．《铁路货物运价规则》

国际铁路货物联运运费的计收分为三段，中间段为过境段，运价按照前面提到的《国际铁路货物联运统一过境运价规程》规定计收；发送路和到达路两段各自按照其国内铁路规定的费率计收运费。

各国铁路都制定有自己的《铁路货物运价规则》，简称《国内价规》，例如我国铁道部颁布了《铁路货物运价规则》，它是办理国际铁路货物联运时国内段货物运送费用计算和核收的依据。

（四）国际铁路货物联运的分类

使用一份运单，从一个发站发往一个到站，从一个发货人处发往一个收货人的货物，称为一批货物。

1．国际铁路整车货物运输

一批货物根据其重量、体积、性质或形状需要一辆或一辆以上铁路货车装运，称为整车运输。整车运输货物重量一般在50 t以上，体积在100 m^{3}以上，适用于大宗货物运输。目前，我国用于国际铁路货物联运的车辆主要是不超过70 t载重的通用货车（敞车C、棚车P、平车N）和专用货车（长大货车D、保温车B），并且原车出境车辆必须带有（MC）标记。

2．国际铁路零担货物运输

一批货物根据其重量、体积、性质或形状需要不足一辆铁路货车装运时，则采用零担货物运输。零担货物运输批次较多，货物品种繁杂，不利于整理，并且组织工作复杂，单位成本较高。目前我国已不办理国际铁路零担货物运输。

3．国际铁路集装箱货物运输

集装箱运输是使用集装箱装运货物或运输空集装箱，主要适用于精密、贵重易损的货物。在开办集装箱国际运输早期，曾使用过5 t和10 t集装箱，但随着国际集装箱运输的标准化，这类非国际标准的小箱已停止使用。目前我国铁路只允许使用20 ft及40 ft通用干货集装箱、20 ft通用干散货集装箱和20 ft折叠式台架集装箱。

知识链接 5-2

目前，与我国有铁路相连的国家主要有俄罗斯、朝鲜、蒙古、越南、哈萨克斯坦。我国内地与香港特别行政区也有铁路相连。

我国国境站主要有满洲里、绥芬河、珲春（中俄国界）；二连浩特（中蒙国界）；阿拉山口（中哈国界）；丹东、集安、图们（中朝国界）；凭祥、山腰（中越国界）。

（五）国际铁路货运代理的性质

按照中国铁路的规定，国际铁路货物联运的发货人只能是商务部备案的国际货物运输代理企业和有外贸进出口经营权的企业。由此可见，国际铁路货运代理是货主的代理人，并以自己的身份作为发货人向实际铁路承运人托运货物。也就是说，货运代理对于货主是代理人，对于铁路承运人是发货人。

与国际航空货运代理不同，国际铁路货运代理只作为货主的代理人，而不作为承运人的代理人，并且铁路联运运单由铁路承运人签发，而不是由货运代理签发，因此国际铁路货运代理只属于代理人型的货运代理，而非当事人型的货运代理。

国际铁路货运代理包括发运站货运代理、国境站货运代理和到达站货运代理，分别负责货物在各站的相关业务。如果涉及第三国过境运输，发货人或收货人必须在过境国指定货运代理办理相关进出境手续并支付过境国运费。如果不指定货运代理，过境国可以拒绝承运。

二、国际铁路货运代理的业务流程

（一）发运站货运代理的业务流程

1. 货物托运

货物托运是指发货人（货主或货运代理）填写国际货协运单，并将其作为货物托运的书面申请向铁路委托运输的行为。发运站接到运单后，对于整车货物检查是否有月度和日要车计划，检查货物运单内容是否正确，如果审查通过，则在运单上登记货物应进入车站的日期或装车日期，表示受理托运。对于零担货物，不要求编制月度要车计划，发运站检查运单无误后，直接受理托运。

2. 货物进站

车站受理托运后，发货人按指定日期将货物运送到发运站，铁路根据运单检查货物是否符合《国际货协》的规定，并检查是否单货相符。整车货物一般在装车完毕后，发运站在运单上加盖承运章，表示货物已承运。零担货物进站后，发运站审查、过磅，审查通过后在运单上盖章，表示接受承运。发运站在盖章承运之前，发货人须缴清运杂费。

3. 货物报检报验

需要办理商品检验的货物，发货人填写出境货物报检单，向当地商品检验局办理商品检验手续，并取得商品检验证书；需要办理卫生检疫的货物，向兽医、卫生检验机构办理检疫手续，取得检疫证书。

4. 货物出口报关

在国际铁路联运中，货物可以在国内发运站报关，也可以在边境口岸报关。在发运站报关时，发货人填写出口货物报关单，并附铁路盖章的国际货协运单以及商品检验证书，以每一铁路车辆为一票货物报关。通关后，海关在国际货协运单上加盖海关章。

货物在发运站报关后海关准予放行，但此时货物仍在运至国境站的途中，并未出境，所以发运站海关需要得到国境站海关货物已出境的回执，才能退还发货人外汇核销单、出口退税单以及收汇核销单等。

5. 货物装车

货物装车可由发货人负责，也可由铁路方负责。由发货人装车时，发货人应在现场监装；由铁路方装车时，一般由铁路方监装，必要时要求发货人到场。货物装车时须具备三个条件：一是货物包装完整、牢固，货物标志清晰；二是车体完整、技术状态良好；三是随附单证内容准确、齐全，主要包括出口货物明细单、出口货物报关单和出口许可证（国家规定的指定商品）、品质证明书、检验检疫证书和装箱单等。

6. 货物加固

对于敞车、平车及其他特种车装运超限货物、机械设备和车辆，应在装车时对货物进行加固。货物加固工作一般由铁路方负责，并由发货人检查加固情况，不符合要求时提醒铁路方重新加固；利用自装车和专用线装车时，由发货人负责加固。

7. 货车施封

货物装车、加固后，则需要对货车施封，以分清铁路方与发货人、铁路内部有关单位之间的责任。我国装运国际联运出口货物的棚车、冷藏车、罐车必须施封。施封工作可以由铁路方负责，也可以由发货人负责，或委托铁路方以发货人名义施封。当发货人委托铁路方施封时，需要在运单上注明"委托铁路施封"字样。

8. 支付国内段运杂费

发货人支付国内段铁路运杂费后，发运站将由其盖章的国际货协运单第三联（运单副本）交给发货人，作为承运凭证和运费结清的凭证。整车货物在装车后，支付运费，换取运单；零担货物在货物进站交付时即结清费用，换取运单。

（二）国境站货运代理的业务流程

国境站分为出口国国境站和进口国国境站，如果涉及过境运输，还包括过境国国境站。国境站货运代理的主要功能是单证审核、货物报关、货物与车辆交接、货运事故处理以及支付费用，其中货物与车辆交接一般在接方国境站办理，也可在发方国境站办理。本节按照一个过境国，货物换装分别在出口国（发方）国境站和进口国（接方）国境站办理进行讲解。

1. 出口国国境站货运代理的业务流程

（1）审核单证。依据国际货协运单，审核出口货物报关单、装箱单、商品检验证书等随附单证是否齐全、内容是否正确。如果运单内容中发货人填写项目有差错，则联系发货人并按其通知予以修改更正；如果运单内容中发运站或铁路方填写内容需要修改，则由国境站联系发运站并按发运站通知办理；如果出口货物报关单内容有差错，则按运单内容予以订正；如果商品检验证书需要修改，则由出证单位（发运站商品检验局）通知国境站商品检验或检疫总站办理。单证审核通过后，方可放行。

（2）货物出口报关。有些内地海关往往不准予货物在发运站报关，其理由是有些货物无法装载在具备密封条件的棚车或集装箱中，此时货物在国境站出口报关。国境站货物出口报关，以由发货人填制的随车运来的出口报关单为报关依据，并以随车运来的国际货协运单和商品检验证书等作为报关随附单据。

（3）货物交接、支付换装费。货物交接是指两国铁路凭交付方填制的货物交接单办理货物交接手续。货物交接包括凭铅封交接和凭实物交接两种方式。凭铅封交接是指根据铅封的站名、号码或发货人进行交接，主要针对有铅封的棚车、冷藏车、罐车货物。按实物交接分为按货物重量、按货物件数和按货物现状三种交接方式。按货物重量交接主要针对敞车、平车所装运的散装货物；按货物件数交接主要针对不超过 100 件的整车货物；按货物现状交接主要针对难以查点件数的货物。

原车过轨的货物不需要安排货物换装或更换轮对。对于需要换装的货物，则需要安排货物在国境站换装场的换装作业。两国铁路凭货物交付方填制的车辆交接单办理换装手续，货运代理向国境站支付换装费。

（4）处理货运事故。货物换装交接时，如发现货物短少、残损、污染、湿损、被盗等事故，货运代理会同铁路查明原因，分清责任，分别加以处理。属于铁路责任时，提请铁路编制商务记录，并由铁路负责整修，货运代理协助解决。属于发货人责任时，货运代理负责整修，但由发货人负责相关费用；货运代理无法整修的，由发货人到国境站指导或运回发货人处整修。商务记录是国际铁路联运事故处理和保险索赔的法律文件。

2．过境国国境站货运代理的业务流程

过境国国境站分为办理进境的国境站和办理出境的国境站，分别按照单证审核、货物报关（进口/出口）、货运事故处理以及支付过境运输费用的流程办理业务，其办理方法与出口国国境站货运代理业务基本相同。

3．进口国国境站货运代理的业务流程

进口国国境站货运代理按照审核单证、货物进口报关、货物与车辆交接、货运事故处理、支付费用以及货物分拨分运的流程办理相关业务。其中前五项同出口国国境站货运代理业务基本相同，不同之处在于需要办理进口货物分拨分运业务。

（三）到达站货运代理的业务流程

1．寄送国境站相关资料

除非个别单位在国境站设有分支机构，否则不得以我国国境站作为到达站，也不得以对方国境站作为到达站。作为到达站货运代理，需要将合同副本、交货清单、补充协议书、变更申请书、确认函电等寄送进口国国境站，以便其办理交接业务。

2．支付运费、提货

铁路到站向收货人或其代理发出到货通知，收货人或其代理支付国内段运杂费，铁路将货物及国际货协运单第一联（运单正本）和第五联（货物到达通知单）一同交给收货人或其代理，收货人或其代理在国际货协运单第二联（运行报单）上加盖收货戳记。

三、国际铁路货运代理的业务单证

（一）国际货协运单的性质及作用

国际货协运单即国际铁路货物联运运单，由《国际货协》参加国铁路统一制定使用，是国际铁路货物联运最重要的文件。国际货协运单是发运国铁路代表所有参加运送货物的各国铁路同发货人缔结的运送合同，它对铁路、发货人、收货人都具有法律效力。

国际货协运单是铁路与货主之间的运送契约；是国际联运铁路连带责任的确认；是发货人用以银行议付货款、信用证核销的法律文件；是发货人支付铁路运费的证明文件；是进出口报关、报验、保险等手续的法律文件。

（二）国际货协运单的构成及流转

国际货协运单由五联构成：第一联是运单正本，随同货物至到达站，同第五联和货物一起交给收货人；第二联是运行报单，随货物至到达站，留存在到达路；第三联是运单副本，在发运站加盖发运章后交给发货人；第四联是货物交付单，随同货物至到达站，并留存在到达站；第五联是货物到达通知单，随同货物至到达站，并同第一联和货物一起交给收货人。另外，每一过境铁路需加制一份不带编码（运单号）的补充运行报单，由过境铁路留存。

（三）国际货协运单的内容及填写

国际货协运单由发货人、发站、海关和铁路（发运路、过境路、到达路）负责填写。国际货协运单的工作语是中文和俄文，运单必须用工作语的一种和本国语同时填写。

1．由发货人填写的内容

（1）发货人：填写发货人名称或单位名称及其详细地址。

（2）合同号：填写贸易合同号。

（3）发站：填写发站全称，如是专用线或专用铁道，则在发站名称后加括号注明专用线和专用铁道名称。

（4）发货人特别声明：填写到达国和通过国货运代理名称、边境口岸代理名称；如果是参加路向未参加路发货，填写国境站办理转运的代理、中途转运站收转代理以及到达站实际收货人的名称和详细地址；如果是修改运单，注明修改内容并签字；如果是运送家庭用品而不声明价格，填写"不声明价格"亲笔签字；如果是绕路运送超限货物，填写绕行路径；等等。

（5）收货人：填写收货人名称或单位名称及其详细地址。

（6）对铁路无约束效力的记载：发货人在本栏填写货物的相关记载，仅供收货人参考，铁路对此不承担任何义务和责任。

（7）通过国境站：填写发送国的出口国境站、进口国的进口国境站，如货物通过中国阿拉山口口岸出境，从哈萨克斯坦多斯特克口岸进境，则填写"阿拉山口—多斯特克"。如果涉及过境国，还应填写过境国的进出口国境站，如货物从中国（二连浩特口岸）过境蒙古（扎门乌德口岸），再从蒙古（苏赫巴托口岸）出境运至俄罗斯（纳乌什基），则填写"二连浩特—扎门乌德"以及"苏赫巴托—纳乌什基"。

（8）到达路和到站：斜线之前填写到达路简称，斜线之后填写到达站全称及代号，如"俄铁/新西伯利亚850609"。

（9）记号、标记、号码：填写每件货物上的标记号和集装箱上的箱标记号。

（10）包装种类：填写货物的包装种类；集装箱货注明"集装箱"字样，并在下方以括号形式注明箱内货物的包装种类。

（11）货物名称：填写货物的名称必须符合《国际货协》的规定。

（12）件数：填写一批货物的数量。如果是集装箱货物，注明集装箱数，并在下方以括号形式注明所有集装箱内货批总件数；如果是敞车类货车运送不盖篷布而未加封的整车货物，总件数超过 100 件时，不注明货物件数，只注明"堆装"字样即可；如果是整车运送小型无包装制品，也不注明货物件数，只注明"堆装"字样。

（13）发货人确定的货物重量：填写货物的总重。集装箱货物或托盘货物须分别填写货物重量、集装箱或托盘自重以及总重。

（14）共计件数：大写填写货物件数或"堆装字样"，集装箱货物只填写所有集装箱内货批总件数。

（15）共计重量：大写填写货物总重量。

（16）发货人签字：签字并加盖发货人章。

（17）互换托盘：我国暂不办理托盘运输，本栏可不填。

（18）种类、类型：运送集装箱货物时使用，填写集装箱种类（大吨位）及类型（20 ft 或 40 ft）。

（19）所属者及号码：运送集装箱货物时使用，填写集装箱所属者（中铁箱、俄铁箱、货主自备箱）和号码（SZDU291029-8）。

（20）发货人负责下列过境铁路费用：填写由发货人负担过境路费用的过境路简称（如俄铁），并填写由发货人委托的支付过境路费用的货运代理名称、付费编码和本车货物付费码。如发货人不负担过境路费用，则填写"无"字样。

（21）办理种别：指整车、零担、大吨位集装箱，填写方法是划掉不属于的种别。

（22）由何方装车：由发货人或铁路装车，不需要者划掉；如果无划掉标记，视为发货人装车。

（23）发货人添附文件：注明发货人在运单上添附的所有文件。我国外贸出口货物必须添附出口货物明细单、出口货物报关单和出口许可证（国家规定的指定商品）。如果发货人未在运单上添附上述文件，则需在本栏中注明"无须添附各上述文件"。发货人还可根据货物性质及合同要求添附品质证明书、检验检疫证书、装箱单等文件。

（24）货物的声明价格：大写填写以瑞士法郎（1 瑞士法郎=7.1245 元人民币）表示的货物价格。需要填写声明价格的货物有金、银、白金及其制品、宝石、贵重毛皮及其制品、摄制的电影片、画、雕像、艺术制品、古董、家庭用品。家庭用品也可以不声明价格，但必须在"发货人特别声明"栏注明"不声明价格"并签字证明。如果托运人愿意，其他货物也可以声明价格。声明价格即被认为参加国际货物保价运输，需要缴纳保价费用。

（25）批号：国际货协运单号，中国铁路不采用检查标签。

2．由海关填写的内容

海关记载：由海关记载相关事宜，并在货物报关后加盖海关监管章。

3．由发货站填写的内容

根据装车人和车辆施封人是发货人或发站，由装车人和车辆施封人填写。

（1）车辆：填写车种、车号和车辆所属铁路简称。

（2）标记载重：填写车辆上记载的标记载重量。

（3）轴数：填写车辆的轴数。

（4）自重：填写车辆上记载的自重。

（5）封印个数与记号：封闭型货车装运后，在车门上施封。填写封印个数及记号，记号即封印印文，包括车站名称、封印号码（施封年月日）、铁路局简称（或发货人简称）。发货人委托铁路代封时，应注明"委托铁路施封字样"。

（6）确定重量方法：注明确定货物重量的方法，如"丈量法""按标准重量""用轨道衡""用1/10均衡器""用1/100均衡器"等。

4．由铁路填写的内容

其余各栏根据填写内容由发运路、过境路和到达路填写。

四、国际铁路货物运输费用

（一）国际铁路货物运输费用的构成

国际铁路货物运输费用由发运国国内段费用和国外段费用构成，而国外段费用由过境国费用和到达国费用构成。表5-1为国际铁路货物联运费用构成（换装作业在接方国境站进行）。

表5-1　国际铁路货物联运费用构成

费 用 构 成			依照计费标准	由 谁 支 付
发运国费用	发运国运费		按发运国铁路收费标准计收	发货人托运时支付给发运路
	发运国杂费			
过境国费用	过境国运费		按《国际铁路货物联运统一过境运价规程》计收	发货人或收货人在过境国货运代理支付给过境路
	过境国杂费	进境换装费		
		其他杂费		
到达国费用	到达国运费		按到达国铁路收费标准计收	收货人提货时支付给到达路
	到达国杂费	进境换装费		
		其他杂费		

（二）我国境内铁路货物运输费用的计算

我国境内铁路货物运输费用的计算主要依据《铁路货物运价规则》（简称《价规》）。

1．总运费

（1）基本运费。基本运费的计算步骤如下。

① 根据《铁路货物运输品名分类与代码表》（《价规》附件一）确定货物的运价号。

② 根据《铁路货物运价率表》（《价规》附件二）确定货物的运价率，由发到基价和运行基价构成，其中发到基价是始发站和终到站的作业费率，运行基价是铁路运行中的作业费率。

③ 根据《货物运价里程表》（《价规》附件四）确定运价里程，国际铁路联运运价里程包括发站到国境站的运价里程以及国境站到国境线的里程。

④ 求计费重量，按接运车辆标记重量计算，集装箱货为箱数。

⑤ 根据运价率、运价里程和计费重量确定运费。

（2）特殊路段运费。对于一些地方铁路、外商投资铁路、临时营业线和特殊线路，在加入国家铁路网运输后，国家和铁道部制定了特殊运价。

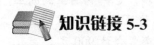 **知识链接 5-3**

基本运费=(发到基价+运行基价×运价里程)×计费重量

运价里程=发站至国境站运价里程+国境站至国境线（零千米）里程

特殊路段运费=特殊路段运价×计费重量×特殊路段区段里程

总运费=基本运费+特殊路段运费

2．杂费

杂费尾数不足 1 角时，按四舍五入处理。各项杂费凡不满一个计费单位，按一个计费单位处理。

（1）铁路建设基金。凡经过国家铁路正式营业线和铁路局管辖的按《铁路货物运价规则》计费的运营临管线（不包括地方铁路和按特殊运价计费的）运输货物，均按经过的运价里程核收铁路建设基金（免收运费的货物以及化肥、黄磷、棉花和粮食免收此费）。

（2）电气化附加费。凡经过电气化铁路区段运输货物，均按铁路电气化区段里程征收铁路电气化附加费。

（3）印花税。以每张货票运费的 0.5‰计算，不足 1 角免收，超过 1 角实收。

（4）其他杂费。铁路营运杂费包括运单表格费、冷却费、长大货车使用费、集装箱使用费、取送车费、篷布使用费、机车作业费、押运人乘车费和保价费用等。

其中，保价费用是托运人办理保价运输时支付的费用。我国铁道部于 1993 年 10 月 1 日开办了国际铁路联运货物保价运输，颁布了《铁路国际联运货物保价运输办法》，规定了货物的保价范围，即出口货物从国内发站到出口国境站的运输，以及进口货物从进口国境站到国内到达站的运输。

所谓保价运输，是指当货物价格高于承运人赔偿限额时，托运人在托运货物时向承运人声明货物的实际价值，并缴纳相应的费用，当货物在运输过程中发生损坏时，承运人按照托运人的声明价格赔偿损失。保价费用一般按照保价金额（货物的声明价格）的 3‰计算。《铁路货物运输规程》规定的铁路对承运货物的赔偿限额是：不按件数而按重量承运的货物，每吨最高赔偿人民币 100 元；按件数和重量承运的货物，每吨最高赔偿人民币 2000 元；个人托运的搬家物品和行李，每 10kg 最高赔偿人民币 30 元。

 知识链接 5-4

铁路建设基金=铁路建设基金费率×计费重量×运价里程

电气化附加费=电气化附加费率×计费重量×通过电气化区段里程

印花税=运费×0.5‰

其他杂费=其他杂费率×计费单位

保价费用=保价金额×3‰

【例 5-1】

上海某进出口贸易公司向俄罗斯整车出口一批货物，装运在一辆 P62 型铁路棚车（标记载重是 60 t）中，从上海杨浦站发运，在内蒙古满洲里站换装出境。已知杨浦至满洲里的运价里程是 3343 km，其中铁路电气化区段共 1420 km，无特殊运价区段，满洲里站至国境线里程是 10 km。货物声明价格为 20 000 元，除保价费用外其他杂费合计 900 元。

经查表：货物运价号是 5，发到基价和运行基价分别为 11.4 元/t 和 0.0612 元/（t·km），整车货物电气化附加费率为 0.012 元/（t·km），铁路建设基金费率为 0.033 元/（t·km）。

求：我国境内铁路货物运输费用。

解：运价里程=3343+10=3353（km）

计费重量=60 t

基本运费=(发到基价+运行基价×运价里程)×计费重量
　　　　=(11.4+0.0612×3353)×60
　　　　=12 996.2（元）

铁路建设基金=0.033×60×3353=6638.9（元）

电气化附加费=0.012×60×1420=1022.4（元）

印花税=12 996.2×0.0005=6.5（元）

保价费用=20 000×0.003=60（元）

除保价费用之外其他杂费=900（元）

杂费合计=6638.9+1022.4+6.5+60+900=8627.8（元）

运输费用合计=12 996.2+8627.8=21 624（元）

【例 5-2】

上海某进出口贸易公司向俄罗斯出口 5 箱 20 ft 集装箱货物，从上海杨浦站发运，在内蒙古满洲里站换装出境。已知杨浦至满洲里的运价里程是 3343 km，其中铁路电气化区段共 1420 km，无特殊运价区段，满洲里站至国境线里程是 10 km。货物声明价格为 20 000 元，除保价费用之外其他杂费合计 900 元。

经查表：20 ft 集装箱发到基价和运行基价分别为 249.20 元/箱和 1.1730 元/（箱·km），整车货物电气化附加费率为 0.192 元/（箱·km），铁路建设基金费率为 0.528 元/（箱·km）。

求：我国境内铁路集装箱货物运输费用。

解：运价里程=3343+10=3353（km）

计费重量=5 箱

基本运费=(发到基价+运行基价×运价里程)×计费重量
　　　　=(249.20+1.1730×3353)×5 箱
　　　　=20 911.3（元）

铁路建设基金=0.528×5×3353=8851.9（元）

电气化附加费=0.192×5×1420=1363.2（元）

印花税=20 911.3×0.0005=10.5（元）

保价费用=20 000×0.003=60（元）

除保价费用之外其他杂费=900（元）

杂费合计=8851.9+1363.2+10.5+60+900=11 185.6（元）

运输费用合计=11 185.6+20 911.3=32 096.9（元）

（三）过境国铁路货物运输费用的计算

过境国铁路货物运输费用由过境国铁路运费、换装费及其他杂费构成，其费用在接入国境站向发货人指定的过境国货运代理核收。

1．运费计算

国际铁路联运货物过境运费计算主要依照《统一货价》。其具体计算步骤如下。

（1）确定过境里程。在《统一货价》第8条"过境里程表"中分别查找货物所通过各个国家的过境里程。过境里程是指从进口的国境站（国境线）到出口的国境站（国境线）或以港口站为起讫的里程。

（2）确定运价等级和计费重量标准。在《统一货价》附件中确定货物适用的运价等级和计费重量标准。运价等级根据货物名称及其顺序号或所属类、项确定。计费重量的确定如下：整车货物按照货物实际重量计算，但不得低于车辆装载最低计费重量标准（四轴车装载最低计费重量标准为：1等货物20 t，2等货物30 t）。

（3）查找相应运价率。在《统一货价》第9条"过境统一货价参加路慢运货物运费计算表"中，根据运价等级和各过境运送里程，找出相应的运价率。

（4）基本运费计算。《统一货价》对过境货物运费的计算，以整车慢运货物为基础。货物计费重量除以100后，再乘以其适用的运价率，即得该批货物的基本运费。

（5）其他种别运费计算。根据货物运送的办理种别，确定其适用的加成率，并在基本运费的基础上，再加上基本运费与其适用的加成率的乘积，求得货物运费。

知识链接 5-5

慢运整车货物运费=货物运价率×计费重量÷100

快运整车货物运费=慢运整车货物运费×(1+100%)

随旅客列车挂运整车货物运费=慢运整车货物运费×(1+200%)

慢运零担货物运费=慢运整车货物运费×(1+50%)

快运零担货物运费=慢运零担货物运费×(1+100%)

（6）集装箱货物运费计算。慢运20 ft重集装箱的运费，按1等货物15 t核收，不按箱内货物的实际重量计算；30 ft和40 ft集装箱运费，按20 ft集装箱的费率计算后，再分别加收50%和100%；空集装箱运费，按相应种类重集装箱运费的50%核收。快运大吨位集装箱的运费，按慢运费率计算后，再加收50%；若随旅客列车运送时，则加收100%。

知识链接 5-6

慢运20 ft中集装箱运费=货物运价率×15 000÷100

慢运30 ft中集装箱运费=慢运20 ft中集装箱运费×(1+50%)

慢运40 ft中集装箱运费=慢运20 ft中集装箱运费×(1+100%)

空集装箱运费=重集装箱运费×50%

快运集装箱运费=慢运集装箱运费×(1+50%)

随旅客列车运送=慢运集装箱运费×(1+100%)

2．换装费及其他杂费计算

（1）换装费。包装货物和成件货物，每 100 kg 按 1.2 瑞士法郎核收；散装和堆装货物，每 100 kg 按 1.0 瑞士法郎核收；罐装货物（包括冬季加温），每 100 kg 按 0.8 瑞士法郎核收；大吨位重集装箱换装费按 68.0 瑞士法郎/箱核收；空集装箱按 34.0 瑞士法郎/箱核收。

（2）更换轮对费。每轴核收 70.0 瑞士法郎。

（3）验关费。整车货物按每批 4.0 瑞士法郎核收；大吨位集装箱货物按每箱 4.0 瑞士法郎核收；零担货物按每批 2.2 瑞士法郎核收。

（4）固定材料费。在国境站换装货物时，由铁路供给的设备、用具和装载用的加固材料，不论车辆载重量如何，按每车 35.1 瑞士法郎核收。

（5）声明价格费。不论快运或慢运，每一过境路的声明价格费，按每 150 瑞士法郎核收 2 瑞士法郎，不满 150 瑞士法郎的，按 150 瑞士法郎计算。

【例 5-3】

有一批 60 t 的铁管从我国天津新港进境，过境我国铁路，从二连浩特站出境运至蒙古，该批货物为慢运整车货物。经查表：天津新港至二连浩特站的过境运价里程为 993 km，铁管为 37 类 1 级货物，运价率为 4.58 瑞士法郎/100 kg。杂费包括换装费和验关费。计算该批货物通过我国铁路的过境运输费用。

解：慢运整车货物运费=4.58×60 000÷100=2748 瑞士法郎

换装费=1.2×60 000÷100=720 瑞士法郎

关费=4.0 瑞士法郎

过境运输费用=2748+720+4=3472 瑞士法郎

第二节　国际公路货运代理实务

一、国际公路货运代理概述

（一）国际公路货物运输的含义及其作用

1．国际公路货物运输的含义

国际公路货物运输是指根据相关国家政府间有关协议，经过批准，通过国家开放的边境口岸和公路进行出入境的汽车运输。由于国际公路货物运输一般以汽车作为运输工具，因此国际公路货物运输也可称为国际汽车货物运输。

2．国际公路货物运输的作用

（1）公路运输的特点决定了它最适合于短途运输。它可以将两种或多种运输方式衔接起来，实现多种运输方式联合运输，做到进出口货物运输的"门到门"服务。

（2）公路运输可以配合船舶、火车、飞机等运输工具完成运输的全过程，是港口、车站、机场集散货物的重要手段，尤其是鲜活商品、集港疏港抢运，往往能够起到其他运输方式难以起到的作用。可以说，其他运输方式往往要依赖汽车运输最终完成两端的运输任务。

（3）公路运输也是一种独立的运输体系，可以独立完成进出口货物运输的全过程。公路运输是欧洲大陆国家之间进出口货物运输的最重要的方式之一。我国的边境贸易运输、港澳货物运输的相当一部分也是靠公路运输独立完成的。

（4）集装箱货物通过公路运输实现国际多式联运。集装箱由交货点通过公路运到港口装船，或者相反。美国的陆桥运输、我国内地通过香港的多式联运都可以通过公路运输实现。

（二）国际公路货物运输的形式

1．国际公路整车货物运输

国际公路整车货物运输是指托运人一次托运货物重量在 3 t 或 3 t 以上，或虽不足 3 t，但其性质、体积、形状需要一辆 3 t 级以上货车进行运输。整车运输承运人的责任期间是货物装车至货物卸车；货物品种单一、数量大、货价较低；一般采用直达的不定期运输，运输组织相对简单，运输时间相对较短；运价相对较低；通常预先签订书面运输合同。

2．国际公路零担货物运输

国际公路零担货物运输是指托运人一次托运货物重量不足 3 t，需要和其他托运人的货物混装运输的形式。零担货物运输承运人的责任期间是发运国货运站至到达国货运站；货源不确定、货物批量小、品种繁多、质高价贵；定线、定班期发运，运输组织相对复杂，站点分散，运输时间相对较长；运价相对较低；通常以托运单或运单作为合同的证明。

3．国际公路集装箱货物运输

国际公路集装箱货物运输也称为集装箱汽车运输或集装箱拖车运输。集装箱拖车由牵引车和挂车两部分组成，称为集装箱牵引列车。集装箱牵引列车分为定挂运输和甩挂运输。定挂运输是指牵引车和挂车不予分离的运输形式；甩挂运输指牵引车与挂车分离，并与指定的挂车结合后继续运行的运输形式。目前国际公路集装箱货物运输主要采用定挂运输，甩挂运输在欧美地区和日本等发达国家已成为主流运输方式。

（三）国际公路货物运输的公约和协定

为了统一公路运输所使用的单证和承运人的责任，联合国所属欧洲经济委员会负责草拟了《国际公路货物运输合同公约》，简称 CMR，并在 1956 年 5 月 19 日在日内瓦欧洲 17 个国家参加的会议上一致通过签订。该公约共有十二章五十一条，就适用范围、承运人责任、合同的签订与履行、索赔和诉讼以及连续承运人履行合同等都做了较为详细的规定。

此外，为了有利于开展集装箱联合运输，使集装箱能原封不动地通过经由国，联合国所属欧洲经济委员会成员之间于 1956 年缔结了关于集装箱的关税协定。参加该协定的签字国有欧洲 21 个国家和欧洲以外的 7 个国家。协定的宗旨是相互之间允许集装箱免税过境，在这个协定的基础上，根据欧洲经济委员会的倡议，还缔结了《国际公路车辆运输规定》（Transport International Route，TIR），根据该公约的规定，对集装箱的公路运输承运人，如持有 TIR 手册，允许由发运地到达目的地，在海关签封下，中途可不受检查、不支付关税，也可不提供押金。这种 TIR 手册是由有关国家政府批准的运输团体发行的，这些团体大都是参加国际公路联合会的成员，它们必须保证并监督其所属运输企业遵守海关法规和其他规则。协定的正式名称是《根据 TIR 手册进行国际货物运输的有关关税协定》（Customs Convention on the International Transport of Goods under Cover of TIR Carnets）。

1959 年，在联合国欧洲经济委员会主持下制定，有欧洲 23 个国家参加，并已从 1960 年开始实施。尽管上述公约和协定有地区性限制，但它们仍不失为当前国家公路运输的重要国际公约和协定，并对今后国际公路运输的发展具有一定的影响。

（四）国际公路货运代理的性质

国际公路货运代理是指接受发货人、收货人的委托，为其办理揽货、托运、仓储、中转、集装箱拼拆箱、运杂费结算、报关、报检、报验和短途运输服务及咨询业务的人。国际公路货运代理企业需要依法注册并在商务主管部门备案，取得国际公路货运代理资质，既可以是代理人型的货运代理，也可以是当事人型的货运代理。

目前，我国国际公路货物运输主要是利用公路运输在中短程货物运输方面的优势，承担三个方面的进出口货物运输业务：一是公路过境运输，也称为出入境汽车运输、口岸公路运输；二是我国内地与港澳地区的公路运输；三是内陆与口岸之间的公路集疏运。

二、国际公路货运代理的业务流程

（一）国际公路货运代理的一般业务流程

1. 托运

发货人（货主或货运代理）填写国际道路货物运单，并将其作为书面申请向国际公路承运人提出委托运输。承运人接到运单后，检查运单内容是否正确和是否符合承运要求，如果审查通过，则受理托运。

2. 装车发运

对于整车货物，承运人受理托运后，发货人将货物运送（或承运人派车）至指定装车地点装车，装车时检查货物是否与运单相符。装车完毕后，发货人向承运人支付相关运杂费，承运人向发货人签发国际道路货物运单。之后，承运人发车履行运输送货义务。对于零担货物，承运人受理托运后，发货人将货物送至指定交货地点，承运人验货司磅并接收入库。货物交接后，发货人向承运人支付相关运杂费，承运人向发货人签发货运单。之后，承运人编制配载计划，并据此安排装车发运。

3. 提取货物

对于整车货物，货物到达目的地后，承运人通知收货人（货主或货运代理）到指定收货地点提货，或承运人将货物送至指定交货地点。对于零担货物，货物到达目的地后卸车入库，整理查验完毕后通知收货人到指定地点提货或组织上门送货。货物交接时，收货人检查货物并记载货损、货差情况，对有关货运事故及时做出处理。

（二）TIR 制度下国际公路货运的海关流程

目前，国际上比较通用的国际公路运输制度是《国际道路运输公约》，简称《TIR 公约》（Transport International Route）。该公约于 1959 年由联合国欧洲经济委员会（UNECE）牵头制定，其目的是简化和协调国际货物公路运输的海关手续，降低承运人的运输成本，有效保护货物过境国的海关税费利益。

TIR 制度的基本思想是：经授权的公路运输承运人可以凭 TIR 单证在《TIR 公约》缔约方的境内内陆海关接受查验并施关封后，在过境国和目的国边境海关无须进行开封检查，直接运往目的国内陆海关。

1. 起运国内陆的海关流程

发货人填写出口货物报关单，并随附国际公路货物运单，向起运地海关（通常为内陆海关）办理货物出口报关手续。海关根据发货人的报关单据以及承运人的 TIR 单证检查货物，符合要求后由海关对车辆或集装箱施加关封，并同时在 TIR 单证上做相应记录，保留第一联凭单并填写相应的存根，然后将 TIR 单证交还承运人，由此开始 TIR 证运输作业。

2. 起运国出境的海关流程

装载货物的 TIR 证运输车辆在离开起运国国境时，由起运国出境海关检查封志，从 TIR 单证上撕下第二联，填写相应的存根，并将撕下的凭单寄给起运地海关，或使用电子邮件等其他方式发给起运地海关，以加快审核速度；起运地海关核对收到的凭单与自己原来保存的凭单，如果出境海关没有任何反对意见或保留意见，则放行，起运地出境海关填写的存根则作为 TIR 业务在该国已经完成的凭据。

如果起运国出境海关撕下的一联凭单含有保留意见，或没有送达起运地海关，或海关因其他原因怀疑 TIR 业务，则海关有权利进行调查，即"TIR 业务例外性调查"。

3. 过境国的海关流程

装载货物的 TIR 证运输车辆在途经每一个过境国时都适用于与起运国相似的海关过境制度。过境国入境海关对封志进行检查，并从 TIR 单证中撕下一联凭单；过境国出境海关像起运国出境海关一样处理 TIR 凭单。通过核对过境国入境海关与出境海关所取下的两联 TIR 凭单，填写无误且一致后即放行 TIR 作业；如果出现异常情况，则依出境环节所述程序进行处理。

4. 到达国的海关流程

如果到达国入境海关同时也是目的地海关，则由入境海关填写 TIR 单证，并保存两联凭单，进行进口货物贸易清关处理。如果货物入境后还需运往该国的另一海关（通常为内陆海关），则入境海关成为一个入境边境海关，执行过境环节中入境海关的类似程序；而该国境内内陆海关成为目的地海关，执行开箱查验、清关等程序。

三、国际公路货运代理的业务单证

国际公路货物运单是国际公路货物运输合同的证明，是承运人接收货物或货物已装上运输工具的证明。但与海运提单不同，与航空运单和铁路联运运单相同，公路货物运单不具有物权凭证的性质，因此不能转让，抬头只能是记名收货人，货物到达目的地后承运人通知运单抬头人提货。

（一）CMR 运单

CMR 运单是《CMR 公约》下的运单。《CMR 公约》全称为《国际公路货物运输合同公约》（Convention on the Contract for the International Carriage of Goods by Road），由联合国欧洲经济委员会草拟，于 1961 年 7 月 2 日生效，其宗旨是统一国际公路运输单证和承运人责任。欧洲 30 多个国家以及蒙古、俄罗斯、哈萨克斯坦等国家加入了该公约，并使用 CMR 运单从事国际公路运输业务。

CMR 运单正本一式三份，第一份交发货人，第二份随货同行交收货人，第三份由承运人留存。当待装货物装运在不同车内，发货人或承运人有权要求对每辆车签发运单；当一辆车中装运不同种类货物或数票货物时，可以针对每种货物或每票货物签发运单。

（二）我国国际公路货物运单

我国没有加入《CMR 公约》，根据我国《国际道路运输管理规定》，我国使用的国际公路货物运输单证是国际道路货物运单，由我国省级国际道路运输管理机构或其委托的口岸国际道路运输管理机构发放，一车一单，在规定期限内往返一次有效。运单文字用中文和相应国家文字印制。

国际道路货物运单一式四联，第一联由承运人留存，第二联在发运国内陆海关，第三联在发运国出境地海关，第四联随车携带。如果是过境运输，可印制六至八联的运单供过境海关留存。国际道路货物运单格式如表 5-2 所示。

表 5-2　国 际 道 路 货 物 运 单　　　　No.:

1. 发货人 名称_____ 国籍_____	2. 收货人 名称_____ 国籍_____				
3. 装货地点 国家_____市_____ 街道_____	4. 卸货地点 国家_____市_____ 街道_____				
5. 货物标记和号码	6. 件数	7. 包装种类	8. 货物名称	9. 体积（m³）	10. 毛重（kg）
11. 发货人指示					
a. 进/出口许可证号码：　　　　从　　　　在　　　　海关					
b. 货物声明价值					
c. 发货人随附单证					
d. 订单或合同号	包括运费交货点				
e. 其他指示	不包括运费交货点				

12. 运送特殊条件	13. 应付运费			
	发货人	运费	币别	收货人
14. 承运人意见				
15. 承运人	共计			

续表

16. 编制日期 到达装货_____时_____分 离去_____时_____分 发货人签字盖章_____ 承运人签字盖章_____	17. 收到本运单货物日期_____ 18. 到达卸货_____时_____分 离去_____时_____分 收货人签字盖章_____
19. 汽车牌号_____车辆吨位_____ 司机姓名_____拖挂车号_____ 行车许可证号_____路单号_____	20. 运输里程_____过境里程_____ 收货人境内里程_____ 共计_____
21. 海关机构记载：	22. 收货人可能提出的意见：

四、国际公路货物运输费用

国际公路货物运价按双边或多边出入境汽车运输协定，由两国或多国政府主管机关协商确定。我国公路货物运价主要依据《汽车运价规则》和《国际集装箱汽车运费收规则》等相关法规。国际重点物资（抢险、救灾、军用物资等）运输以及车辆通行费和汽车货运站服务费实行国家定价；生产资料（化肥、农药、农膜等）运输实行国家指导价；其他货物运输实行市场调节价。下面主要介绍我国公路货物运价及运费的计算方法。

（一）公路货物运输运价

1. 基本运价

整批货物基本运价是指一吨整批普通货物在等级公路上运输的每吨千米运价；零担货物基本运价是指零担普通货物在等级公路上运输的每千克千米运价；集装箱基本运价是指各类标准集装箱重箱在等级公路上运输的每箱千米运价。

2. 吨（箱）次费

吨（箱）次费是指对整批货物运输在计算运费的同时，以吨次为单位加收的费用；箱次费是指汽车集装箱运输在计算运费的同时，以箱次为单位加收的费用。

3. 普通货物运价

普通货物实行等级计价，以一等货物为基础，二等货物加成15%，三等货物加成30%。

4. 特种货物运价

长大笨重货物运价：一级长大笨重货物在整批货物基本运价的基础上加成40%～60%；二级长大笨重货物在整批货物基本运价的基础上加成60%～80%。危险货物运价：一级危险货物在整批（零担）货物基本运价的基础上加成60%～80%；二级危险货物在整批（零担）货物基本运价的基础上加成40%～60%。贵重、鲜活货物运价：贵重、鲜活货物在整批（零担）货物基本运价的基础上加成40%～60%。

5. 集装箱运价

标准集装箱重箱运价按照不同规格的箱型的基本运价执行，标准集装箱空箱运价在标准集装箱重箱运价的基础上减成计算。非标准集装箱重箱运价按照不同规格的箱型，在标准集装箱基本运价的基础上加成计算，非标准集装箱空箱运价在非标准集装箱重箱运价的基础上减成计算。特种箱运价在箱型基本运价的基础上，按装载不同特种货物的加成幅度加成计算。

6. 其他形式的运价

特种车辆运价：按车辆的不同用途，在基本运价的基础上加成计算，特种车辆运价和特种货物运价两个价目不准同时加成使用。非等级公路货运运价：非等级公路货物运价在整批（零担）货物基本运价的基础上加成 10%～20%。快速货物运价按计价类别在相应运价的基础上加成计算。

（二）公路货物运输杂费

1. 代征代收费用

在我国，公路运输代征代收费用是指政府还贷性收费公路和经营性收费公路征收的车辆通行费。车辆通行费分为按车型收费和按计重收费两种方式，已安装计重设备的收费公路按重量计收，未安装计重设备的收费公路按车型计收。

2. 附加费

附加费包括货物装卸费、人工费、调车费、装货（箱）落空损失费、排障费、车辆处置费、检验费、装卸费、道路阻塞停车费、运输变更手续费等。如果是零担货物，还包括货物在库仓储保管费等；集装箱运输还包括查验拖车服务费、集装箱堆存费、清洗费、熏蒸费以及冷藏箱预冷费等。

（三）公路货物运输费用计算方法

整车、集装箱货物公路运输费用由运费、总吨（箱）次费、杂费构成；零担货物公路运输由运费和杂费构成。

整批货物运输费用=整批货物运价×计费重量×计费里程+吨次费×计费重量+杂费

零担货物运输费用=零担货物运价×计费重量×计费里程+杂费

集装箱货物运输费用=集装箱运价×计费箱数×计费里程+箱次费×计费箱数+杂费

 案例

一票从我国郑州通过国际普通车经满洲里/后贝加尔运往俄罗斯莫斯科的货物，郑州的托运人承担全程运输费用。该托运人与北京的一个国际货运代理企业订立了国际铁路货物运输委托代理协议，约定由国际货运代理企业代表托运人支付从满洲里至莫斯科区段的运费。同时，托运人与铁路承运人订立了国际联运运输合同。此后货物从郑州某车站发出，并顺利通过满洲里，不久货物抵达莫斯科某车站。到达站通知收货人货物已到，并要求收货人支付俄罗斯区段运费，否则留置该货物。经调查得知，运单第 20 栏关于俄罗斯区段运费支付人的记载因被涂抹而模糊不清。委托人（运输托运人）因此与国际货运代理企业发生纠纷，欲通过诉讼解决。

资料来源：国际货运代理模拟试卷（B）[EB/OL].（2010-02-28）[2022-03-04]. https://wenku.baidu.com/view/ac1f0e22192e45361066f53c.html.

请问：

（1）本案涉及哪些法律关系？

（2）国际货运代理企业有无义务支付运费？为什么？

（3）在国际货运代理企业未支付运费情况下，委托人（托运人）是否有义务支付运费？为什么？

【分析】

（1）本案涉及两个法律关系：一是国际货运代理企业与托运人之间的委托代理合同关系；二是托运人与铁路公司之间的铁路联运合同关系。

（2）国际货运代理企业无义务支付运费，因为它是作为托运人的代理人，因此与铁路公司之间无运输合同关系。

（3）在国际货运代理企业未支付运费的情况下，托运人有义务支付运费，因为托运人与铁路公司之间存在铁路联运合同。

本章小结

本章系统地讲解了国际铁路以及国际公路货运代理的基本性质、业务流程、业务单证以及涉及的运输费用计算。通过学习本章内容，可以为更好地从事国际陆上货运代理业务打下理论基础。

延伸阅读

解读跨境卡车航班——以中欧路向为例

"以中国为基点，跨境卡车航班开通了从中国往西到欧洲大陆、往南到东南亚地域间的全公路运输，打通了除空运、海运、铁路运输之外的第四物流通道。"

以中国到欧洲的卡车线路为例，在此对跨境卡车航班做出全面解读。

跨境卡车航班是什么？是由大型卡车作为运输工具，从中国装车运送货物到世界各地的一种运输方式；是继空运、海运、铁运之后的又一运输方式，也被称为第四物流通道。

特别是全球疫情期间，传统运力受到巨大影响，航司停航，航线停飞，海运缺柜、爆仓、塞港，铁路站点拥堵等现象比比皆是。新冠肺炎疫情加速了全球消费渠道向线上转移，使得跨境物流运力的供应严重短缺，企业纷纷寻找补充性的物流解决方案。例如，在"一带一路"的背景下，中欧国际公路卡车货物运输已然成为中国和欧洲进出口货物在原有运输渠道上的有益补充，为跨境电子商务产品和跨境工业贸易产品提供了效高价低的运输渠道。

1. 运输路线

全程是 GPS（全球定位系统）可视化跟踪，可实现 15 天"门到门"运输，比铁路还要快 15 天。

国内在珠三角、长三角集货，全程高速，抵达新疆，在满洲里/巴克图/阿拉山口/霍尔果斯口岸报关，或在国内任一综保区报关，再到新疆口岸转关。走双西公路，途经哈萨克斯坦、俄罗斯、白俄罗斯，抵达波兰，在波兰清关，再发往英国、荷兰、德国、比利时、匈牙利、意大利等欧洲各国家，最后通过末端派送到客户手上。

2. 运输优势

（1）TIR助力过境便捷，通关效率高。

（2）全程可控性高，旺季经济性优选。

（3）"仓到仓"服务，直接从供货仓库运到收货仓库，沿途不开箱，货品安全更加有保障。

（4）运输产品多样化，可运锂电池、液体、粉末、工业器械等特殊产品，亦可做冷链运输。

（5）相比空/海/铁传统运输工具，汽车运输灵活机动，随定随走，实时发车。

3. 成本时效对比

（1）与空运对比。旺季性价比高，可达到与空运相当的时效，但比空运节省约60%的成本，是旺季空运运力紧张的有益补充。

. （2）与海运对比。无甩柜风险，时效快且稳定性高。运费比海运贵，如从资金占用成本来看，各有利弊。

例如，A公司平均每日1000单的销量，A公司一直采用海运渠道运输货品，从发货到产品海外上线常规40~50天的时间，如以46天作为一个补货周期，那么A公司一次备货将是4.6万件产品。

假如A公司更换陆卡运输渠道，从发货到产品海外上线正常情况下约20天即可。那么，陆卡运输的资金占用率是海运的44%，如果A公司的产品单价为100元，那么每次备货将节省占用资金约258万元。

再如，亚马逊是15天回款，如在产品从国内发货到海外上线并即刻出售的情况下，海运的回款周期约为61天，陆卡的回款周期约为35天，海运的回款周期接近陆卡的两倍。

（3）与班列对比。陆卡运输灵活机动，不受限于站点拥堵影响，时效比火车班列快10天以上。同时也会减少10天以上的资本占用成本。

4. 车辆类型

中欧卡车航班的运输车辆为MAN/奔驰/沃尔沃/SCHMITZ气囊减震车，车龄均在3年以内。运输车辆类型列举：

（1）恒温车（86 m³）。

（2）篷布车（86 m³、98 m³、108 m³）。

恒温车与篷布车的实际装载率相差不多，86 m³的车辆实际装载约为75 m³。

5. 服务流程

STEP1：咨询下单

在线咨询业务顾问，确认发货需求，签订合同，支付费用。

STEP2：发货准备

收取、查验货件，客户方提供发货产品资料。

STEP3：预订车辆

由于目前疫情影响，需至少一周时间做订车计划。

（临时取消需额外支付手续费，申请延迟装车最多可延迟3天。）

STEP4：货物装车

确认装车地点、数据，完成货物装车。

STEP5：报关手续

装车后提供详细且齐全的箱单发票，备用及报关。

STEP6：物流转运

完成报关资料及手续，国际物流头程转运。

STEP7：清关派送

海外提货清关，目的地尾程派送。

【补充】什么是TIR

TIR系统是全球性跨境货运通关系统，建立在联合国《TIR公约》基础上，通过简化通关程序、提高通关效率，推进多边贸易和国际运输的便利化与安全性。

中国于2016年正式加入《TIR公约》。

联合国授权IRU在全球管理TIR系统。持有TIR证，经批准的车辆可在各TIR实施国之间便捷通关。

TIR的优势：

（1）简化过境程序，提高通关效率，降低运输成本。

（2）仅需在起运地和目的地办理海关手续，免除过境国海关查验。

（3）提供海关税费担保。

（4）支持多式联运。

全球有77个国家加入《TIR公约》；TIR最多能帮助节省58%的通关时间和38%的运输成本；每年全球约进行100万次TIR运输；为每次运输提供最高10万欧元的海关税费担保。

中国实施《TIR公约》以来，多条"一带一路"公路运输走廊已实现TIR运输，中国与欧洲国家间逐步建立起继海运、空运和铁路之后的"第四物流通道"。

资料来源：3分钟解读跨境卡车航班：以中欧路向为例[EB/OL].（2021-05-10）[2022-03-04]. https://www.cifnews.com/article/96271.

本章思考题

一、选择题

1. 对香港地区采用铁路运输时，对外结汇的凭证是（　　）。

　　A．国内铁路运单　　　　　　　　B．港段铁路运单

　　C．承运货物收据　　　　　　　　D．国际铁路联运运单

2. 有一批进口货物，目的地在沈阳，货物卸在大连港，按CPT方式应由（　　）支付大连到沈阳段的运费。

　　A．发货人　　　　　　　　　　　B．收货人

　　C．货运代理　　　　　　　　　　D．船务代理

3. 我国经铁路运往俄罗斯的货物通常采用（　　）。

　　A．国际铁路货协运单　　　　　　B．国际铁路货约运单

    C．国际多式联运提单   D．国内铁路运单

  4．天津经由西伯利亚大陆桥出口的货物，应选择的最佳出口铁路国境站是（   ）车站。

    A．满洲里   B．二连浩特

    C．阿拉山口   D．绥芬河

二、判断题

1．对港澳地区的货物运输也属于国内铁路运输，但又与一般国内铁路运输不同。
（   ）

2．国际铁路联运是国际多式联运中的一种重要形式。（   ）

三、简答题

1．请简要说明国际公路货物运输的含义与作用。

2．论述 TIR 制度的基本思想。

3．简述我国国际铁路货物运输的方式。

4．简述国际铁路货运代理的业务流程。

5．简述国际公路货运代理的业务流程。

四、实训题

有一批服装准备从大连运到朝鲜，请试着安排合适的运输方式，并具体说明如何组织安排。

第六章　国际航空货运代理实务

知识目标

- ☐ 了解国际航空货物运输的几种方式；
- ☐ 熟悉国际航空货运代理进出口的业务流程；
- ☐ 掌握国际航空货物托运书、国际航空运单的填制方法和操作技能；
- ☐ 掌握航空运费的计算方法并能根据具体业务核算航空运费；
- ☐ 了解相关的国际法规，能够针对实际业务中出现的航空货物运输事故对其进行具体的分析和解决。

导读案例

小王公司推出了一款新产品，质量比原来的好，新产品重 3 kg，原产品重 5 kg，如果客户使用新产品，日后还可以节省一笔运费。他计划让客户使用新产品，但日本客户要求小王先将样板寄过去再考虑使用。本来小王计划用船运方式寄给对方，但想到之前他去空运 50 kg 物品时，空运代理公司只收取他 28.13 元/kg 的运费，考虑到样本并不重，小王心算了一下，运费才 84.39 元，挺划算的，为了让客户能尽快用上新产品，小王计划选择空运。

小王再次来到那个空运代理公司，当小王交运费时，被告知要交运费 230 元，小王呆住了，就和工作人员理论了起来。在空运代理公司解释之后，小王终于明白了为什么空运代理公司要收他 230 元的运费。

请问：

（1）小王为什么不是付 84.39 元，而是付 230 元？

（2）国际航空运费应怎样计算？

资料来源：国际货物运输案例[EB/OL]．（2021-04-23）[2022-03-04]．https://wenku.baidu.com/view/aa815af6667d27284b73f242336c1eb91a3733bb.html.

在本案例中，航空运输有什么具体规定？本章将对国际航空货运代理业务的相关知识进行具体介绍。

第一节　国际航空货运代理的基础知识

一、国际航空货运的设施与技术

（一）航线

民航从事运输飞行必须按照规定的线路进行，这种线路叫作航空交通线，简称航线。

航线不仅确定了航行的方向、经停地点，还根据空中管理的需要规定了航路的宽度和飞行的高度层，以维护空中交通秩序，保证飞行安全。

航线按飞机飞行的路线分为国内航线和国际航线。线路起降、经停点均在国内的称为国内航线。跨越本国国境，通达其他国家的航线称为国际航线。

飞机由始发站起飞，按照规定的航线经过经停站至终点站所做的运输飞行，称为航班。

（二）航空港

航空港是航空运输的经停点，又称为航空站或机场，是供飞机起降、停放及组织保障飞行的场所。近年来随着航空港功能的多样化，港内一般还配有商务、娱乐中心、货物集散中心，满足往来旅客的需要，同时吸引周边地区的生产、消费。

航空港按照所处的位置不同，分为干线航空港和支线航空港。按照业务范围，分为国际航空港和国内航空港。

 知识链接 6-1

国际航空港需经政府核准，供国际航线的航空器起降营运。国际航空港内配有海关、移民、检疫和卫生机构。而国内航空港仅供国内航线的航空器使用。除特殊情况外，不对外国航空器开放。

（三）航空器

航空器主要是指飞机。按发动机类型不同，飞机分为螺旋桨式飞机、喷气式飞机；按速度不同，飞机分为超音速飞机、亚音速飞机、高速飞机和低速飞机。

1．按机身的宽窄分

（1）窄体飞机。窄体飞机的机身宽约 3m，旅客座位之间有一条走廊，这类飞机一般只能在下货舱装运散货。窄体飞机的内部结构如图 6-1 所示。

（2）宽体飞机。宽体飞机机身较宽，客舱内有两条走廊，三排座椅。机身宽一般在 4.72m 以上，这类飞机可以装运集装箱货和散货。宽体飞机的内部结构如图 6-2 所示。

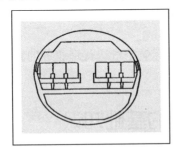

图 6-1　窄体飞机的内部结构

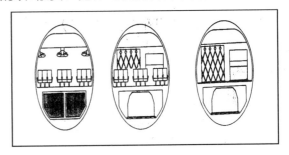

图 6-2　宽体飞机的内部结构

2．按用途的不同分

（1）客机。客机主要运送旅客，一般行李装在飞机的深舱。由于直到目前为止，航空运输仍以客运为主，客运航班密度高、收益大，所以大多数航空公司都采用客机运送货物。

所不足的是，由于舱位少，每次运送的货物数量十分有限。

（2）全货机。全货机运量大，可以弥补客机的不足，但经营成本高，只限在某些货源充足的航线使用。

（3）客货混合机。客货混合机在主舱前部设有旅客座椅，后部可装载货物，下舱内也可装载货物，并可根据需要调整运输安排，是最具灵活性的一种机型。

（四）集装器（unit load device，ULD）

在航空运输中，除特殊情况外，货物均以"集装箱""集装板"形式进行运输。

装运集装器的飞机，其舱内应有固定集装器的设备，把集装器固定于飞机上，这时集装器就成为飞机的一部分，所以飞机的集装器的大小有严格的规定。

集装器的种类具体如下。

1．按集装器是否注册划分

（1）注册的飞机集装器。注册的飞机集装器（见图6-3）是国家政府机关部门授权集装器生产厂家生产，适宜于飞机安全载运，在其使用过程中不会对飞机的内部结构造成损害的集装器。

（2）非注册的飞机集装器。非注册的飞机集装器（见图6-4）是指未经有关部门授权生产，未取得适航证书的集装器。非注册的集装器不能看作飞机的一部分。因为它与飞机不匹配，一般不允许装入飞机的主货舱，但这种集装器的确适宜于地面的操作环境，它仅适用于某些特定机型的特定货舱。例如，DPE类的集装器仅适宜于B767。

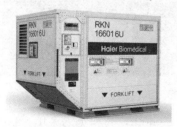 

图6-3 注册的飞机集装器　　　　图6-4 非注册的飞机集装器

2．按集装器种类划分

（1）集装板（pallet）和网套。集装板（见图6-5）是具有标准尺寸的，四边带有卡锁轨或网带卡锁眼，带有中间夹层的硬铝合金制成的平板，以便货物在其上码放；网套用来把货物固定在集装板上，网套用专门的卡锁装置固定。

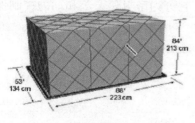 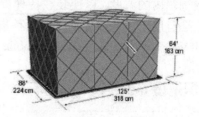

PEB 集装板　　　　　　　　　　PAG 集装板

图6-5 集装板和网套

集装板的识别代号以字母"P"打头。常见的有 P1 板、P 板、P6 板、P7 板等。

（2）结构与非结构的集装棚（igloo）。为了充分地利用飞机内的空间、保护飞机的内壁，除板和网之外，还可增加一个非结构的棚罩（可用轻金属制成），罩在货物和网套之间，这就是非结构的集装棚。结构的集装棚是指带有固定在底板上的外壳的集装设备，它形成了一个完整的箱，不需要网套固定，分为拱形和长方形两种，如图 6-6 所示。

图 6-6　结构与非结构的集装棚

（3）集装箱（container）。集装箱（见图 6-7）类似于结构的集装棚，它又可分为以下三种。

图 6-7　航空集装箱

① 空陆联运集装箱。空陆联运集装箱分为 20 ft 或 40 ft，高和宽为 8 ft。这种集装箱只能装于全货机或客机的主货舱，主要用于陆空联运、海空联运。

② 主货舱集装箱。主货舱集装箱只能装于全货机或客机的主货舱，这种集装箱的高度是 163 cm 以上。

③ 下货舱集装箱。下货舱集装箱只能装于宽体飞机的下货舱。

另外，还有一些特殊用途的集装箱，例如，保温箱是利用绝缘材料制成的箱体，用封闭等方法控制箱内的温度，以便装载特种货物。它分为密封保温箱和动力控制保温箱两种。除此之外，还有用于运载活体动物和特种货物的专用集装器，如马厩（horse stall）、牛栏（cattle stall）、汽车运输设备（automobile transport equipment）。

知识链接 6-2

在飞机上装载货物，不仅受到飞机重量和容积限制，还要受到舱门限制和飞机货舱内地板承受力限制。

二、国际航空货运的特点与方式

（一）国际航空货运的特点

1．运送速度快

飞机的飞行速度在每小时 600～800 km，比其他交通工具快得多，如比海轮快 20～30 倍，比火车快 7～12 倍。对于运输距离比较远或者对时间要求较高的货物来说，航空货物运输是增强其市场竞争力的有效手段。

2．破损率低、安全性好

由于航空运输的货物本身的价格比较高，与其他运输方式相比，航空货运的地面操作流程的环节比较严格，管理制度比较严格、完善，而且航空货运的运输手续简便，运输中间环节较少，这就使货物破损的情况大大减少，破损率低、安全性好。

3．空间跨度大

在有限的时间内，飞机的空间跨度是最大的。通常，现有的宽体飞机一次可以飞 7000 km 左右，进行跨洋飞行完全没问题，这对于某些货物（如活动物）的运输是非常大的优点。

4．可节省生产企业的相关费用

由于航空运输的快捷性，一方面可加快生产企业商品的流通速度，从而节省产品的仓储费、保险费和利息支出等，另一方面产品的流通速度加快，可加快资金的周转速度，从而大大地增加资金的利用率。

5．运价比较高

由于航空货运的技术要求高、运输成本大，因此它的运价相对来说比较高。

6．载量有限

由于飞机本身的载重容积的限制，通常航空货运的货量相对于海运少得多，例如载重量大的民用飞机 B747 全货机，货物最大载重 119 t，相对于海运几万吨、十几万吨的载重量，两者相差很大。

7．易受天气影响

航空运输受天气的影响非常大，如遇到大雨、大风、大雾等恶劣天气，航班就不能得到有效的保证，这对航空货物运输的影响就比较大。

从以上对航空货运的特点分析可以看出，航空货运既有优势，又有劣势，需要货运代理人员在实际业务操作中，充分发挥航空货运的优势，克服其劣势，这样才能保证航空货运在经济发展中的作用。

（二）国际航空货运的方式

1．班机运输（scheduled airline）

航空公司使用的具有固定航线、固定时间、固定始发站、固定目的站和固定途经站的客机或货机或客货机从事的运输，叫作班机运输。

班机运输一般具有以下特点。

（1）班机的固定航线、固定停靠港和定期开飞航特点，可以迅速、安全地把空运货物运达全球各通航点。

（2）对市场上急需的商品、鲜活易腐货物以及贵重商品的运送非常有利。

（3）班机运输一般是客货混载，因此，舱位有限，不能使大批量的货物及时运出，往往需要分期分批运输。这是班机运输的不足之处。

 知识链接 6-3

包舱/箱/板运输是班机运输下的一种销售方式。它是指托运人根据所运输的货物在一定时间内需要单独占用飞机部分或全部货舱、集装箱、集装板，而承运人需要采取专门措施予以保证。根据具体的双方协议和业务操作，可分为以下两种。

（1）固定包舱：托运人在承运人的航线上通过包舱/板/箱的方式运输时，托运人无论是否向承运人交付货物，都必须支付协议上规定的运费。

（2）非固定包舱：托运人在承运人的航线上通过包舱/板/箱的方式运输时，托运人在航班起飞前72小时如果没有确定舱位，则承运人可以自由销售舱位，但承运人对代理人的包板（舱）的总量有一个控制。

开展包舱/箱/板运输的益处。

（1）减少承运人的运营风险，能有稳定的收入。

（2）能充分调动包板人的积极性和主观能动性，最大限度地挖掘市场潜力；尤其对于那些有固定货源且批量较大、数量相对稳定的托运人，可节省不少运费。

（3）有利于一些新开辟的航线、冷航线的市场开发。

因而，采用包舱/箱/板运输，无论对于航空公司还是代理人都是一个双赢的策略。

2．包机运输（chartered carriage）

包机运输是指租用整架飞机或飞机的一部分完成一票货物的运输。它可分为以下两类。

（1）整包机。整包机是指航空公司或包机公司按照双方事先同意的费率与条件，将整架飞机租给租机人。包机自某一航空站或若干航空站装运整架飞机的货物至指定的目的地。

包机人一般要在货物装运前一个月与航空公司联系；包机的费用：一次一议。

（2）部分包机。由几家航空货运代理公司（或发货人）联合包租一架飞机，或者由包机公司把一架包机的舱位分别卖给几家航空货运代理公司，这种部分包机形式适用于不足装一整架飞机的货物，或者 1 t 以上的货物。

包机有如下优点。

① 解决班机舱位不足。

② 节省时间。

③ 弥补没有直达航班的需求。

④ 减少货损、货差现象。

⑤ 缓解空运旺季航班紧张状况。

⑥ 解决活动物、海鲜等运输问题。

3．集中托运（consolidation）

（1）集中托运的含义。集中托运业务又称为集拼业务，是指集中托运商（简称集运商，

consolidator）将多个托运人的货物集中起来作为一票货物交付给承运人，用较低的运价运输货物。货物到达目的站，由分拨代理商统一办理海关手续后，再分别将货物交付给不同的收货人。

集中托运的业务流程如图 6-8 所示。

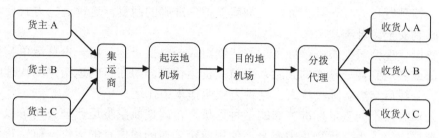

图 6-8 集中托运的业务流程

（2）集中托运的局限性。

① 集中托运只适合办理普通货物，对于等级运价的货物（如贵重物品、危险品、活动物以及文物等）不能办理集中托运。

② 目的地相同或临近的可以办理，如某一国家或地区，其他则不宜办理。例如，不能把去日本的货物和去欧洲的货物一起办理集中托运。

4．国际航空快递业务

航空快递是指具有独立法人资格的企业将进出境货物或物品从发件人所在地通过自身或代理的网络运达收件人的一种快速运输方式。采用上述运输方式的进出境货物、物品叫作快件。航空快递实际上也是一种联合运输，与空运方式前后衔接的一般是汽车运输。

从所发运快件的内容看，快件业务主要分为快件文件和快件包裹两大类。快件文件以商务文件、资料等无商业价值的印刷品为主，其中也包括银行单证、合同、照片、机票等。快件包裹又叫作小包裹服务，其中包裹具体是指一些贸易成交的小型样品、零配件返修机采用快件运送方式的一些进出口货物和物品。

航空快件运输（尤其是包裹运输）与普通空运货物相比，需要办理的手续相同，运输单据和报关单证也基本一样，都要向航空公司办理托运，都要与收货人、发货人及承运人办理单货交接手续，都要提供相应的单证向海关办理进口、出口报关手续。但其也有自身特点，具体如下。

（1）完善的快递网络。快递是以时间、递送质量区别于其他运输方式的，它的高效运转只有建立在完善的网络上才能进行。

（2）以收运文件和小包裹为主。从收运范围来看，航空快运以收运文件和小包裹为主。文件包括银行票据、贸易合同、商务信函、装船单据、小件资料等；包裹包括小零件、小件样品、急用备件等。快运公司对收件有最大重量和体积的限制。

（3）有交付凭证。从运输和报关来看，航空快运业务中有一种其他运输形式所没有的单据——POD（proof of delivery），即交付凭证。它由多联组成（各快运公司的 POD 不尽相同），一般有发货人联、随货同行联、财务结算联、收货人签收联等，其上印有编号及条形码。POD 类似航空货运中的分运单，但比分运单用途更为广泛。

（4）运送速度快。从服务层次来看，航空快运因设有专人负责，减少了内部交接环节，缩短了衔接时间，因此运送速度快于普通货运和邮递业务，这是其典型特征。

（5）安全可靠。从服务质量来看，快件在整个运输过程中都处于计算机的监控之下，每经一个中转港或目的港，计算机都得输入其动态（提货、转运、报关等），派送员将货送交收货人时，让其在POD上签收后，计算机操作员将送货情况输入计算机，这样，信息很快就能反馈到发货方。一旦查询，立刻就能得到准确的回复。这种运输方式使收货人、发货人都感到安全、可靠。

航空货运代理公司把若干单独发运的货物组成一整批货物，用一份总运单整批发运到同一到站，或者运到某一预定的到站，由航空货运代理公司在目的地指定的代理收货，然后再报关、分拨后交给实际收货人。这种方式叫作集中托运。

航空公司有按不同重量标准公布的多种运价，这就使航空货运代理公司可以把从不同的发货人那里收集的小件货物集中起来，使用航空公司的最便宜的运价。航空货运代理公司将节省下来的运费一部分给发货人，另一部分作为自己的收益。

5．陆、空、陆联运（TAT combined transport）

陆、空、陆联运是指使用飞机、火车、卡车等运输工具的联合运输方式。其分三种：一是TAT，即train－air－truck的联运；二是TA，即truck－air的联运；三是TA，即train－air的联运。

具体做法：货物先陆运至中国香港再转空运到最终目的地的，联运货的香港收转人为"中旅货运有限公司"。发货人在制作有关单据（如发票等）时，应在上面注明"发货地至香港装火车（或卡车），由香港至中转地（或目的地）装飞机"之类的字样，并要在唛头上列明"转口货"和加盖"陆空联运"戳记，以加速货运和避免香港征税。

三、国际航空货运代理的性质

1．国际航空货运代理的法律地位是货物运输代理，代表航空运输企业向货主揽货，并向其收取一定的佣金

航空货运代理企业只能作为代理人从事航空货运代理业务，而不能直接从事航空货运业务。虽然近年来越来越多的航空货运代理企业拥有自己的交通工具，承担某些部分的运输业务，但这只是为整个航空运输服务的，没有改变其代理人的地位，其所承担的责任是代理责任。

航空货运代理企业作为航空运输企业的代理者，其主要业务包括揽货订舱、仓储、中转、集装箱拼装拆箱、结算运杂费、报关、报验、报险、相关的短途运输服务以及咨询业务。

2．航空货运代理属于民法代理制度的一种

航空货运代理人是受航空运输企业的委托从事货物运输、转运、仓储、保险以及与货物运输有关的各种业务，在法律性质上属于代理，受代理法律制度的支配。此时航空运输企业是被代理人，航空货运代理是代理人，而托运人或收货人是第三人。航空货物运输合同直接支配航空运输企业与托运人或收货人，托运人或收货人对在航空货物运输过程中发生的货物损失直接向航空运输企业提起。

3．航空货运被代理人的不确定性

根据我国空运销售代理规定，在航空货运代理中，航空货运被代理人是不确定的民用

航空运输企业。而在我国民航总局登记注册的民用航空运输企业的数目很多，在航空货运代理人受理托运人货物之前，任何航空运输企业都有可能成为承运人，只有航空货运代理人在受理托运人货物并决定交付某一特定的航空运输企业承运之后，该特定的航空运输企业才是具体的航空货运被代理人。

4．航空货运代理人主体的法定性

航空货运代理人只能是具有一定资质并经过民航主管部门审批的航空货运代理企业，因此在我国自然人不能成为航空货运代理，且法人只有在经过民航总局注册登记后才具有航空货运代理的资格。

5．航空货运代理合同内容的特定性

航空货运代理人的经营范围只能是为有关货物运输、转运、仓储、保险以及与货物运输有关的各种业务提供服务。

6．航空货运代理权限的有限性

航空货运代理人只能在法定的经营范围内从事营利性的活动，航空运输企业也只能在航空货运代理的范围内授权航空货运代理人从事活动。

四、国际航空货运代理的业务范围

航空货运代理除提供订舱、租机、制单、代理包装、代刷标记、报关报检、业务咨询等传统代理业务，通常还提供以下服务。

1．集中托运业务

航空货运代理公司将若干批单独发运的货物集中成一批向航空公司办理托运，填写一份总运单送至同一目的地，然后由其委托当地的代理人负责分拨给各个实际收货人。这种托运方式可以降低运费，是航空货运代理的主要业务之一。

2．地面运输

地面运输提供机场至机场之外的地面运输服务。航空货运代理公司以承运人或代理人身份，利用自身拥有或租赁的地面运输工具提供地面运输服务。

3．多式联运服务

有些大型航空货运代理可以提供以航空运输为主的多式联运服务。

第二节　国际航空货运代理的业务流程及单证

一、国际航空货运代理的业务流程

（一）出口国航空货运代理的业务流程

1．揽货

揽货是指航空货运代理为争取更多货源，向进出口公司或有出口经营权的企业进行营销的过程。揽货是出口国航空货运代理业务的核心和其他各项业务开展的前提，货源是否充足、客户是否长期稳定直接影响着航空货运代理企业的经营效益和长期发展。因此，揽货人员需要及时向客户介绍本企业的业务范围、服务项目、各项收费标准，尤其是其服务优势和优惠运价，还需要积极开展增值服务，为客户制订个性化的物流方案，提升竞争优势；同时航空货运代理企业应尽全力创造并维持良好的客户关系。

2．接受发货人委托并审核单证

航空货运代理企业与发货人就出口货物运输事宜达成意向后，向发货人提供其所代理的航空公司的国际货物托运书。发货人根据发货情况填写国际货物托运书，并加盖公章，作为发货人委托航空货运代理承办航空货物出口运输的依据。发货人填妥国际货物托运书后，连同合同副本、发票、装箱单以及海关、商检所需要的单证一并交给航空货运代理，航空货运代理审核相关单证无误后，据以办理货物出口运输相关手续。如果相关单证内容有误，则可以拒绝接受托运。

3．预配舱、预订舱

航空货运代理汇总客户委托（预报），根据航空公司不同箱板的重量和高度要求，计算各航线货物的件数、重量和体积，并制订预配舱方案。之后，航空货运代理根据预配舱方案，按照航班班期向航空公司预订舱位。由于此时货物还未进入航空货运代理仓库，而实际货物的件数、重量和体积可能和预报有所差别，因此需要在接受货物后对配舱再做调整。

4．填写航空货运单

航空货运代理根据国际货物托运书填写航空货运单。航空货运单分为航空主运单和航空分运单。航空主运单由航空运输公司签发，是航空运输公司据以办理货物运输和交付的依据，每一批货物都有对应的航空主运单。在集中托运的情况下，除航空运输公司签发主运单外，航空货运代理（集中托运人）还要签发航空分运单。航空分运单是指航空货运代理在办理集中托运业务时签发给发货人的航空运单。

5．接收货物

接收货物是指航空货运代理从发货人手中把即将发运的货物接过来并将其运送至自己的仓库。对于通过空运、铁路或公路运输的从内地运来的货物，航空货运代理按照发货人提供的航空（铁路或公路）运单、接货地点和接货日期，代表发货人提取货物；如果货物在始发地已办理了出口海关手续，发货人应该同时提供始发地海关的关封。接收货物时，根据发票、装箱单清点货物，核对货物品名、数量及唛头是否与航空货运单一致，并对货物进行过磅和丈量。

6．做标记和贴标签

标记是指在货物包装上填写的有关事项与记号，包括托运人和收货人姓名、地址和联系电话、合同号以及操作注意事项（如小心轻放、防止曝晒、易碎、防潮等）。标记一般由托运人书写，因此以发货人为托运人时，由发货人书写；集中托运时，由作为集中托运人的航空货运代理来书写。

标签是说明航空运单号码、件数、重量、始发站、目的站、中转站的运输标志。标签分为航空公司标签和分标签。航空公司标签上三位数字代表航空公司代号（如国航 999、南航 784），后八位数字是总运单号码。分标签是航空货运代理对有分运单的货物出具的标签，上有分运单号码和货物到达城市或机场的三字代码。需要注意的是，一件货物贴一张航空公司标签，有分运单的货物再贴一张分标签。

7．配舱、订舱

货物入库后，航空货运代理核对货物的实际件数、重量、体积和托运书上预报数量的差别，按照各航班的机型、箱板型号、高度、数量重新配载，制订配舱方案。对于货物晚到、未到或者未能顺利通关放行的货物做相应调整，这一过程一直延续到货物交付航空公司为止。

订舱是指航空货运代理将所接收的货物向航空公司正式提出申请并订妥舱位。订舱时，航空货运代理按照发货人的要求选择最佳航线并争取优惠运价。订舱后，航空公司签发舱位确认书并出具集装器领取凭证，表示舱位订妥。

8．代理报检、代理出口报关

航空货运代理填写"中华人民共和国出入境检验检疫出境货物报验单"，到当地的出入境检验检疫局进行报检报验。订舱与报验结束后，航空货运代理填写"货物出口报关单"，并随附航空货运单等相关运输单证和检验检疫单证向出境地海关办理货物出口手续。

9．提板（箱）、货物装箱（板）

一般情况下，航空货物运输均以"集装箱""集装板"形式装运，除体积为 2 m³ 以下的小件货物交由航空公司拼装外，体积大于 2 m³ 的大宗货或集中托运拼装货均由航空货运代理装板装箱。因此航空货运代理在订舱取得航空公司出具的集装器领取凭证后，向航空公司提取集装板（箱），并领取相应的塑料薄膜和网。领取集装板（箱）后，航空货运代理可以在自己的仓库、场地装板（箱），也可以在航空公司指定的场地装板（箱）。

 知识链接 6-4

在装板、装箱时要注意以下问题。

（1）不要用错板型、箱型。因不同航空公司的集装板、集装箱的尺寸不同，用错了不能装机，而且每家航空公司的板、箱不允许其他航空公司的航班使用。

（2）货物装板、装箱时不得超过规定的重量、高度和尺寸。一定型号的板、箱用于一定的机型。一旦超装，就无法装机。所以既不可超装，又要用足板、箱的负荷和尺寸。

（3）要封盖塑料薄膜以防潮、防雨。板、箱要衬垫平稳、整齐，使结构牢靠，系紧网索，以防倒垛。

（4）对于整票货尽可能装一个或几个板、箱，以防散乱、丢失。

10．签单并交接单、货

航空货运单在盖好海关放行章后，需到航空公司签单，其目的主要是审核运价是否正确，货物性质是否适合空运，危险品等是否办妥了相应证明和手续。航空公司签单确认后，航空货运代理向航空公司办理交接手续，即向航空公司交单、交货，并由航空公司安排运输。

交单是指将随机单据（航空运单正本第二联、发票、装箱单、产地证明、品质鉴定书等）和承运人留存的单据（航空运单正本第一联）交给航空公司。交货是把与单据相符的货物交给航空公司，大宗货、集中托运货以整板（箱）称重交接，零散小货按票称重计件交接。航空公司审单验货后，将货物存入出口仓库。

11. 航班跟踪、信息服务

航空货运代理将单、货交给航空公司后，货物很可能因为航班取消、延误、故障、改机型、错运、倒垛或装板不符合规定等原因不能按预定时间运出，因此航空货运代理从单、货交给航空公司开始就需要对航班、货物进行跟踪。

货物出运后，航空货运代理需要及时向发货人传递运单号、航班号、出运日期等发运信息，并随时提供货物在运输过程中的相关信息。同时，航空货运代理需要将发货人留存的单据（如航空运单正本第三联、加盖海关放行章和验讫章的出口货物报关单、出口收汇核销单等）交于发货人。另外，航空货运代理还需要将航空运单副本、航班、件数、重量、品名、实际收货人及其地址、联系电话等内容通过传真或 E-mail 形式传递给进口国航空货运代理，这一过程称为预报。

12. 费用结算

费用结算主要涉及航空货运代理与发货人、承运人和进口国航空货运代理三个方面的结算。航空货运代理向发货人收取航空运费、地面运费、各种服务费及手续费（代理报关、报检等费用）以及代理费用。航空货运代理向航空公司支付航空运费，并向其收取代理费用（作为航空公司代理的情况）。

出口国航空货运代理与进口国航空货运代理结算涉及付运费和利润分成，在到付运费情况下，出口国的航空货运代理为（进口方）收货人垫付运费，因此进口方航空货运代理在将货物移交收货人时应收回到付运费，并将有关款项退还出口国航空货运代理；同时，出口国航空货运代理将利润一部分（代理费用）分给其进口国航空货运代理。由于航空货运代理之间存在长期互为代理协议，因此它们之间的结算一般不采取一票一结，而采取应收应付相互抵消，在一定期限内以清单冲账的方式进行结算。

（二）进口国航空货运代理的业务流程

1. 接受预报、做好接货准备

进口国航空货运代理接受出口国航空货运代理的预报，即接收航空运单副本、航班、件数、重量、品名、实际收货人及其地址、联系电话等信息，并做好接货准备。

2. 交接单、货

航空货物入境时，运输工具及货物处于海关监管之下。货物卸下后，货物存入航空公司或机场的监管仓库。航空公司向航空货运代理交单（航空运单正本第二联、发票、装箱单、产地证明、品质鉴定书等）、交货。单货交接手续办理完毕，航空货运代理根据货量安排地面运输，将货物运至航空货运代理企业自行使用的海关监管仓库内。

3. 理单

航空货运代理在取得航空运单后，对每一票货物运单进行整理分类。在集中托运情况下，先将总运单下的分运单拆开后再整理分类。运单整理分类方法有很多，按照航班号分类，便于区分进口方向；按照运费到付、预付整理分类，便于安全收费；按照区域整理分类，便于集中转运或送货等。航空货运代理根据企业的业务目的进行理单。

4. 发出提货通知单

货物到达目的地后，航空货运代理要尽早、尽快、尽妥地向收货人发出提货通知。其目的是减少货物仓储费用，提请货主配齐单证并尽快报关，避免滞报。尽早是指一个工作日内。尽快是指利用传真、电话预先通知客户，利用特快专递寄发提货通知单。尽妥是指利用电函、信函在一个星期内第三次通知货主，对于收货人尚未提货的情况告知出口国航空货运代理；两个月内第四次通知货主；三个月时，货物须交海关处理，再第五次通知货主。

5. 代理报检、代理报关

出于多种因素，许多收货人或发货人委托航空货运代理办理报验、报关手续。航空货运代理填写"中华人民共和国出入境检验检疫入境货物报验单"，到当地出入境检验检疫局进行货物报检、报验。航空货运代理依据航空货运单、发票、装箱单以及证明货物合法进口的有关批准文件制作"进口货物报关单"，并向海关递交相关单证（航空货运单等）进行货物进口报关。之后，航空货运代理必须协助海关对进口货物实施开箱检验。当然，收货人可自行或委托其他代理办理报验、报关手续。

6. 提货或送货

收货人凭提货通知单向航空货运代理提货。如果是收货人委托航空货运代理送货，则航空货运代理负责配送运输，将货物交付收货人。双方交接货物时，航空货运代理将随机单据（航空运单正本第二联、发票、装箱单、产地证明、品质鉴定书等）交给收货人。

7. 费用结算

在航空货运代理与收货人交接货物时，需要结清相关费用。收费内容包括到付运费、仓储费用、垫付报检和报验等各种费用、地面运输费（送货上门情况）以及代理佣金等。对于与航空货运代理签订财务服务协议的长期货主，实行按月结账的结算方式。

二、国际航空货运代理的有关单证

（一）托运书（shippers letter of instruction，SLI）

托运书是托运人用于委托承运人或其代理人填开航空货运单的一种表单，表单上列有填制货运单所需各项内容，并应印有授权于承运人或其代理人代其在货运单上签字的文字说明。

航空货运代理接受委托时，首先需填写委托书，并加盖公章，作为货主委托代理承办航空货运出口货物的依据。航空货运代理公司根据委托书要求办理出口手续，并据以结算费用。

根据《华沙公约》规定，货运单应由托运人填写，也可由承运人或其代理人代为填写。实际上，目前货运单均由承运人或其代理人填制。为此，作为填开货运单的依据——托运书，应由托运人自己填写，而且托运人必须在上面签字或盖章，具体填写的内容可参照本章介绍的航空运单内容来填写。

（二）航空运单

1. 航空运单的性质与作用

航空运单与海运提单有很大不同，却与国际铁路运单相似。它是由承运人或其代理人签发的重要的货物运输单据，是承运人与托运人双方的运输合同，其内容对双方均具有约束力。航空运单不可转让，持有航空运单也并不能说明对货物拥有所有权。航空运单的性质与作用具体体现在以下几个方面。

（1）航空运单是发货人与承运人之间的运输合同。它与海运提单不同，航空运单不仅证明航空运输合同的存在，而且其本身就是发货人与承运人之间缔结的货物运输合同。在双方共同签署后产生效力，并在货物到达目的地交付给运单上记载的收货人后失效。

（2）航空运单是承运人签发的已接收货物的证明。航空运单也是货物收据，在发货人将货物发运后，承运人或其代理人就会将其中一份交给发货人，作为已经接收货物的证明。除非另外注明，它是承运人收到货物并在良好条件下装运货物的证明。

（3）航空运单是承运人据以核收运费的账单。航空运单分别记载着收货人、承运人应负担的费用和应支付给代理人的费用，并详细列明费用的种类、金额，因此可作为运费账单和发票。承运人往往也将其中的承运人联作为记账凭证。

（4）航空运单是报关单证之一。出口时航空运单是报关单证之一。在货物到达目的地机场进行报关时，航空运单也通常是海关查验放行的基本单证。

（5）航空运单同时可作为保险证明。如果承运人承办保险或发货人要求承运人代办保险，则航空运单也可用来作为保险证书。

（6）航空运单是承运人在货物运输组织的全过程中运输货物的依据。航空运单随货同行，证明了货物的身份。航空运单上载有有关该票货物发送、转运、交付的事项，承运人会据此对货物的运输做出相应安排。

 知识链接 6-5

航空运单正本一式三份，每份都印有背面条款。其中一份交发货人，是承运人或代理人接收货物的依据；第二份由承运人留存，作为记账凭证；最后一份随货同行，在货物到达目的地后，交付给收货人作为核收货物的依据。还有六联副本及三联额外副本。

2．航空运单的分类

航空运单主要分为以下两大类。

（1）航空主运单（master air waybill，MAWB）。

凡由航空公司签发的航空运单就称为主运单。它是航空公司据以办理货物运输和交付的依据，是航空公司和托运人订立的运输合同。每一批货物都有自己相对应的主运单。

（2）航空分运单（house air waybill，HAWB）。

航空货运代理在进行集中托运货物时，首先从各个托运人处收取货物，在收取货物时，需要给托运人一个凭证，这个凭证就是分运单。分运单表明托运人把货物交给了代理人，代理人收到了托运人的货物，是代理人和发货人交接货物的凭证。

代理人可以自己颁发分运单，不受航空公司的限制，但通常的格式还按照航空公司主运单来制作。在分运单中，托运人栏和收货人栏都是真正的托运人和收货人。

3．航空运单的内容

航空运单与海运提单类似，也有正面、背面条款之分，两者所不同的是，航运公司的海运提单可能千差万别，但各航空公司所使用的航空运单则大多借鉴 IATA 推荐的标准格式（也称为中性运单），所以差别并不大。下面就有关需要填写的栏目说明如下。国际航空运单如表 6-1 所示。

表 6-1 国际航空运单

1. Shipper's Name and Address						NOT NEGOTIABLE Air Waybill　　　　中国国际航空公司 Issued by　　　　　　AIR CHINA				
2. Consignee's Name and Address						It is agreed that the goods described herein are accepted in apparent good order and condition (except as noted) for carriage subject to the conditions of contract on the reverse hereof, all goods may be carried by any other means. Including road or any other carrier unless specific contrary instructions are given hereon by the shipper. The shipper's attention is drawn to the notice concerning carrier's limitation of liability.				
3. Issuing Carrier's Agent Name and City										
Agents IATA Code		Account No.				Shipper may increase such limitation of liability by declaring a higher value of carriage and paying a supplemental charge if required.				
4. Airport of Departure (Add. of First Carrier) and 6. Requested Routing						Accounting Information				
To	By first carrier	To	By	To	By	Currency	WT/VAL19		7. Declared Value for Carriage	Declared Value for Customs
							PP	CC		
5. Airport of Destination	23. Flight/Date		8. Amount of Insurance			INSURANCE-If carrier offers insurance and such insurance is requested in accordance with the conditions thereof indicate amount to be insured in figures in box marked "Amount of Insurance".				
10. Handling Information										
12. No. of Packages	13. Actual Gross Weight	Kg Lb	14. Rate Class	15. Chargeable Weight		16. Rate/Charge	Total		17. Nature and Quantity of Goods	
Prepaid	Weight charge	Collect				25. Other Charges				
Valuation Charge						9. Documents to Accompany Air Waybill				
Tax						11. Also Notify				
Total Other Charges Due Agent						Shipper certifies that the particulars on the face hereof are correct and that in so far as any part of the consignment contains dangerous goods, such part is properly described by name and is in proper condition for carriage by air according to the applicable Dangerous Goods Regulations. 　　　　　　　　　　20 Signature of Shipper or his Agent				
Total Other Charges Due Carrier										
Total Prepaid		Total Collect				Executed on____21 at_____Signature of Issuing Carrier or as Agent　22				
Currency Conversion Rates		CC Charges in des. Currency								
18. For Carrier's Use Only at Destination		19. Charges at Destination				Total Collect Charges		24. No. of Air Waybill		

（1）托运人（shipper's name and address）。应填写托运人的全称、街名、城市名称、国家名称、电话、电传或传真号码。

（2）收货人（consignee's name and address）。应填写收货人的全称、街名、城市名称、国家名称、电话、电传或传真号码。

（3）代理人的名称和城市（issuing carrier's agent name and city）。必要时可填写代理人的全称和城市名称。

（4）始发站机场（airport of departure）。填写始发站机场全称。

（5）到达站机场（airport of destination）。填写到达站机场全称。如有重名的机场，还应注明机场的国别。

（6）要求的路线（requested routing）。填写选择的运输路线及承运人代号。如后者不指定则只填路线亦可。如二者均不指定，则可填"FRAV."至（to）：填城市名称英文的三字代号。

（7）托运人声明的价值（declared value for carriage）。

① 供运输用（for carriage）。填写托运人向承运人声明的货物价值。该价值亦为承运人负责赔偿的限额。未声明价值时，可填"NVD"（no value declared）。

② 供海关用（for customs）。填写托运人向到达站海关申报的货物价值，如果货物没有所需要申报的货物价值，此栏可填写"NCV"字样（no customs value）。

（8）保险金额（amount of insurance）。本栏可不填。

（9）所附文件（documents to accompany air waybill）。填写随附货运单带往到达站的文件的名称。

（10）处理情况（包括包装方式、货物标志及号码等）（handling information）（INCL. method of packing identifying marks and numbers etc.）。填写货物的包装方式、标志和号码以及在运输、中转、装卸、储存时需要特别注意的事项。

（11）另请通知（also notify）。托运人为防备收货人因故不能收货，希望在货物到达的同时通知他人，在此填写被通知人的全称和地址。

（12）件数（No.of packages）。填该批货物的总件数及包装方式。

（13）实际毛重（kg）（actual gross weight（kg））。填航空公司计量的货物总重，尾数不足 0.10 kg 的四舍五入。

（14）运价类别（rate class）。填写所采用的运价类别代号。采用等级运价时，标明百分比。

（15）收费重量（kg）（chargeable weight（kg））。填计算运费的重量。

（16）费率（rate/charge）。适用的每千克运价，如最低运费，也应填本栏。

（17）货物品名及数量（nature and quantity of goods）。填写货物的具体名称，如果一票货物包括多种物品时，应分别申报货物品名。对危险品应注明其专有名称和包装级别。

（18）供承运人用（for carrier's use only at destination）。供经办人计算运费用。

（19）运费（charges at destination）。填全部到付或全部预付。到付用"CC"表示，预付用"PP"表示。

（20）托运人或代理人签字（signature of shipper or his agent）。托运人必须在此签字。

（21）日期和地点（executed on（date）at（place））。填开立货运单的日期和地点。

（22）承运人或代理人签字（signature of issuing carrier or its agent）。

（23）航班和日期（flight/date）。填写已订妥的航班和日期。

（24）运单号（No. of air waybill）。运单号一般由 11 位数字组成，前三位数字为航空公司代号，如中国国际航空公司的代号是 999，南方航空公司的代号是 784。后面 7 位数是顺序号。最后一位是检查号。

（25）其他费用（other charges）。填运费和声明价值附加费以外的其他费用。其他费用一般用代号表示。如果为承运人收取，则用"C"列在其他费用代号后面，如果为代理人收取，则用"A"列在其他费用代号后面。

以上所有内容不一定全部填入空运单。IATA 也并未反对在运单中写入其他所需的内容。但这种标准化的单证对航空货运经营人提高工作效率、促进航空货运业向电子商务的方向迈进有着积极的意义。

【例 6-1】

根据以下业务资料，完成航空运单的填制。

（1）国际货物托运书如表 6-2 所示。

表 6-2　国际货物托运书

SHIPPER'S LETTER OF INSTRUCTION

托运人姓名、地址、电话号码 Shipper's Name, Address &Telephone No. CHINA INDUSTRY CORP.,BEIJING , P.R.CHINA 　TEL：86(10)64596666 　FAX：86(10)64598888	托运人账号 Shipper's Account Number	航空货运单号码 Air Waybill Number		
		999-45042546		
		安全检查 Safety Inspection		
收货人姓名、地址、电话号码 Consignee's Name, Address & Telephone No. TOKYO SPORT GOODS IMPORTERS,JAPAN 　TEL：78789999 　FAX：78781384	收账人账号 Consignee's Account Number	是否安妥航班日期、吨位 Booked		
		航班/日期 Flight/Date		航班/日期 Flight/Date
		预付 PP	×	到付 CC	
		供运输用声明价值 Declared Values for Carriage		供海关用声明价值 Declared Values for Customs
		NVD		NCV
始发站 Port of Departure	PEK	目的站 Port of Destination	TYO	保险价值 Amount of Insurance
填开货运单的代理人名称 Issuing Carriers Agent Name and City KUNDA AIR FREIGHT CO.,LTD			另请通知 Also Notify	
承运注意事项及其他 Handling Information and Others KEEP UPSIDE			随附文件 Document to Accompany Air Waybill	

续表

件数 No. of Packages 1	毛重（千克） Actual Gross weight(kg) 25.2	运价种类 Rate Class	商品代号 Comm.Item No.	计费重量（千克） Chargeable Weight(kg)	费率 Rate/kg	货物名称（包括包装、尺寸或体积） Nature and Quantity of Goods (INCL. Dimensions or Volume) SHOES 82 cm×48 cm×32 cm

托运人证实以上所填内容全部属实并愿意遵守承运人的一切运输章程 Shipper certifies that the particulars on the face hereof correct and agrees to the conditions of carriage of carrier	航空运费和其他费用 Weight Charges and Other Charges
托运人或其代理人签字、盖章 Signatures of Shipper or his Agent KUNDA AIR FREIGHT CO.,LTD	承运人签字 Signatures of Issuing Carrier or his Agent＿＿＿＿＿＿＿＿＿＿ 日期 Date＿＿＿＿＿＿＿＿＿＿＿＿＿＿＿

（2）其他业务资料如下。

航班：CA921/30th，MAY，2006

AWC：50.00（AWC：其他费用中的制单费）

rate：37.5CNY/kg

（3）根据以上资料填写航空运单，答案如表6-3所示。

表6-3　航空运单

999-257-45042646

Shipper's name and address CHINA INDUSTRY CORP.,BEIJING,P.R.CHINA TEL：86(10)64596666 FAX：86(10)64598888	NOT NEGOTIABLE Air Waybill 中国国际航空公司 Issued by AIR CHINA
Consignee's name and address TOKYO SPORTGOODS IMPORTERS,JAPAN. TEL：78789999 FAX：78781384	It is agreed that the goods described herein are accepted in apparent good order and condition (except as noted) for carriage subject to the conditions of contract on the reverse hereof, all goods may be carried by any other means. Including road or any other carrier unless specific contrary instructions are given hereon by the shipper. The shipper's attention is drawn to the notice concerning carrier's limitation of liability.
Issuing Carrier's Agent Name and City	
Agents IATA Code	Account No.	Shipper may increase such limitation of liability by declaring a higher value of carriage and paying a supplemental charge if required.

Airport of Departure (Add. Of First Carrier) and Requested Routing PEKING						Accounting Information				
To TYO	By first carrier PEK	To TYO	By	To	By	Currency CNY	WT/VAL PP ×	CC	Declared Value for Carriage NVD	Declared Value for Customs NCV

Airport of Destination TYO	Flight/Date CA921/30th,MAY,2006		Amount of Insurance	INSURANCE-If carrier offers insurance and such insurance is requested in accordance with the conditions thereof indicate amount to be insured in figures in box marked "Amount of Insurance".
Handling Information KEEP UPSIDE				

续表

No. of Pieces	Gross Weight	kg Lb	Rate Class	Chargeable Weight	Rate/Charge	Total	Nature and Quantity of Goods
1	25.2	K	N	25.5	37.51	956.51	JUICE 82 cm×48 cm×32 cm

Prepaid ×	Weight Charge	Collect	Other Charges
Valuation Charge			AWC: 50
Tax			
Total Other Charges Due Agent			Shipper certifies that the particulars on the face hereof are correct and that in so far as any part of the consignment contains dangerous goods, such part is properly described by name and is in proper condition for carriage by air according to the applicable Dangerous Goods Regulations.
Total Other Charges Due Carrier			
			_____KUNDA AIR FREIGHT CO.,LTD_____ Signature of Shipper or his Agent
Total Prepaid 1006.51	Total Collect		Executed on_____at_____Signature of issuing Carrier or as Agent
Currency Conversion Rates	CC Charges in des. Currency		
For Carrier's Use Only at Destination	Charges at Destination	Total Collect Charges	No. of Air Waybill 999-45042546

第三节 国际航空运费的计算

一、国际航空运费的基本概念

（一）运价（rate）

运价又称为费率，是指承运人对所运输的每一计费重量单位货物（kg 或 lb）所收取的自始发地机场至目的地机场的航空费用。

1．航空货物运价所使用的货币

货物的航空运价一般以始发地的本国货币公布，有的国家以美元代替其本国货币公布。

2．航空货物运价的有效期

航空货运单所使用的运价应为填制之日的有效运价。

（二）运费（weight charge）

货物的航空运费是指航空公司将一票货物自始发地机场运至目的地机场所收取的航空运输费用。该费用根据每票货物（即使用同一份航空运单的货物）所适用的运价和货物的计费重量计算而得。

由于货物的运价是指运输起讫地点间的航空运价，所以航空运费是指运输始发地机场至目的地机场间的费用，不包括其他费用。

（三）其他费用（other charges）

其他费用是指由承运人、代理人或其他部门收取的与航空运输有关的费用。在组织一票货物运输的全过程中，除空中运输，还包括地面运输、仓储、制单、国际货物的清关等环节，提供这些服务的部门所收取的费用即其他费用。

二、国际航空运费的计费重量

计费重量（chargeable weight）是指用以计算货物航空运费的重量。它可以是货物的实际毛重，或体积重量，或较高重量分界点的重量。

（一）实际毛重（actual gross weight）

实际毛重是指包括货物包装在内的重量。一般情况下，对于高密度货物（high density cargo），应考虑其货物实际毛重可能会成为计费重量。

（二）体积重量（volume weight）

1. 定义

按照国际航空运输协会规则，将货物的体积按一定的比例折合成的重量，称为体积重量。由于货舱空间的限制，一般对于低密度的货物（low density cargo），即轻泡货物，考虑其体积重量可能会成为计费重量。

2. 计算规则

不论货物的形状是否为规则的长方体或正方体，计算货物体积时，均应以最长、最宽、最高的三边的厘米长度为准。长、宽、高的小数部分按四舍五入取整。体积重量按每 6000 cm³ 折合 1 kg 计算。即

$$体积重量=货物体积÷6000 \ cm^3/kg$$

【例 6-2】

一件货物尺寸为 82 cm×48 cm×32 cm，请计算其体积重量。

$$体积重量=货物体积÷6000 \ cm^3/kg=82 \ cm×48 \ cm×32 \ cm÷6000 \ cm^3/kg$$
$$=125 \ 952 \ cm^3÷6000 \ cm^3/kg=20.99 \ kg$$

（三）计费重量（Chargeable Weight）

计费重量为货物的实际毛重与体积重量比较，取其高者。根据国际航空运输协会规定，国际货物的计费重量以 0.5kg 为最小单位，重量尾数不足 0.5kg 的，按 0.5kg 计算；0.5kg 以上不足 1kg 的，按 1kg 计算。

例如，103.001 kg 按 103.5 kg 计算，103.501 kg 按 104 kg 计算。例 6-2 中，体积重量为 20.99kg，则按照国际航空运输协会进整规则，计费重量为 21kg。

三、国际航空运价

国际航空运价采用的是重量分段对应运价，即在每一个重量范围内设置一个运价，并且随着运输重量的增大，运价越来越低。这是定价原则中的数量折扣原则。

 知识链接 6-6

为了制定国际航空运输中运价的计算规则，国际航空运输协会（IATA）在考虑了世界

上各个不同国家、地区的社会经济、贸易发展水平后，把世界划分为三个区域，即 area1、area2、area3，简称 TC1 区、TC2 区、TC3 区，每个航区又分成几个亚区。

国际航空运输协会将全球分为三大区域，也将全球分为两个半球：东半球（eastern hemisphere，EH），包括 TC2 和 TC3；西半球（western hemisphere，WH），包括 TC1，如表 6-4 所示。

表 6-4　全球三大区域

hemisphere（半球）	area（区域）	sub area（亚区）
西半球 western hemisphere	area1（TC1） 业务一区	North America（北美洲）
		Central America（中美洲）
		South America（南美洲）
		Caribbean Islands （加勒比海地区）
东半球 eastern hemisphere	area2（TC2） 业务二区	Europe（欧洲）
		Africa（非洲）
		Middle East（中东）
	area3（TC3） 业务三区	South East Asia（东南亚）
		North East Asia（东北亚）
		South Asian Subcontinent（南亚次大陆）
		South West Pacific（西南太平洋）

在运价表中，"N"表示标准普通货物运价，是指 45kg 以下的普通货物运价。"45"表示"Q45"，即 45kg 以上（包括 45kg）普通货物的运价；"100"表示"Q100"，即 100kg 以上（包括 100kg）普通货物的运价。依此类推，对于 45kg 以上不同重量分界点的普通货物运价均用"Q"表示。

 知识链接 6-7

北京—大阪

重量，kg	运价，人民币元
M	100
N	32.87
45	25.00
100	18.38

在运价表中，"M"表示最低收费标准。

在运价表里查出相应费率，与计费重量相乘即得出航空运费。即

航空运费=计费重量×适用运价

如果计算出的航空运费低于"M"，则按照最低收费标准收取运费。

当货物较高一个计费重量分界点的运费比计得的航空运费为低时，则以此分界点的运费作为最后收费依据。反之，则以计得的运费为准。这是航空公司给货主的一项优惠。

知识链接 6-8

一般地，使用较低或较高等级的运价，计费重量分界的计算方法是：较高等级的运价×较高等级的起始计费重量÷较低等级的运价。例如，北京至香港的运价 M：90.00，N：18.00，$Q45$：13.50，13.50×45÷18=34 元/kg，即如果货物的计费重量超过分界重量 34 kg，就可以使用 45 kg 等级运价。此时计得的运费一定是较优惠的。

四、公布的直达运价

公布的直达运价是指航空公司在运价本上直接注明，承运人对由甲地运至乙地的货物收取的运价。

（一）特种货物运价（specific commodity rates，SCR）

特种货物运价通常是承运人应托运人的请求，对在某一航线上经常运输某一类货物，或为促进某地区间某一类货物的运输，经 IATA 同意所提供的优惠运价。IATA 公布特种货物运价时将货物划分为以下类型：0001～0999 食用动物和植物产品；1000～1999 活动物和非食用动物及植物产品；2000～2999 纺织品、纤维及其制品；等等。其中每一组又细分为 10 个小组。每个小组再细分，这样几乎所有的商品都有两个对应的组号，航空公司公布特种货物运价时，只要指出适用于哪一组货物即可。

承运人制订此运价的目的主要是使空运价更具竞争力，所以特种货物运价比普通货物运价低。此类货物除需要满足航线和货物种类的要求，还必须达到所规定的起码运量（如100kg）。

知识链接 6-9

特种货物运价是一种优惠运价。根据目前我国出口商品的特点，采用此运价的商品主要有纺织品、食品、海产品、药品等。

（二）等级货物运价（class rates or commodity classification rates，CCR）

等级货物运价适用于指定地区内部或地区之间的少数货物的运输。通常表示为在普通货物运价的基础上增加或减少一定的百分比。适用的等级货物有以下几种。

（1）活动物、活动物的集装箱和笼子。

（2）贵重物品。

（3）尸体或骨灰。

（4）报纸、杂志、书籍、商品目录、盲人和聋哑人专用设备等。

（5）作为货物托运的行李。

其中（1）～（3）项通常在普通货物运价基础上增加一定的百分比；（4）和（5）项在普通货物运价的基础上减少一定的百分比。

（三）普通货物运价（general cargo rates，GCR）

普通货物运价适用最为广泛。当一批货物不能适用上述两种运价时，就应考虑选用此运价。通常，各航空公司针对所承运货物数量的不同，规定了几个计费重量分界点。

最常见的是 45kg 分界点，将货物分为 45kg 以下（又被称为标准普通货物运价，用"N"表示）和 45kg 以上（含 45kg，用"Q"表示）两种。另外，根据航线货运量的不同还可以规定 100kg 以上（用"$Q100$"表示）、300kg 以上（用"$Q300$"表示）运价，甚至更多。运价的数额随运输量的增加而降低。这也是航空运价的显著特点之一。

 知识链接 6-10

航空运价的使用原则如下。

（1）如果有协议运价，优先使用协议运价；如果没有协议运价，则采用 IATA 运价。

（2）对于 IATA 运价，首先采用公布直达运价；如果没有公布直达运价，则采用比例运价或分段相加运价。

（3）对于公布直达运价，优先使用指定商品运价；如果不是指定商品，优先使用等级运价；如果既非指定商品，也非等级货物，则使用普通货物运价。

五、国际航空运费的计算

（一）专业术语

（1）volume：体积。

（2）volume weight：体积重量。

（3）gross weight：毛重。

（4）chargeable weight：计费重量。

（5）applicable rate：适用运价。

（6）weight charge：航空运费。

（二）计算航空运费的具体步骤

（1）计算出航空货物的体积（volume）及体积重量（volume weight）。

体积重量的折算，换算标准为每 6000 cm^3 折合 1 kg。即

$$体积重量（kg）=\frac{货物体积}{6000\ cm^3}$$

（2）计算货物的总重量（gross weight）。

$$总重量=单个商品重量×商品总数$$

（3）比较体积重量与总重量，取大者为计费重量（chargeable weight）。根据国际航空运输协会的规定，国际货物的计费重量以 0.5 kg 为最小单位，重量尾数不足 0.5 kg 的，按 0.5 kg 计算；0.5 kg 以上不足 1 kg 的，按 1 kg 计算。

（4）根据公布运价，找出适合计费重量的适用运价（applicable rate）。

① 计费重量小于 45 kg 时，适用运价为 GCR N 的运价（GCR 为普通货物运价，N 运价表示重量在 45 kg 以下的运价）。

② 计费重量大于 45 kg 时，适用运价为 GCR Q45、GCR Q100、GCR Q300 等与不同重量等级分界点相对应的运价（航空货运对于 45 kg 以上的不同重量分界点的普通货物运价均用"Q"表示）。

（5）计算航空运费（weight charge）。

$$航空运费=计费重量×适用运价$$

（6）若采用较高重量分界点的较低运价计算出的运费比第（5）步计算出的航空运费较低时，取低者。

（7）比较第（6）步计算出的航空运费与最低运费 M，取高者。

【例 6-3】

routing：SHANGHAI CHINA（SHA）to OSAKA JAPAN（OSA）

commodity：ELECTRIAL PARTS

gross weight：8.9 kg/pc×6PCS

dimensions：49 cm×37 cm×28 cm×6

计算其航空运费。运价如表 6-5 所示。

表 6-5　运价 1

SHANGHAI Y．REN MINBI	CN CNY	SHA kg
OSAKA　　　　JP	M	200.00
	N	30.22
	45	22.71

解：

volume：49×37×28×6 = 304 584（cm³）

volume weight：304 584÷6000 = 50.76（kg）

gross weight：8.9×6=53.4（kg）

chargeable weight：53.4 kg ≈ 53.5 kg

applicable rate：22.71 CNY/kg

weight charge：22.71×53.5 = 1214.99（CNY）

航空货运单运费计算栏填制如表 6-6 所示。

表 6-6　航空货运单运费计算栏 1

No. of pieces	gross weight	kg lb	rate class	chargeable weight	rate/ charge	total	nature and quantity of goods
6	53.4	k	Q	53.5	22.71	1214.99	electrial parts 49 cm×37 cm×28 cm×6

【例6-4】

routing：BEIJING，CHINA（BJS）to AMSTERDAM，HOLLAND（AMS）

commodity：shoes

gross weight：21.2 kg/pc×2 PCS

dimensions：72 cm×58 cm×22 cm×2

计算其航空运费。公布运价如表6-7所示。

表6-7 运价2

BEIJING Y．REN MINBI		CN CNY	BJS kg
AMSTERDAM NL		M N 45	630.00 63.36 45.78

解：（1）按实际重量计算：

volume：72×58×22×2=183 744（cm³）

volume weight：183 744÷6000=30.62（kg）

gross weight：21.2×2=42.4（kg）

chargeable weight：42.4 kg≈42.5 kg

applicable rate：63.36 CNY/kg

weight charge：63.36×42.5=2 692.8（CNY）

（2）采用较高重量分界点的较低运价计算

chargeable weight：45.0 kg

applicable rate：45.78 CNY/kg

weight charge：45.78×45.0 =2060.1（CNY）

（1）与（2）比较，取运费较低者。

weight charge：CNY2060.1

航空货运单运费计算栏填制如表6-8所示。

表6-8 航空货运单运费计算栏2

No. of pieces	gross weight	kg lb	rate class	chargeable weight	rate/ charge	total	nature and quantity of goods
2	42.4	k	Q	45	45.78	2060.1	shoes 72 cm×58 cm× 22 cm×2

【例6-5】

routing：SHANGHAI, CHINA（BJS）to PARIS, FRANCE（PAR）

commodity：TOY

gross weight：5.6 kg

dimensions：40 cm×28 cm×22 cm

计算其航空运费。公布运价如表6-9所示。

表6-9 运价3

SHANGHAI	CN	SHA
Y．REN MINBI	CNY	kg
	M	320.00
PARIS FR	N	50.37
	45	41.43
	300	37.90

解：volume：40×28×22 =24 640（cm³）

volume weight：24 640÷6000 =4.11（kg）

gross weight：5.6 kg

chargeable weight：5.6 kg≈6.0 kg

applicable rate：50.37 CNY/kg

weight charge：6.0×50.37=302.22（CNY）

minimum charge：CNY 320.00

此票货物的航空运费应为 CNY 320.00。

航空货运单运费计算栏填制如表6-10所示。

表6-10 航空货运单运费计算栏3

No. of pieces	gross weight	kg lb	rate class	chargeable weight	rate/charge	total	nature and quantity of goods
1	5.6	k	M	6.0	320.00	320.00	TOY 40 cm×28 cm×22 cm

六、其他费用

（一）声明价值附加费

根据《华沙公约》的规定，承运人由于失职而造成货物损坏、丢失或延误等应承担责任，其最高赔偿限额为每千克（毛重）为 20 美元或 7.675 英镑或等值的当地货币。如果货物的实际价值每千克超过上述限额，发货人要求在发生货损、货差时全额赔偿，则发货人在托运货物时就应向承运人或航空货运代理声明货物的价值，但应另付一笔"声明价值附加费"。一般按声明价值额的 0.5%收取，最低收费为人民币 10 元。

声明价值附加费=(声明价值−实际毛重×20 美元)×0.5%

如果发货人不办理声明价值，则应在运单的有关栏内填上"NVD"（no value declared）字样。

（二）航空运输中的其他费用

1．货运单费

货运单费又称为航空货运单工本费，为填制航空货运单的费用。在航空货运单的"其他费用"一栏中，用两字代码"AW"表示。

知识链接 6-11

中国民航各航空公司一般规定：无论货运单是由航空公司销售还是由代理人销售，填制航空货运单时，货运单中"OTHER CHARGES"一栏中用"AWC"表示，意为此项费用归出票航空公司所有。

2. 危险品处理费

对于危险品，在国际航空运输中，除按危险品规则收运并收取航空运费，还应收取危险货物收运手续费，该费用必须填制在货运单"其他费用"栏内，用"RA"表示。危险品处理费归出票航空公司所有。

3. 运费到付货物手续费

在货物的航空运费和其他费用到付时，在目的地的收货人除支付货物的航空运费和其他费用，还应支付到付货物手续费。此项费用由最后一个承运航空公司收取，并归其所有。运费到付货物手续费用"CC Fee"表示。

 知识链接 6-12

航空运输中的其他费用还包括 AC 动物容器费、AS 集中服务费、CF 代收货款手续费、CH 办理海关手续和处理费、DB 代付款项手续费、IN 保险费、MO 杂费、PU 取货和送货费、SO 保管费、SU 地面运输费、TR 中转费、TX 捐税、UH 集装箱处理费等。

 案例

某进出口公司 A 依照贸易合同将货物分别交由 B（海运公司）、C（空运公司）运往目的地，并分别取得 B、C 于 2020 年 6 月 20 日签发的凭指示 B/L 和 MAWB。6 月 25 日，在议付银行审理单证的同时，海运、空运的所有货物在到达目的港后被进口商 D 设法提走，随后 D 以货物不符合同品质要求为由拒绝支付货款。

A 得知消息后，以 B、C 擅自将货物交付他人，对自己造成损失为理由，向 B、C 提出索赔。

请问：A 的索赔理由是否成立？B、C 是否应对由此给 A 造成的损失承担责任？

【分析】

A 的索赔理由对 B 成立，对 C 不成立。

海运提单与航空运单的不同之处：海运提单是提货凭证，因此海运公司在没有见到正本提单（案例中说明银行正在审理单证，说明单证在议付行处）情况下交付货物是不应该的，需要赔偿正本提单持有人因此而遭受的损失。而航空运单则不同，不是提货凭证，因此空运公司根据运单上收货人的名字可以将货物直接交付收货人。因此，只要货交收货人，空运公司就没有责任。

资料来源：国际运输与物流案例分析[EB/OL].（2020-10-05）[2022-03-04]. https://wenku.baidu.com/view/1465778d12a6f524ccbff121dd36a32d7275c775.html.

本章小结

本章介绍了国际航空货运代理业务中常见的设施与技术；总结了国际航空货运代理的性质、特点；详细介绍了国际航空货运代理进口、出口的业务流程；重点分析了航空货运代理业务中所涉及的单据的种类、内容和具体的填写方法；讲述了航空运费的构成和计算方法；结合《华沙公约》等有关法律对国际航空货运事故的处理进行了分析。

延伸阅读

货物错过航班，庄家能否收取亏舱费

原告：广州市A货运代理公司（以下简称"托运人"）

代理人：曹文定律师

被告：深圳B物流有限公司（以下简称"庄家"）

2020年3月13日，托运人委托庄家安排两票空运货物订舱事宜，由广州运往美国纽约肯尼迪机场，预先支付运费合计人民币120万元。后因海关查验错过预订航班。最终庄家将120万元运费以"亏舱费"损失为由全部抵扣。托运人主张疫情期间航班不足舱位紧张，即便有货物未赶上航班，也会有后续的货物补充安排装机，认为"亏舱费"不存在，且全部抵扣也不合理。双方产生纠纷，托运人委托曹文定律师团队，将庄家诉至法院。

争议焦点

（1）预收的空运费的法律性质是定金、预付款、亏舱保证金、还是违约金？

（2）货物未能出运，亏舱费怎么算？

（3）庄家是否为亏舱费的有权收费主体？

法院判决

双方达成和解，庄家向托运人退还部分空运费。

律师评析

以上为航空货运代理中，因海关查验导致未赶上原航班而产生的纠纷，结合大量同类案件的处理经验，我们点评本案如下。

（1）亏舱费的计算需要考虑诸多因素，如亏舱费是否实际产生、有无合同约定等。

在本案中，托运人出运货物前按庄家要求支付运费人民币120万元。在双方的沟通过程中，庄家要求托运人支付定金，托运人按约支付了相关费用，但仅备注"预付运费"。货物无法出运后，庄家以收取亏舱费为由拒绝退回运费，双方亦对预付款的性质存在较大争议。定金是指当事人双方为了保证债务的履行，约定由当事人方先行支付给对方一定数额的货币作为担保，定金的数额由当事人约定，但不得超过主合同标的额的20%。定金的认定必须考虑双方是否有明确约定，可参考合同条款的约定、订舱前双方沟通的约定、收据上的说明等因素。若认定为定金的，任何一方违约时均可适用"定金罚则"，即双倍退还定金。预付款是指企业按照合同规定预付的款项，预付账款应当按实际预付的金额入账。违约金是指按照当事人的约定或者法律直接规定，一方当事人违约的，应向另一方支付的

金钱，但以实际损失的30%为限。而亏舱费的性质，法律并无明文规定的定义，是否可收取亏舱费须考虑双方是否有明确约定、亏舱费是否实际产生、是否有权收取亏舱费的主体等因素。在本案中，我们认为预付费用并不是定金，一是数额不是合同标的额的20%；二是托运人转账时的备注是"预付运费"，并非定金，不符合定金的实质要件与形式要件。定金条款，在货运出运的旺季一般对于委托人是较为有利的，在受托人取消委托事宜时，须双倍退还定金；在淡季时较有利于维护受托人的利益。对于预付款，一般是对受托人有利的。对于预收空运费的定性在不同情况下可能导致完全不同的裁判结果，在实务过程中，预付款还可能是履约保证金、押金等，各庄家在开展业务的过程中应当注意区分预付款的性质并与合作方明确约定，必要时可咨询专业人士以避免不必要的纠纷与损失。

（2）亏舱费的计算需要考虑诸多因素，如双方是运输合同关系还是代理合同关系。

庄家的法律地位须以双方的法律关系为依据，若双方存在运输合同关系，如因托运人未履行合同义务，造成亏舱，庄家已证实了亏舱的真实存在且双方事先有约定的，则庄家有权收取亏舱费；若双方的法律关系为货运代理合同关系，亏舱费是否属于代理权限范围内发生的必要费用尚有争议，如属于必要费用且已实际发生，则庄家关于亏舱费的主张具有合法依据。此外，在货物未能实际安排装机出运的情况下，并不一定会产生亏舱费，还要考虑是否实际发生了亏舱、实际庄家是否主张收取。亏舱费的计算一般需要结合市场行情、实际损失、利润合理性等因素，但亦须参考其他重要因素，部分因素决定着是否需要支出亏舱费。

庄家是实际承运人，还是货运代理人，在实务中是存在一定争议的，在本案中，我们认为庄家的身份为代理人，应当根据托运人的指示处理委托事宜，根据《民法典》第九百二十一条的规定，受托人为处理委托事务垫付的必要费用，委托人应当偿还该费用并支付利息。庄家向委托人主张亏舱费，根据双方的沟通记录，并未对亏仓费事宜进行约定，具体来讲，对于如果发生未能如期装机的情况是否会收取亏舱费，以及如果要收取亏舱费，那么要按照什么标准、由谁来收取，没有进行约定。此外，庄家未按委托人要求安排货物出运，且未提供航班配载表、支出亏舱费的账单或支付凭证，类似情况说明等证据材料，无法证明其支付亏舱费的真实性与合理性，应当承担举证不能的责任。

（3）能否收取亏舱费需参考亏舱费是否真实发生、双方是否有约定、费用性质的认定、受托人的身份等因素。

在货运代理行业，亏舱费是较为常见的一项费用，因货主未及时将货物运抵货仓、提交的资料有误、海关查验时间过长等情况均可能导致亏舱费的产生。若庄家与托运人存在运输合同关系，且双方在合作过程中对亏舱费有明确约定，依据"谁主张谁举证"原则，庄家举证证明亏舱的真实存在，且是由托运人取消订舱的，则托运人须承担相应的责任。若双方存在货运代理合同关系，庄家不仅须证明亏舱的真实存在，还须证明双方在出运前已有明确约定、收取费用的合理性、各方的过错责任分配等情况。能否收取亏舱费需参考众多因素，对于不同的案件需要进行有针对性的分析，货运代理在遇到类似情况时，可咨询专业人士进行风险防范并避免产生不必要的损失与纠纷。

此外，证据对于法院认定事实具有关键性的作用，证据是法官在司法裁判中认定过去发生事实存在的重要依据，在任何一起案件的审判过程中，都需要通过证据和证据形成的证据链尽可能还原事件的本来面目，所以各货运代理企业应当注重保存、收集亏舱费实际发生的相关证据。

资料来源：曹文定. 货物错过航班，庄家能否收取方舱费？[EB/OL].（2021-02-26）. https://mp.weixin.qq.com/s/lA0rAQRU2m8_Rq6oErx_PA.

本章思考题

一、选择题

1. 航空运输中 NVD 是（　　　）的缩写代码。
    A. 货运单　　　　　　　　　　　　B. 运费到付
    C. 无声明价值　　　　　　　　　　D. 托运书
2. 航空运输中 ULD 是（　　　）的缩写代码。
    A. 集装器　　　　　　　　　　　　B. 集装箱
    C. 包板　　　　　　　　　　　　　D. 包舱
3. 航空货运代理具有（　　　）身份。
    A. 货主代理　　　　　　　　　　　B. 航空公司代理
    C. 货主代理和航空公司代理　　　　D. 国内外收、发货人代理
4. 国际空运货物的计费重量以（　　　）为最小单位。
    A. 0.3 kg　　　　　　　　　　　　B. 0.5 kg
    C. 0.8 kg　　　　　　　　　　　　D. 1 kg

二、判断题

1. 航空运输集中托运货物由集中托运商交付给承运人。（　　　）
2. 航空运单是不可以转让的。（　　　）
3. 航空主运单的发货人栏和收货人栏列明的是真正的托运人和收货人。（　　　）
4. 集装箱是航空货运中的唯一的集装设备。（　　　）

三、简答题

1. 简要介绍航空货物运输的方式。
2. 简述航空运单的性质与作用。
3. 什么是集中托运？其业务局限性体现在哪里？
4. 简述主运单与分运单的区别。

四、完成下列航空运费的计算，并将航空运单运费栏的内容填制完整

1. 北京运往纽约一箱服装，毛重 36.4 kg，体积尺寸为 82 cm×48 cm×32 cm，计算该票货物的航空运费。公布运价如表 6-11 所示。

表 6-11 运价 4

BEIJING Y. RENMINBI	CN CNY		BJS kg
NEW YORK	U.S.A	M	630.00
		N	64.46
		45	48.34
		100	45.19
		300	41.80

航空运单的运费栏目如表 6-12 所示。

表 6-12 航空运单的运费栏目 1

No. of pieces	gross weight	kg lb	rate class	chargeable weight	rate/ charge	total	nature and quantity of goods

2. 某公司空运出口一批商品（普货）共计 115 箱，每箱重 15kg，体积为 40cm×44cm×60cm，从北京运往美国迈阿密。请问：该批货物的空运运费为多少？

（设 M：11.81 美元；N：28.65 美元；Q：21.62 美元；100 kg：18.82 美元；500 kg：15.35 美元；1000 kg：15.00 美元；2000 kg：14.60 美元）。

航空运单的运费栏目如表 6-13 所示。

表 6-13 航空运单的运费栏目 2

No. of pieces	gross weight	kg lb	rate class	chargeable weight	rate/ charge	total	nature and quantity of goods

3. 有四批精密仪器都需从北京空运香港，它们的重量分别是 10 kg、20 kg、35 kg、40 kg。如果分别托运各需要多少运费？如果集中托运又需要多少运费？（设一般货物的起码运费为 65 港元，45 kg 以下每千克 3 港元，45 kg 以上每千克 2.5 港元），航空运单的运费栏目如表 6-14 所示。

表 6-14 航空运单的运费栏目 3

No. of pieces	gross weight	kg lb	rate class	chargeable weight	rate/ charge	total	nature and quantity of goods

五、实训题

以小组的形式，将开篇的引导案例按照业务流程操作，填制国际货物运输委托书及航空运单，并借助网络或航空运价手册找到案例中的单位货物运价，并计算出运费。

第七章　国际多式联运实务

知识目标

- 了解国际多式联运的含义、构成条件、优越性与业务特点；
- 了解国际多式联运经营人的责任形式；
- 熟悉国际多式联运的业务流程；
- 掌握国际多式联运单证的内容及其效力；
- 了解大陆桥运输，能够有效利用大陆桥运输的便利。

导读案例

2021年7月30日，一列装载着34个集装箱外贸货物的列车缓缓驶离长春国际陆港，经由天津港中心站出海，驶向埃及亚历山大和菲律宾八打雁港。

作为"长满欧""长珲欧"中欧班列运营方，长春国际陆港发展有限公司（以下简称"长春国际陆港"）这次的运输方式与以往不同，全程采用海运集装箱进行运输，不仅首次开启了国际海铁联运"全程单"物流新模式，提升了中欧班列的外贸竞争力，也推动了中欧班列从国际运输通道向国际贸易通道的转变，长春也因此成为东北地区首个实现"一单到底"国际海铁联运的内陆城市，已经实现港口功能。

"全程单"国际海铁联运班列首发

"此项业务使港口功能和服务辐射范围进一步前移，扩大到长春兴隆铁路口岸，这意味着兴隆综保区的口岸功能得到进一步的提升。"长春国际陆港总经理戴伟说，"看着长春到天津的'全程单'国际海铁联运首发的牌子挂到列车上，所有人都十分激动。"

7月30日8时，在长春兴隆铁路口岸港务区内，吊车司机十分忙碌，不停地将一件件带有马士基公司标识的集装箱吊装至列车的车板上。

本次运输是在长春国际陆港、长春海关、天津港集团、马士基公司、中国铁路沈阳局集团有限公司长春货运中心、中铁天津集装箱中心站等多个部门的合作联动下，共同完成了东北地区首单"一单到底"全程提单国际海铁联运业务。

在由长春兴隆铁路口岸签发的"全程单"上显示着，长春兴隆铁路口岸成为国际多式联运"全程单"的签发港，而这首张"全程单"也意味着长春作为内陆城市已经实现了港口功能，长春也正加速融入国际港口体系和纳入国际贸易与运输体系。

全程"一单制"，海铁联运无缝对接

这批由34个马士基集装箱装载的外贸货物，正式开启了东北地区海铁联运"一单到底"全程物流新模式。据了解，此次"一单到底"全程物流新模式的开行，将打破以往海铁联运中，出现铁路段与海运段分两步操作、两端各自准备单据不能通用的问题，同时解决了进出口环节流程烦琐、时间长、速度慢、成本高的问题，帮助企业降本增效。

长春与天津之间的海铁联运开通于2019年7月，至今累计双向发运196列次，合计10 286标箱，为两地企业扩大国际国内合作架起了便捷的物流通道。不靠海，不临港，曾是制约中国内陆城市外向型经济发展的"瓶颈"。如今，依托海铁联运等方式"借船出海"，这种情况正在悄然改变。

占全球海运市场近20%份额的马士基公司在国际海运领域起着引领的作用。目前，中国是马士基公司全球最重要的市场，而马士基公司一直寻求将远洋运输延伸至内陆交易港，此次将长春兴隆铁路口岸作为起运港，正是兴隆综保区国际化水平不断提升的生动写照，带来的是"一单到底"更加便捷、畅通的国际海铁联运服务，实现了货物凭"一张提单、一条专列，一次性贯通海铁运输全环节"，大幅节省了运输时间和资金成本。

最让人关注的海铁联运"全程单"，其实就是大家常说的"一单制"提单，是由多式联运经营人签发的海铁联运单据，适用范围覆盖海铁联运全程，使用一个结算费率，一次保险。该单据作为国际贸易发货人与收货人之间交接的唯一凭证，具有一定的物权属性和金融属性。

"铁路运输到海港，先凭单据提货，再在海港集货，然后重新出单据从海港出口，其中需要多方联系或接洽承运商，不仅速度慢、时间长、环节多，而且成本高。"戴伟介绍。"基本上货物进入长春兴隆铁路口岸后，就相当于进入了天津港，货物也等同于直接交给了国外客户"。"全程单"物流新模式解决了潜在的贸易风险问题，提升了长春市乃至吉林省国际贸易议价能力，延长了供应链金融的链路，真正为省内的外贸企业提供了新的国际"出海口"，有利于航运保险、金融供应链等高端服务业在长春市乃至吉林省聚集发展，为下一步长春地区全程供应链金融服务打下了基础。

优化环境，推动物流融合发展

"我们不仅在运输补贴等政策上给予大力支持，就连企业在发运过程中、经营中遇到的难题，也会第一时间和企业积极对接，帮助企业解决困难，并且积极推进陆港型国家枢纽建设，为企业营造良好的发展环境。"兴隆综保区口岸经济局局长赵爽介绍。一直以来，兴隆综保区综合交通体系不断完善，物流业持续快速发展，支撑实体经济降本增效的能力明显提升，初步形成了衔接互动的发展格局。

推行物流全程"一单制"，实现货物"一站托运、一次收费、一次认证、一单到底"，强化一体化服务保障。国际海铁联运"全程单"的背后，是兴隆综保区不断优化营商环境，构建外贸生态圈的创新实践。为保障长春—天津海铁联运"全程单"模式常态化运行，长春兴隆海关主动服务，指导企业采取"提前申报、运抵验放"通关模式，降低通关时间，采取7×24小时预约通关服务，提升通关效率。

在兴隆综保区的积极推动下，长春兴隆铁路口岸已取得国际港口代码（CNCCD）资质，"这个国际港口代码就好比我们融入世界贸易体系的敲门砖"。凭借国际港口代码（CNCCD）资质，长春被纳入国际贸易及运输体系，真正拥有了参与国际贸易的身份证，并为以长春为起运港/目的港的国际海铁联运"全程单"物流模式做了先期准备工作。

高水平对外开放需要一流的营商环境。兴隆综保区着力打造更加完善的产业生态圈、更优的服务、更快的办事效率、更公平的营商环境，不断优化外贸生态环境，打造对外开放高地。长春—天津"全程单"国际海铁联运班列在7月30日首发后，也增强了相关企业的信心，畅通的国际运输体系既是"压舱石"，也是"领头雁"。"此次长春—天津'全程单'海铁联运班列的启程，完整实现了'借港出海'流程，为东北地区的货物出海提供了便利。"赵爽说。

长春兴隆铁路口岸是长春市"生产服务型国家物流枢纽"的"两核心、三拓展"的拓展区域之一，是"陆港型国家物流枢纽"的重要承载主体。该口岸功能的不断完善，为我省即将获批的自由贸易区奠定了坚实基础。"目前，兴隆综保区在口岸建设方面，已经具备了铁路、进口整车、进口肉类、进口冰鲜水产品等口岸功能。"赵爽表示，未来将进一步增强中欧班列运营，提升国际海铁联运能力。兴隆综保区也将成为东北亚区域集结中心、东北亚连接中心、东北亚物流中心。

资料来源：东北地区首趟"一单到底"国际海铁联运班列启程[EB/OL].（2021-08-05）[2022-03-04]. http://www.landbridge.com/yaowen/2021-08-05/101868.html.

在本案例中提到的多式联运具有什么特点？多式联运在国际贸易中起到了什么作用？具体运作流程是什么？这些问题在本章将具体进行介绍。

第一节　国际多式联运概述

一、国际多式联运的含义及构成条件

（一）国际多式联运的含义

国际多式联运（international multi model/combined transportation）是在集装箱运输的基础上产生和发展起来的一种综合性的连贯运输方式。它一般是以集装箱为媒介，把海、陆、空各种单一运输方式有机地结合起来，组成一种国家间的连贯运输。

《联合国国际货物多式联运公约》对国际多式联运所下的定义是："按照多式联运合同，以至少两种不同的运输方式，由多式联运经营人将货物从一国境内接管货物的地点运至另一国境内指定交付货物的地点。"

（二）国际多式联运的构成条件

根据以上描述，构成国际多式联运应具备以下几个条件。

（1）要有一个多式联运合同，明确规定多式联运经营人（承运人）和托运人之间的权利、义务、责任及其豁免的合同关系和多式联运的性质。

（2）必须使用一份全程多式联运单据，即证明多式联运合同已生效，以及证明多式联运经营人已接管货物并负责按照合同条款交付货物所签发的单据。

（3）必须是至少两种不同运输方式的连贯。这是确定一票货运是否属于多式联运的重要特征。为了履行单一方式运输合同而进行的该合同所规定的货物接送业务，则不应视为多式联运，如航空运输中从仓库到机场的这种陆空组合则不属于多式联运。

（4）必须是国家间的货物运输,这是区别于国内运输和是否符合国际法规的限制条件。

（5）必须由一个多式联运经营人对全程运输负责。由多式联运经营人去寻找分承运人,实现分段的运输。

（6）必须是全程单一运费费率。多式联运经营人在对货主负全程责任的基础上,制定一个货物发运地至目的地的全程单一费率,并以包干形式一次向货主收取。

二、国际多式联运的优越性

（一）统一化、简单化

所谓统一化、简单化,主要表现为:在国际多式联运下,不管货物运程有多远,无论使用几种运输方式完成对货物的运输,也不论运输途中经多少次转换,所有一切运输事宜均由多式联运经营人负责办理。当货物发生货损、货差时,多式联运经营人对全程运输负责,每一运输区段的承运人对本区段的货物运输负责。但这丝毫不会影响多式联运经营人对每个运输区段实际承运人的任何追偿权利。

（二）减少中间环节,缩短货运时间,降低货损、货差,提高货运质量

国际多式联运通过集装箱进行直达运输,货物在发货人工厂或仓库装箱后,可直接运至收货人门或仓库,运输途中无须拆箱、装箱,减少了很多中间环节。货物虽经多次换装,但由于都使用机械装卸,并且不涉及箱内货物,因此,货损、货差和货物被窃事故大为减少,从而在一定程度上提高了货运质量。此外,在各个运输环节和各种运输工具之间,配合密切,衔接紧凑,货物所到之处,中转迅速及时,减少了停留时间,因此,保证了货物安全、迅速、准确、及时地运抵目的地。

（三）降低运输成本,节省运杂费用

国际多式联运可实现货物"门到门"运输。因此,对货主来说,在货物交给第一承运人后即可取得货运单据进行结汇,结汇时间提早,有利于加速货物资金的周转,并减少利息的支出。又由于货物装载于集装箱,从某种意义上讲,可节省货物的包装费用和保险费用。此外,国际多式联运可采用一张单据,统一费率,因而也就简化了制单和结算手续,节省了人力、物力。

（四）提高运输组织水平,实现合理运输

国际多式联运可提高运输组织水平,实现合理运输,改善不同运输方式间的衔接协作。在国际多式联运开展之前,各种运输方式经营人各自为政、自成体系,因而经营的范围受到限制,货运量相应也有限。一旦由不同的运输业者参与国际多式联运,其经营范围可大大扩大,并且可以最大限度地发挥其现有设备的作用,选择最佳运输路线,实现合理运输。

三、国际多式联运的业务特点

国际多式联运业务与一般的国际货物运输要求不同,它们在业务上有很大区别,具体如下。

（一）货运单证的内容与制作方法不同

国际多式联运大都为"门到门"运输，因此货物于装船或装车或装机后应同时由实际承运人签发提单或运单，多式联运经营人签发多式联运提单。这是国际多式联运与任何一种单一的国际货运方式的根本不同。在此情况下，海运提单或运单上的发货人应为多式联运经营人，收货人及通知方一般应为多式联运经营人的国外分支机构或其代理；多式联运提单上的收货人和发货人则是真正的、实际的收货人和发货人，通知方则是目的港或最终交货地点的收货人或该收货人的代理人。

多式联运提单上除列明装货港、卸货港，还要列明收货地、交货地或最终目的地的名称以及第一程运输工具的名称、航次或车次等。

（二）提单的适用性与可转让性不同

一般海运提单只适用于海运，从这个意义上说，多式联运提单只有在海运与其他运输方式结合时才适用，但现在也适用于海运以外的其他两种或两种以上的不同运输方式的连贯性跨国运输（国外采用"国际多式联运单据"就可避免概念上的混淆）。

多式联运提单把海运提单的可转让性与其他运输方式下的运单不可转让性合并在一起，因此多式联运经营人根据托运人的要求既可签发可转让的多式联运提单，也可签发不可转让的多式联运提单。如果属前者则收货人一栏应采用指示抬头；如果属后者则收货人一栏应具体列明收货人名称，并在提单上注明不可转让。

（三）信用证上的条款不同

根据国际多式联运的需要，信用证上的条款应有以下三点变动。

（1）向银行议付时不能使用船公司签发的已装船清洁提单，而应使用多式联运经营人签发的多式联运提单，同时还应注明该提单的抬头如何制作，以明确可否转让。

（2）国际多式联运一般采用集装箱运输（特殊情况除外，如对外工程承包运出的机械设备不一定采用集装箱），因此，应在信用证上增加指定采用集装箱运输条款。

（3）如果不由银行转单，改由托运人或发货人或多式联运经营人直接寄单，以便收货人或其代理能尽早取得货运单证，加快在目的港（地）提货的速度，则应在信用证上加列"装船单据由发货人或由多式联运经营人直接寄收货人或其代理"的条款；如果由多式联运经营人寄单，发货人出于议付结汇的需要，应由多式联运经营人出具一份"收到货运单据并已寄出"的证明。

（四）海关验放的手续不同

一般国际货物运输交货地点大都在装货港，目的地大都在卸货港，因而办理报关和通关的手续都是在货物进出境的港口。而国际多式联运货物的起运地大都在内陆城市，因此，内陆海关只对货物办理转关监管手续，由出境地的海关进行查验放行。进口货物的最终目的地如为内陆城市，进境港口的海关一般不进行查验，只办理转关监管手续，待货物到达最终目的地时，由当地海关查验放行。

四、国际多式联运的运输组织形式

国际多式联运是采用两种或两种以上不同运输方式进行联运的运输组织形式。这里所指的至少两种运输方式可以是海陆、陆空、海空等。这与一般的海海、陆陆、空空等形式的联运有着本质的区别。后者虽也是联运，但是同一种运输工具之间的联运。众所周知，各种运输方式均有自身的优点与不足。一般来说，水路运输具有运量大、成本低的优点；公路运输则具有机动灵活，便于实现货物"门到门"运输的特点；铁路运输的主要优点是不受气候影响，可深入内陆和横贯内陆，实现货物长距离的准时运输；而航空运输的主要优点是可实现货物的快速运输。由于国际多式联运严格规定必须采用两种或两种以上的运输方式进行联运，因此这种运输组织形式可综合利用各种运输方式的优点，充分体现社会化大生产、大交通的特点。

由于国际多式联运具有其他运输组织形式无可比拟的优越性，因而这种国际运输新技术已在世界各主要国家和地区得到广泛的推广应用。目前，有代表性的国际多式联运主要有远东—欧洲、远东—北美等海、陆、空联运，其组织形式如下。

（一）海陆联运

海陆联运是国际多式联运的主要组织形式，也是远东—欧洲国际多式联运的主要组织形式之一。这种组织形式以航运公司为主体，签发联运提单，与航线两端的内陆运输部门开展联运业务，与大陆桥运输展开竞争。

（二）陆桥运输

在国际多式联运中，陆桥运输起着非常重要的作用，也是远东—欧洲国际多式联运的主要形式。所谓陆桥运输是指采用集装箱专用列车或卡车，将横贯大陆的铁路或公路作为中间"桥梁"，使大陆两端的集装箱海运航线与专用列车或卡车连接起来的一种连贯运输方式。严格地讲，陆桥运输也是一种海陆联运形式，其在国际多式联运中占据着独特的地位，后面章节将具体介绍。

（三）海空联运

海空联运又被称为空桥运输。在运输组织方式上，空桥运输与陆桥运输有所不同：陆桥运输在整个货运过程中使用的是同一个集装箱，不用换装，而空桥运输的货物通常要在航空港换入航空集装箱，但是两者的目标是一致的，即以低费率提供快捷、可靠的运输服务。

目前，国际海空联运线主要如下。

1. 远东—欧洲

目前，远东与欧洲间的航线有的以温哥华、西雅图、洛杉矶为中转地，也有的以香港、曼谷、海参崴为中转地。此外，还有的以旧金山、新加坡为中转地。

2. 远东—中南美

近年来，远东至中南美的海空联运发展较快，因为此处港口和内陆运输不稳定，所以对海空运输的需求很大。该联运线以迈阿密、洛杉矶、温哥华为中转地。

3．远东—中近东、非洲、澳洲

这是以香港、曼谷为中转地至中近东、非洲的运输线。

在特殊情况下，还有经马赛至非洲、经曼谷至印度、经香港至澳大利亚等联运线，但这些线路货运量较小。

总体来讲，运输距离越远，采用海空联运的优越性就越大，因为同完全采用海运相比，其运输时间更短；同直接采用空运相比，其费率更低。因此，将从远东出发至欧洲、中南美以及非洲的运输服务作为海空联运的主要市场是合适的。

（四）陆空联运

陆空联运包括空陆空联运、陆空陆联运和陆空联运，其特点是费用适中、到货迅速、安全性强、手续简便等。目前陆空联运广泛采用"卡车航班"的运输形式，即卡车内陆运输与空运进出境航班相结合，作为飞机航班运输的补充方式。陆空联运普遍被工业发达以及高速公路较多的国家和地区采用，如欧洲、美洲和澳大利亚。

（五）公铁联运

公铁联运集公路与铁路于一体，发挥了铁路运输准时、安全、低成本以及公路运输快速、灵活、"门到门"的优势，避免了铁路运输速度慢、网点少以及公路运输费用高、交通拥堵的劣势，适合现代物流发展的要求。驼背运输是一种特殊的公铁联运方式，是指将载运货物的公路拖车置于铁路平车上运输，其特点是有助于实现铁路货运与汽车货运之间的直接转移而无须换装。

第二节　国际多式联运经营人

一、国际多式联运经营人的含义及特征

（一）国际多式联运经营人的含义

多式联运经营人（MTO）是指本人或通过其代表订立多式联运合同的人，多式联运经营人是事主，而不是发货人的代理人或代表或参加多式联运的承运人的代理人或代表，并且负有履行合同的责任。

（二）国际多式联运经营人的特征

1．国际多式联运经营人是多式联运合同的主体

国际多式联运经营人是本人而非代理人。他既对全程运输享有承运人的权利，又负有履行多式运输合同的义务，并对责任期间所发生的货物的灭失、损害或迟延交付承担责任。

2．国际多式联运经营人的职能在于负责完成多式运输合同或组织完成多式运输合同

国际多式联运经营人既可以拥有运输工具从事一个或几个区段的实际运输，也可以不拥有任何运输工具，仅负责全程运输组织工作。当国际多式联运经营人以拥有的运输工具承担某一区段运输任务时，他既是契约承运人，又是该区段的实际承运人。

3．国际多式联运经营人是中间人

国际多式联运经营人具有双重身份，他既以契约承运人的身份与货主（托运人或收货人）签订国际多式联运合同，又以货主的身份与负责实际运输的各区段运输的承运人（通常称为实际承运人）签订分运运输合同。

《联合国国际货物多式联运公约》规定：多式联运经营人应对他的受雇人或代理人在其受雇范围内行事时的行为或不行为负赔偿责任，或对他为履行多式联运合同而使用其服务的任何其他人在履行合同的范围内行事时的行为或不行为负赔偿责任，一如他本人的行为或不行为。

二、国际多式联运经营人应具备的条件

（1）取得从事国际多式联运的资格。

（2）拥有国际多式联运线路以及相应的经营网络。

（3）与有关的实际承运人、场站经营人建立长期合作关系。

（4）拥有必要的运输设备，尤其是场站设施和短途运输工具。

（5）拥有雄厚的资金和良好的资信。

（6）拥有符合要求的国际多式联运单据。

（7）具备自己所经营的国际多式联运线路的运价表。

三、国际多式联运经营人的类型

（一）船舶运输型

经营船舶运输的船公司在开展海上运输业务时，可以在不拥有陆运、空运设施和工具以及不拥有场站设施的情况下，通过与陆、空承运人以及场站经营人合作的方式，扩展陆运、空运、装卸与仓储等服务，从而转型为国际多式联运经营人，从事海陆联运、海空联运等多式联运业务。

中国远洋运输有限公司在远东至欧洲的海陆联运中就扮演着国际多式联运经营人的角色。这类国际多式联运经营人既是契约承运人，又是某个或几个区段的实际承运人。

（二）承运人型

承运人型的国际多式联运经营人不拥有船舶，但拥有汽车、火车或飞机等运输工具。他与以船舶运输为主的国际多式联运经营人一样，除利用自己拥有的运输工具完成某些区段的实际运输外，对于自己不拥有或不经营的运输区段，通过与相关承运人订立分合同来实现运输，从而完成整个运输过程。

（三）场站经营人型

场站经营人型的国际多式联运经营人不拥有任何运输工具，但拥有堆场、货运站、仓库等场站设施。他除利用自己拥有的场站资源完成装卸、仓储服务，还需要通过与相关的、采用各运输方式的分承运人订立分合同完成整个运输过程。

（四）代理人型

代理人型的国际多式联运经营人既不拥有船舶、汽车、火车、飞机等任何运输工具，也不拥有任何场站资源，而必须通过与相关承运人以及相关场站经营人合作订立分合同，履行他与货主订立的国际多式联运合同。

四、国际多式联运经营人、无船承运人与传统货运代理的比较

国际多式联运经营人、无船承运人与传统货运代理的异同比较如表 7-1 所示。

表 7-1　国际多式联运经营人、无船承运人与传统货运代理的异同比较

比 较 项 目		国际多式联运经营人	无船承运人	传统货运代理
相同之处		它们均属于运输中间商，其主要业务是为供需双方提供运输服务或代理服务，以赚取运费或代理费		
不同之处	涉及运输方式	至少两种运输方式	海运	海、陆、空
	法律地位	对货主而言是承运人，对各区段承运人而言是货主	对货主而言是承运人，对船公司而言是货主	代理人
	资金占用	很大	较大	很少
	是否拥有船舶	必要时可以拥有	禁止拥有	禁止拥有
	是否拥有陆运与空运工具	必要时可以拥有	必要时可以拥有	禁止拥有
	是否有自己的提单	有	有	无
	是否有自己的运价表	有	有	无
	收入性质	运费（差价）	运费（差价）	代理费或佣金

五、国际多式联运经营人的责任

（一）国际多式联运经营人的责任范围

1. 国际多式联运经营人的主要责任

国际多式联运经营人从接受货物起到交付货物止对货主负责。其主要责任有以下几个方面。

（1）托运人委托国际多式联运经营人负责装箱、计数的，应对箱内货物不是由于商品自身包装和质量问题而造成的污损和灭失负责。

（2）托运人委托装箱时，对未按托运人要求装箱，结果因积载不当或衬垫捆扎不良而造成串味、污损、倒塌、碰撞等货损应承担责任。

（3）对在责任期间因责任事故致使货物损坏或灭失应承担责任。

（4）对货物延迟交付负责。

2. 国际多式联运经营人不负责的情况

国际多式联运经营人对下述原因造成的货损或灭失不负责。

（1）托运人所提供的货名、种类、包装、件数、重量、尺码及标志不实，或由于托运

人的过失和疏忽而造成的货损或灭失。

（2）由托运人或其代理装箱、计数或封箱。

（3）货物品质不良，外包装完好而内装货物短缺变质。

（4）货物装载于托运人自备的集装箱内的损坏或短少。

（5）由于运输标志不清而造成的损失。

（6）对危险品等特殊货物的说明及注意事项不清或不正确而造成的损失。

（7）对有特殊装载要求的货物未加标明而引起的损失。

（8）由于海关、商检、承运人等行使检查权所引起的损失。

（二）国际多式联运经营人的责任制类别

从国际多式联运经营人的责任范围来看，国际多式联运经营人的责任是以过失责任为基础的，对其责任限制和赔偿限额目前国际上有以下三种不同做法。

1．统一责任制（uniform liability system）

货物如发生灭失或损坏，不论发生在哪个区段，国际多式联运经营人都要按一个统一原则负责并按一个约定的限额进行赔偿。这一做法对国际多式联运经营人来说，责任较大，赔偿额较高。

2．分段负责制，又称为网状责任制（network liability system）

分段责任制以各运输区段原有的责任为限。如海上区段按《海牙规则》处理，铁路区段按《国际铁路货物运输公约》处理，公路区段按《国际公路货物运输合同公约》处理，航空区段按《华沙公约》处理。在不适合上述任何一项公约的情况下，按相应的国内法处理。赔偿限额也是按各区段的国际公约的规定或相应国内法的规定赔付。目前国际上大多采用此制度。根据我国《海商法》第一百零四条至第一百零六条的规定，我国国际多式联运经营人采用的也是分段责任制。

3．修正的统一责任制（modified uniform liability system）

修正的统一责任制是介于上述两种责任制之间的责任制，又称为混合责任制。它在责任范围上采用统一责任制，在赔偿限额上采用分段责任制。

（三）国际多式联运经营人的赔偿责任限制

所谓赔偿责任限制，是指国际多式联运经营人对每一件或每一货损单位负责赔偿的最高限额。《海牙规则》对每一件或每一货损单位的赔偿最高限额为 100 英镑；《维斯比规则》则为 10 000 金法郎，或毛重每千克 30 金法郎，两者以较高者计。此外，《维斯比规则》对集装箱、托盘或类似的装运工具在集装运输时的损害赔偿也做了规定，如果在提单上载明这种运输工具中的件数或单位数，则按载明的件数或单位数负责赔偿。《汉堡规则》规定每一件或每一货损单位为 835 个特别提款权（国际货币基金组织规定的记账单位），或按毛重每千克 2.5 个特别提款权，两者以较高者计。《汉堡规则》对货物用集装箱、托盘或类似的其他载运工具在集装时所造成的损害赔偿做了与《维斯比规则》相似的规定。对于延迟交货的责任限制，《汉堡规则》做了相当于该延迟交付货物应付运费的 2.5 倍赔偿的规定，但不超过运输合同中规定的应付运费的总额。

已通过的《联合国国际货物多式联运公约》规定，货物的灭失、损害赔偿责任按每一件或每一货损单位计，不得超过920个特别提款权，或毛重每千克2.75个特别提款权，两者以较高者计。如果货物是用集装箱、托盘或类似的装运工具运输，则赔偿按多式联运单证中已载明的该种装运工具中的件数或包数计算，否则，这种装运工具的货物应视为一个货运单位。

（四）国际多式联运经营人的赔偿责任限制权利的丧失

为了防止国际多式联运经营人利用赔偿责任限制的规定，对货物的安全掉以轻心，致使货物所有人遭受不必要的损失，从而影响国际贸易与国际航运业的发展，则如果经证明货物的灭失、损害，或延迟交货是由于国际多式联运经营人有意造成，或明知有可能造成而又毫不在意地行为或不行为所引起，国际多式联运经营人则无权享受赔偿责任限制的权益。

此外，对于国际多式联运经营人的受雇人或代理人，或因国际多式联运合同而为其服务的其他人有意造成或明知有可能造成而又毫不在意地行为或不行为所引起的货物灭失、损害或延迟交货，则该受雇人、代理人或其他人无权享受有关赔偿责任限制的规定。

第三节　国际多式联运的业务流程及单证

一、国际多式联运的业务流程

（一）接受托运申请，订立国际多式联运合同

国际多式联运经营人根据货主提出的托运申请和自己的运输线路等情况，判决是否接受该托运申请，发货人或其代理人根据双方就货物的交接方式、时间、地点、付费方式等达成协议并填写场站收据，并把其送至国际多式联运经营人进行编号，国际多式联运经营人编号后留下货物托运联，将其他联交还给发货人或其代理人。

（二）空箱的发放、提取及运送

国际多式联运中使用的集装箱一般由国际多式联运经营人提供。这些集装箱的来源可能有三种情况：第一种是国际多式联运经营人自己购置的集装箱；第二种是向借箱公司租用的集装箱；第三种是由全程运输中的某一分运人提供，如果双方协议由发货人自行装箱，则国际多式联运经营人应签发提箱单或租箱公司或分运人签发提箱单交给发货人或其代理人，由他们在规定日期到指定的堆场提箱并自行将空箱拖运到货物装箱地点，准备装货。

（三）出口报关

若国际多式联运从港口开始，则在港口报关；若国际多式联运从内陆地区开始，则应

在附近内陆地海关办理报关出口，报关事宜一般由发货人或其代理人办理，也可委托国际多式联运经营人代为办理，报关时应提供场站收据、装箱单、出口许可证等有关单据和文件。

（四）货物装箱及接受货物

若是发货人自行装箱，发货人或其代理人提取空箱后在自己的工厂和仓库组织装箱，装箱工作一般要在报关后进行，并请海关派员到装箱地点监装和办理加封事宜，如需理货，还应请理货人员现场理货并与其共同制作装箱单。

对于由货主自行装箱的整箱货物，发货人应负责将货物运至双方协议规定的地点，国际多式联运经营人或其代表在指定地点接受货物，如果是拼箱货，则由国际多式联运经营人在指定的货运站接收货物，验收货物后，代表国际多式联运经营人接收货物的人应在场站收据正本上签章并将其交给发货人或其代理人。

（五）订舱及安排货物运送

国际多式联运经营人在合同订立后，应立即制订该合同涉及的集装箱货物的运输计划，该计划应包括货物的运输路线，区段的划分，各区段实际承运人的选择，以及确定各区间衔接地点的到达、起运时间等内容。

这里所说的订舱泛指国际多式联运经营人要按照运输计划安排并洽定各区段的运输工具，与选定的各实际承运人订立各区段的分运合同，这些合同的订立由国际多式联运经营人本人或委托的代理人办理，也可请前一区段的实际承运人作为后一区段的实际承运人订舱。

货物运输计划的安排必须科学并留有余地，工作中应相互联系，根据实际情况调整计划，避免彼此脱节。

（六）办理保险

在发货人方面，应投保货物运输保险，该保险由发货人自行办理，或由发货人承担费用而由国际多式联运经营人代为办理，货物运输保险可以是全程投保，也可以是分段投保，在国际多式联运经营人方面，应投保货物责任险和集装箱保险，由国际多式联运经营人或其代理人向保险公司或以其他形式办理。

（七）签发多式联运提单，组织完成货物的全程运输

国际多式联运经营人的代表收取货物后，国际多式联运经营人应向发货人签发多式联运提单，在把提单交给发货人之前，应注意按双方议定的付费方式及内容、数量向发货人收取全部费用。

国际多式联运经营人有完成和组织完成全程运输的责任和义务，在接受货物后，要组织各区段实际承运人、各派出机构及代表人共同协调工作，完成全程中各区段的运输，做好各区段之间的衔接工作，并做好运输过程中所涉及的各种服务性工作和运输单据、文件及有关信息等组织和协调工作。

（八）运输过程中的海关业务

按惯例，国际多式联运的全程运输均应视为国际货物运输，因此，该环节的工作主要包括货物及集装箱进口国的通关手续、进口国内陆段保税运输手续及结关等内容，如果陆上运输要通过其他国家海关和内陆运输线路，还应包括这些海关的通关及保税运输手续。

如果货物在目的港交付，则结关应在港口所在地海关进行；如果货物在内陆地交货，则应在口岸办理保税运输手续，海关加封后方可运往内陆目的地，然后在内陆海关办理结关手续。

（九）货物支付

当货物运往目的地后，由目的地代理通知收货人提货，收货人需凭多式联运提单提货，国际多式联运经营人或其代理人需按合同规定，收取收货人应付的全部费用，收回提单并签发提货单，提货人凭提货单到指定堆场和地点提取货物。

如果是整箱提货，则收货人要负责至掏箱地点的运输，并在货物掏出后将集装箱运回指定的堆场，此时，运输合同终止。

（十）货运事故处理

如果全程运输中发生了货物灭失、损害和运输延误，无论能否确定损害发生的区段，发（收）货人均可向国际多式联运经营人提出索赔，国际多式联运经营人根据提单条款及双方协议确定责任并做出赔偿；如果能确定事故发生的区段和实际责任者，可向其进一步索赔；如果不能确定事故发生的区段，一般按在海运段发生处理；如果已对货物及责任投保，则存在要求保险公司赔偿和向保险公司进一步追索问题；如果受损人和责任人之间不能取得一致，则需要通过在诉讼时效内提起诉讼和仲裁来解决。

二、国际多式联运单证的定义

在国际货物多式联运过程中，虽然一票货物由多种运输方式、几个承运人共同完成运输，但使用的却是同一张货运单证，即多式联运单证。而且，货物在由一种运输方式转换至另一种运输方式时，不必再经过重新分类、核对、检查、开箱、装箱等过程，起到了统一化、简单化，方便货主的作用。

已通过的《联合国国际货物多式联运公约》对多式联运单证的定义是：多式联运单证是指证明多式联运合同以及证明多式联运经营人接管货物并负责按照合同条款交付货物的单证。因此，多式联运单证不是运输合同，而是运输合同的证明；是多式联运经营人收到货物的收据和凭此交付货物的凭证。

 知识链接 7-1

多式联运与联运是两个不同的概念，前者是指两种或两种以上的运输方式的联合运输，该种运输方式可以是海陆、陆空、海空中任何一种，而后者是指同一种运输工具间的联运。

多式联运单证与联运提单的区别如下。

（1）责任形式不同。联运提单对承运人的责任形式规定为"网状责任制"或"单一责任制"，这种规定有时在实际业务中极易引起纠纷，如发货人与第二承运人产生有关货损争议，则出现该承运人与发货人之间是否是合同当事人的问题。而多式联运单证则不同，签发多式联运单证的多式联运经营人对全程运输负统一责任，货物受损人只需向多式联运经营人索赔即可。

（2）单证或提单签发人不同。通常，联运提单由运输工具的海上承运人或其代理人签发，而多式联运单证的签发人不一定是运输工具的所有人，凡有权控制国际多式联运，并对其运输负有责任的人都可签发。

（3）单证或提单签发地点、时间不同。习惯上联运提单在收到货物的装船港，并在货物实际装船后签发。而国际多式联运货物的交接地点有时在内陆集装货运站、发货人工厂或仓库，在收到货物后即签发货物收据，因此，多式联运单证的签发有时不在装船港；而且，从收到货物至实际装船有一个待装期，因而签发的时间也并不一定是在货物实际装船后。

三、国际多式联运单证的主要内容

国际多式联运单证是各当事人之间进行国际多式联运业务活动的凭证。因此，要求单据的内容必须正确、清楚、完整，该单证的主要内容包括以下几个方面。

（1）货物的外表状况、数量、名称、包装、标志等。

（2）国际多式联运经营人的名称和主要营业所。

（3）发货人、收货人的名称、地址。

（4）国际多式联运经营人接管货物的日期、地点。

（5）经双方明确议定的交付货物的时间、地点。

（6）表示国际多式联运单证可转让或不可转让的声明。

（7）国际多式联运单证的签发时间、地点。

（8）国际多式联运经营人或其授权人的签字。

（9）有关运费支付的说明。

（10）有关运输方式、运输路线、运输要求的说明等。

同时，国际多式联运单证除按规定的内容要求填写，还可根据双方的实际需要，在不违背单证签发国法律的情况下加注其他项目。例如，关于特种货物运输的说明，对所运输货物批注的说明，不同运输方式下承运人之间的临时洽商批注，等等。

国际多式联运单证所记载的内容通常由货物托运人填写或由国际多式联运经营人或其代表根据托运人提供的有关托运文件制成。在国际多式联运经营人接管货物时，可认为货物托运人或发货人已向国际多式联运经营人保证其在国际多式联运单证中所提供的货物品类、标志、件数、尺码等情况准确无误。

如果货物的灭失、损坏是由于发货人或货物托运人在单证中所提供的内容不准确或不当所造成，发货人应对国际多式联运经营人负责，即使在多式联运单证已转让的情况下也不例外。当然，如果货物的灭失、损坏是由于国际多式联运经营人在国际多式联运单证中列入不实资料，或漏列有关内容所致，那么该国际多式联运经营人无权享受赔偿责任限制，而应按货物的实际损坏负责赔偿。

四、国际多式联运单证的签发

国际多式联运经营人在接收托运的货物时，必须与接货单位（集装箱货运站或码头堆场）出具的货物收据进行核对无误后，签发国际多式联运单证。国际多式联运单证由国际多式联运经营人或其授权人签字，在不违背国际多式联运单证签发国法律规定的情况下，国际多式联运单证可以是手签的、手签笔迹复印的、打透花字的、盖章或用任何其他机械或电子仪器打印的。

基于国际多式联运而签发的国际多式联运单证本质上借鉴和吸收了海运提单和运单各自独特的功能，集两者所长，以适应国际货物多式联运的实际需要。

（一）国际多式联运单证的签发形式

1. 可转让的国际多式联运单证

可转让的国际多式联运单证类似提单，具有三种功能：国际多式联运合同的证明、货物收据与物权凭证功能。

2. 不可转让的国际多式联运单证

不可转让的国际多式联运单证类似于运单（如海运单、空运单），具有两种功能：国际多式联运合同的证明和货物收据。但它不具有物权凭证功能，如果国际多式联运单证以不可转让方式签发，那么国际多式联运经营人交付货物时，应凭单证上记名的收货人的身份证明向其交付货物。

（二）国际多式联运单证签发的时间、地点

在集装箱货物的国际多式联运中，国际多式联运经营人接收货物的地点有时不在装船港，而在某一内陆集装箱货运站、装船港的集装箱码头堆场，甚至在发货人的工厂或仓库。因此，在很多场合下，从接收货物到实际装船有一个待装期，在实际业务中，即使货物尚未装船，托运人也可凭场站收据要求国际多式联运经营人签发多式联运提单，这种提单属收货待运提单。

五、国际多式联运单证的证据效力与保留

除非国际多式联运经营人已在国际多式联运单证上做了保留，否则，国际多式联运单证一经签发，即具有如下效力。

（1）国际多式联运经营人收到货物的初步证据。

（2）国际多式联运经营人对所接收的货物开始负有责任。

（3）可转让的国际多式联运单证如果已转让给善意的第三方，该单证在国际多式联运经营人与善意的第三方之间构成了最终证据，国际多式联运经营人必须按单证中的记载事项向单证持有人交付货物，任何提出的相反证据均无效。

国际多式联运单证中的保留是指国际多式联运经营人或其代表在接受货物时，对于货

物的实际状况与国际多式联运单证中所注明的有关货物的种类、标志、包装、件数、重量等事项有怀疑，而又无适当方法进行核对、核查时，国际多式联运经营人或其代表可在国际多式联运单证中提出保留，注明不符的地方、怀疑的依据等。与此相反，如果国际多式联运经营人或其代表在接受货物时未在国际多式联运单证中做出任何批注，则表明他接受的货物外表状况良好。货物在运抵目的港以后，国际多式联运经营人或其代表也应交付外表状况良好的货物，任何有关货物的灭失、损坏均由国际多式联运经营人负责赔偿。否则，应举证说明货物的灭失、损坏并不是由于他或他的代理人的过失所致。

因此，国际多式联运单证的证据效力如何，取决于该单证中所记载的事项是否准确。这是因为单证中所记载的事项是法定的，而且单证要求具备一定格式，如果在这些方面有遗漏，则单证的效力将在判例中无效，除非该种遗漏不危害货物运输或影响运输合同的执行。

第四节　大陆桥运输

一、大陆桥运输的含义

大陆桥运输是以横贯大陆的铁路或公路为中间桥梁，把大陆两端的海洋运输连接起来，形成一种"海—陆—海"的运输方式。世界上的大陆桥有北美大陆桥（指美国陆桥和加拿大陆桥）和亚欧大陆桥（指西伯利亚陆桥和中荷陆桥）。自集装箱运输发展起来后，大陆桥运输实质上也属于国际多式联运范畴。

二、大陆桥运输的种类

大陆桥运输产生于 20 世纪 50 年代，始于日本货运公司将货箱装船运至美国太平洋港口，再利用美国横贯东西的铁路将货箱运抵美国东海岸港口（大西洋沿岸），再装船运往欧洲。这条大陆桥运输线路由于经济效益差，逐渐停运，但却开始了海运、陆运之间的竞争，带动了其后大陆桥的发展。

大陆桥运输在现阶段主要有以下几种陆桥。

（一）西伯利亚大陆桥（Siberian land bridge，SLB）

西伯利亚大陆桥是指货物以国际标准规格集装箱为容器，由远东或日本海运至俄罗斯东部港口，跨越西伯利亚铁路，运至波罗的海沿岸港口，再以铁路、公路或海运将集装箱运往欧洲或中东、近东地区或相反方向，如图 7-1 所示。

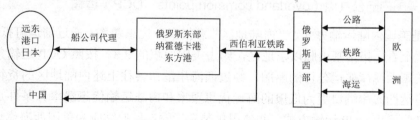

图 7-1　西伯利亚大陆桥图示

西伯利亚大陆桥始于 20 世纪 70 年代，1971 年由苏联对外贸易运输公司确立，该公司与国际铁路集装箱运输公司为这条大陆桥的主要经营者。经过多年的发展，这条大陆桥西端发展到了整个欧洲和伊朗、阿富汗等国，东端发展到了中国（含香港、台湾地区）和韩国等国家，现全年货运量高达 10 万 TEU，承担了日本出口欧洲杂货的 1/3、欧洲出口亚洲杂货的 1/5 的运输量。货物种类主要有电器、化纤、服装、瓷器、医药、玩具、工具、劳保用品及塑料制品等。西伯利亚大陆桥往返欧亚之间的线路有以下三条。

（1）西伯利亚铁路转到伊朗或东西欧铁路，再抵达中东、近东各地或欧洲各地以及相反方向的运输线路，我国惯称铁—铁线。

（2）西伯利亚铁路转俄罗斯公路，使用汽车运到欧洲各国目的地及相反方向的运输路线，我国惯称铁—海线。

（3）西伯利亚铁路运至爱沙尼亚或拉脱维亚港口，转船运往西欧、北欧或巴尔干地区主要港口及相反方向的运输路线，我国惯称铁—卡线。

（二）北美大陆桥（North American land bridge）

北美大陆桥是指从日本港口以海运运至美国或加拿大西部（太平洋沿岸）港口卸货，再用铁路将集装箱运至美国、加拿大东海岸（大西洋沿岸）港口，经海运运往欧洲或相反方向的运输线路。

（三）中荷大陆桥（新欧亚大陆桥）

中荷大陆桥是指从中国连云港和日照经新疆阿拉山口西至荷兰鹿特丹及相反方向的运输线路。

（四）小陆桥运输（mini land bridge，MLB）

小陆桥运输是指货物以国际标准规格集装箱为容器，从日本港口海运至美国、加拿大西部港口，再由铁路集装箱专列或汽车运至北美东海岸、美国南部或内地以及相反方向的运输。如从日本横滨到美国纽约的货物，从日本横滨装船后，越过太平洋，运到美国奥克兰，在奥克兰再用铁路运到纽约。

（五）微型陆桥（microbridge 或 micro land bridge，它不可简写为 MLB）

微型陆桥是指以国际标准规格集装箱为容器，从日本港口运至美国西海岸港口，利用铁路或汽车从美国西海岸运至美国内陆城市的运输方式。它是从小陆桥派生出来的一种运输方式，部分使用了小陆桥运输线路，因此，又称为半陆桥运输。

（六）美国内陆公共点（overland common points，OCP）运输

OCP 是美国内陆运输方式，"内陆地区"意指享受优惠费率、通过陆运可抵达的地区，从地理位置上看，指落基山脉以东地区，约占美国面积的 2/3。按照 OCP 运输条款规定，凡是使用美国西海岸航运公司的船舶，经过西海岸港口转往上述内陆地区的货物，均可享受比一般直达西海岸港口更为低廉的海运优惠费率和内陆运输优惠费率。条件是成交的贸易合同须订明采用 OCP 运输方式，并使用集装箱运输；目的港应为美国西海岸港口，并在

提单的目的港栏注明"OCP"字样，在物品各栏和包装上标明 OCP 内陆地区名称。

采用 OCP 运输方式，出口商把货物运到指定的港口后，就被认为完成合同交货义务。以后则由进口商委托港口转运代理人持提单向船公司提货，并由其自行按 OCP 费率把货物卖到美国西海岸港口，但可以享受较低的优惠费率，节省运费支出；而对进口商来说，在内陆运输中也可享受 OCP 优惠费率。

（七）美国内陆点多式联运（interior point of intermodal，IPI）运输

一种运输方式、运输途径、运输经营人的责任和风险完全与小陆桥运输相同，小陆桥运输下的集装箱货物，其抵达区域是美国东海岸和加勒比海区域，而 IPI 运输方式则将集装箱货物运抵内陆主要城市。

 知识链接 7-2

SLB、OCP、MLB、IPI 四种运输组织方式的区别如表 7-2 所示。

表 7-2   SLB、OCP、MLB、IPI 四种运输组织方式的区别

比 较 项 目	SLB	OCP	MLB	IPI
货物成交价	采用 FCA 或 CIP 应视为合同中约定	卖方承担的责任、费用终止于美国西海岸港口	卖方承担的责任、费用终止于最终交货地	与 MLB 相同
提单的适用	全程运输	海上区段	全程运输	全程运输
运费计收	全程	海、陆分段计收	全程	全程
保险区段	全程投保	海、陆段分别投保	全程投保	全程投保
货物运抵区域	不受限制	OCP 内陆公共点	美东和美国湾港口	IPI 内陆点
多式联运	是	不是	是	是

三、我国大陆桥运输

我国从1980年起由中国外运为内外客户办理中国经蒙古或苏联到伊朗和往返西北欧各国的大陆桥集装箱运输业务，现每年货运量已达 10 000 标准箱以上，全国除西藏、台湾、海南、广西外，其余各省均已开办了大陆桥运输业务，并且在上海、天津、北京、江苏、辽宁等省、市开办了拼箱货运业务。我国最大的货运代理企业——中国外运，在一些口岸和城市建立了铁路集装箱中转点（见表 7-3），办理集装箱的装卸、发运、装箱和拆箱业务。

表 7-3   我国大陆桥运输铁路集装箱中转点一览表

省份（城市）	中 转 点	省份（城市）	中 转 点
上海	何家湾	北京	丰台
天津	塘沽南	黑龙江	滨江西、香坊、玉岗
辽宁	沈阳、辽阳、大连西	内蒙古	呼和浩特、二连浩特、集宁、满洲里
河北	石家庄、唐山、秦皇岛	河南	海棠寺

续表

省份（城市）	中 转 点	省份（城市）	中 转 点
山东	青岛、济南、青州、潍坊西、烟台、淄博、石臼所	山西	太原东
陕西	西安西、窑村	甘肃	兰州西
青海	西宁	安徽	合肥北、芜湖西
浙江	南星桥	江苏	镇江南、中华门、南京西、无锡、连云港
湖南	醴陵、长沙西	湖北	汉西、汉阳
四川	成都东、伏牛溪	贵州	贵阳东
新疆	乌鲁木齐北	吉林	孟家屯
福建	福州东	广东	黄埔

资料来源：陈洋. 国际物流实务[M]. 北京：高等教育出版社，2003.

我国的 SLB 运输线路如下。

（一）铁 —— 铁路线（见图 7-2）

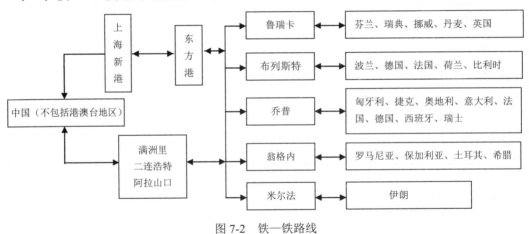

图 7-2　铁—铁路线

（二）铁 — 海路线（见图 7-3）

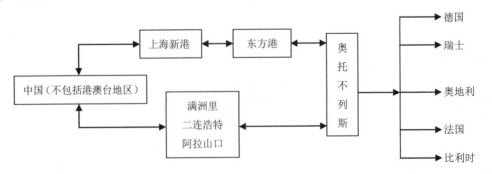

图 7-3　铁—海路线

（三）铁—卡路线（见图7-4）

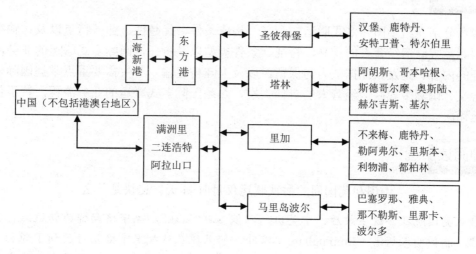

图7-4 铁—卡路线

 案例

A货主与B货运代理公司签订一份关于货物全程运输的协议，约定由B货运代理公司承运A货主的货物，包括从A货主所在地汽车运输至中国香港、中国香港至新加坡的海上船舶运输，A货主一次性支付全程运费。该协议并无关于运输烟花等危险品的约定，且B货运代理公司的经营范围仅为普通货物运输服务。在A货主处装车时，B货运代理公司发现所运货物16 000箱烟花并表示拒绝运输，但A货主坚持要B货运代理公司承运，B货运代理公司遂接受了运输任务。在汽车运输过程中，由于司机违章抢道行驶与火车相撞，导致货物发生爆炸全损。A、B双方当事人就有关责任和索赔发生纠纷并诉至法院。

资料来源：https://www.renrendoc.com/paper/101772358.html

根据题意请分析并回答：

（1）本案是否属于国际多式联运合同纠纷？为什么？

（2）A货主、B货运代理公司是否有责任？为什么？

【分析】

（1）本案属于国际多式联运合同纠纷。一个经营人、一份运输合同、支付全程运费、两种运输方式、两国之间的运输，使得此运输合同具备了国际多式联运合同的要件。

（2）A货主有责任。A货主在未与B货运代理公司协商修改运输协议条款的情况下，直接指示B货运代理公司运输烟花，违反了双方运输协议的规定。该行为为违约且违法。

B货运代理公司有责任。其本身的经营范围仅为普通货物运输服务，而在客观获知该批货物的危险特性后仍接受托运，并且在运输过程中，司机违章导致货损。

本章小结

本章分别介绍了国际多式联运的含义、构成条件、优越性、业务特点以及运输组织形式，国际多式联运经营人的含义、特征、条件类型以及责任，国际多式联运的业务流程及其单证的内容、签发、证据效力与保留，以及大陆桥运输。学生需要重点掌握国际多式联运的含义、国际多式联运经营人的责任类别，熟悉国际多式联运的业务流程，善于使用大陆桥运输。

延伸阅读

中国和英国间的海铁联运仅用时14天，秘诀是什么

自从英国脱欧协议生效后，中英班列以俄罗斯"飞地"加里宁格勒作为转运点，开启了新征程。除伊明汉姆港（Immingham）以外，船只现在从加里宁格勒行驶到了费利克斯托港（Felixstowe）。很快，蒂尔伯里（Tilbury）将被加入这一网络中。是什么让这条线路如此受欢迎呢？

第一辆集装箱列车于2021年4月25日离开成都的铁路场站，途径霍尔果斯—阿滕科里边境口岸，并于11天后（5月6日）到达加里宁格勒。在这里，集装箱被从铁路转运到运营商RTSB的专用船Anja号上。4天后，该船停靠在了英国最大的集装箱港口费利克斯托港的哈奇森码头（Hutchison）。RTSB说，这是第一次试行这一海铁联运线路，总运输时效达到了创纪录的14.8天。

绕过欧盟

"一方面，这种多式联运服务使来自中国的货物得以绕过欧洲经济区，简化了海关手续，从而避免了在欧洲的额外申报和检查。另一方面，成功的试运营也证明，它也比中国和英国之间的其他运输方式更快。"RTSB的市场总监Elena Schmitz解释说："铁路联运通常需要18～22天。"

"从中国到英国的传统多式联运线路是通过法国，沿着英吉利海峡隧道，或通过鹿特丹港，辅以短途海运来完成运输。但自英国脱欧以来，途径加里宁格勒的线路已被证明是一个广受市场欢迎的解决方案。"Schmitz说。

专门的船只

Schmitz认为，这条线路成功的部分原因是，船舶是专门为铁路服务的，而不是反过来让铁路去配合船只的运营时间。"我们的优势在于效率；我们能够提供配合列车运营的专用船只，来确保较短的运输时间。船只没有固定的出发日期，而是专门为我们在中国和欧洲之间的多式联运服务所用，并根据火车的到达情况安排其行程。"

这也意味着加里宁格勒和英国之间有两条独立的航运线路：一条是为来自西安的列车提供前往伊明汉姆港的海运服务；另一条是为来自成都的列车提供前往费利克斯托港的海运服务。目前，RTSB总共有三艘船，每月在加里宁格勒和英国之间运营6～8次。

三个英国港口

而这还不是全部。2021年8月，RTSB将开通第三条线路，通往蒂尔伯里港，该港口

位于泰晤士河下游，距伦敦约 50 km。到费利克斯托港的服务现在正处于启动阶段。目前它每月发车两次，等这一服务在市场上更加成熟后，它将实现每周一次的运营频率。

Schmidtz 说："我们的伊明汉姆航线已经是以每周一班的频率在运营了。"此外，这条路线最近也推出了东向服务。RTSB 解释说："我们相信，这种新的联合运输将为我们的客户和整个物流市场创造附加值，并且吸引客户寻求高效和可靠的运输选择。"

英国—中国

虽然加里宁格勒是中英航线的新转运点，但英国在"新丝绸之路"上受到的欢迎有一段时间了。早在 2018 年 11 月，英国运营商戴维斯-特纳（Davis Turner）就开始运营中英列车，并实现了每周稳定发运。起初，这一服务的起点是武汉，但由于新冠肺炎疫情的影响，起点临时改为西安。

与新的海铁联运不同，现有的中英线由三部分组成：铁路、公路和海运。具体来说，中欧班列到达德国杜伊斯堡后，货物被重新装上卡车，运往荷兰鹿特丹港。随后，再通过渡轮服务到达英国港口。

这也不是伊明汉姆港与中国的第一次连接。从 2020 年 6 月初起，德铁货运欧亚（DB Cargo Eurasia）开始每周开行一班从伊明汉姆到合肥的列车，途经德国库克斯港。这条服务是双向的，包括伊明翰和库克斯港之间的航运线，并进一步延伸到汉堡。在这里，货物被转运到火车上。

资料来源：中国和英国间的海铁联运仅用时 14 天，秘诀是什么？[EB/OL].（2021-07-20）[2022-03-04]. http://www.landbridge.com/caozuozhinan/2021-07-20/101304.html.

本章思考题

一、选择题

1. 国际多式联运经营人是（　　）。
   A. 国际多式联运合同的当事人　　　B. 国际多式联运合同的委托人
   C. 国际多式联运合同的代理人　　　D. 国际多式联运合同的经纪人
2. 国际多式联运所应具有的特点不包括（　　）。
   A. 签订一个运输合同　　　　　　　B. 采用一种运输方式
   C. 采用一次托运　　　　　　　　　D. 一次付费
3. 内陆点多式联运又称为（　　）。
   A. OCP 运输　　　　　　　　　　　B. MLB 运输
   C. IPI 运输　　　　　　　　　　　D. SLB 运输

二、判断题

1. OCP 运输条件对于发货人而言，其风险与责任终止于西海岸港口，而不承担西海岸港口到内陆公共点间的运输责任或风险；对于收货人而言，则可享受内陆转运的优惠费率。（　　）
2. 亚欧大陆桥东起中国连云港，西至荷兰鹿特丹港，是连接太平洋西岸与大西洋东岸，

跨越欧亚大陆的又一欧亚大陆桥。（　　　）

三、名词解释

1．国际多式联运
2．国际多式联运经营人
3．大陆桥运输

四、简答题

1．国际多式联运的优越性是什么？简述其构成条件。
2．目前多式联运经营人的责任类别有哪些？
3．简述国际多式联运单证一般包括哪些内容。
4．简述 SLB、OCP、MLB、IPI 四种运输组织方式的区别。

五、案例分析

2020 年 6 月 20 日，我国甲电力有限公司从欧洲进口一批发电机组及配套设备，委托我国乙货运代理公司负责全程运输。乙货运代理公司以托运人的身份向海运承运人订舱，装卸港口分别为 A 和 B，货物从欧洲港口起运前，甲电力有限公司向我国丙财产保险股份有限公司投保海洋货物运输一切险，保险单上起运港和目的港分别为 A 和 B。2020 年 7 月 10 日，在发电设备被海运至我国 B 港口后，乙货运代理公司又转委托中国丁运输有限公司将其运至甲电力有限公司在 C 地的工地，并向丁支付陆运运费。发电设备在公路运输途中，从丁运输有限公司的车上侧移跌落地面，严重受损。

请分析：

1．甲公司的货损应向谁索赔？为什么？
2．丁运输有限公司是否要承担责任？为什么？
3．保险公司是否承担责任？为什么？

六、实训题

1．大众汽车有限公司有一批轿车出口伊朗，轿车的发货地为长春，交货地为伊朗的德黑兰市。这批轿车如果采用传统的单一运输方式，由大众公司分别与铁路、航运或汽车运输公司签订合同进行运输，将会耗费大量的人力和物力。如果委托富得国际货运代理有限公司进行国际多式联运运输，享受"门到门"的服务，就会简化工作手续，安全，迅捷。请你为富得国际货运代理有限公司设计多式联运组织方案，确定运输路线。

2．收集并整理我国已开展国际多式联运的路线、主要城市等信息。

第八章　与国际货运代理有关的国际物流形式

知识目标

- ❑　熟悉国际物流的含义、作用、特点及国际物流系统的运作模式；
- ❑　了解会展物流的特点，熟悉其操作流程；
- ❑　熟悉邮政物流的含义和业务类型；
- ❑　了解保税物流的业务特点，并能灵活运用相关政策。

导读案例

2021年3月23日，中国台湾长荣集团旗下的"长赐"轮在苏伊士运河新航道搁浅，这导致运河堵塞近一周。这是自2004年利比里亚籍10万吨油轮搁浅导致苏伊士运河中断三天的事故发生以来，苏伊士运河所遭受的最严重的事故。搁浅事故对全球造成的影响很大，全球航运业供应链从油价到卫生纸价格都受到波及，引发业界担忧。有业内人士估计，这次运河堵塞可能对全球贸易造成每周60亿~100亿美元的损失。一艘货轮的搁浅竟能切断全球海运"大动脉"，直接导致亚欧海运航道的瘫痪这一事件，使我们看到海上交通要道的安全对经济和军事等方面的特殊价值。

作为连接红海与地中海的交通要道，苏伊士运河是全世界最大的海运收费站之一，同时它处于从欧洲到亚洲距离最短的海上货运咽喉位置，即使运河重新开放，对全球运力产生的持续负面影响也是巨大的，可以说，这次灾难性事故引发了一场全球性心理危机。

首先，航运在经济全球化中的作用不可替代，而且国际化的合作趋势无法阻挡。这次事故船是日本造的，船东是日本的，船旗国是巴拿马，租家是我国台湾的长荣，船员都是印度人，拉的是中国的货，收货人是欧盟国家，投保的保险人也涉及多个国家。航运全球化的特征表现得非常明显，同时也让大众感受到航运的重要性，这可能是此次事件带来的唯一正效应。另外，其凸显了世界经济的相互依存度——全球经济多元化带来的利益是大家的，大家都要精心维护。搁浅事故也反映出欧洲方向对东方市场，对中国市场的高度依赖。大量的东方的船只在给欧洲供货，可见今天的亚洲制造的影响力，今天的世界已经成为一个谁也离不开谁的人类命运共同体。

其次，全球供应链的脆弱性和对主要航运通道的依赖性非常明显。当"长赐"轮把运河堵死时，BBC等各国媒体数日头条报道，超过了对全球新冠肺炎疫情的关注，成为国际焦点事件。各个媒体的报道当然也不乏调侃，称之为全球供应链的一次"大血栓"，也有的说，中国台湾凭一己之力就封锁了苏伊士运河，全球经济命脉中断，只需一艘中国货船。据英国媒体报道，原计划途经苏伊士运河航道，试图去威慑伊朗的美国艾森豪威尔号航母战斗群也被滞留在地中海，报道说，想控制运河并不需要军舰。"长赐"轮将运河堵了近一周，就能造成全世界的油价普遍上涨，全线的运费急剧上涨，利益相关方都忧心忡忡，业界更是十分揪心。这充分说明了世界经济的脆弱性与相关性。

据统计，2019 年，苏伊士运河通行海运货物 10.31 亿吨，占全球海运量近 10%，小于马六甲海峡，大于巴拿马运河。这次苏伊士运河大堵塞给全球贸易和供应链敲响了警钟，也给中国的经济和军事安全提了个醒。航运通道是保证全球贸易、航运及供应链体系稳定的至关重要的载体，是世界经济命脉，其一举一动都能直接影响世界格局。离我国较近的马六甲海峡也是全世界最繁忙的海运航道之一，我们应如何做到居安思危，未雨绸缪？

最后，损失及保险理赔将复杂且漫长。苏伊士运河恢复正常后，相关责任认定、损失统计及索赔将很快展开。本次事件遭受损失的不仅仅是苏伊士运河当局，还包括救捞公司、"长赐"轮营运方及货主、受影响船舶和众多货主，甚至供应链上的各种企业。"长赐"轮面临大量的第三方索赔，因此"长赐"轮的保赔保险将在本次事故处理中充当重要角色，并且其背后的再保等保险安排也异常复杂。

苏伊士运河上的船舶搁浅事故犹如一颗投入湖面的石子，激起无数涟漪。大量船舶拥堵于运河或不得不绕道好望角，源于"长赐"轮运河搁浅事故，但"长赐"轮搁浅事故谁应承担侵权责任？此案件可能涉及的法律纠纷、保险安排和索赔事宜有哪些？此案件给我们在今后的国际物流货物运输中提供了哪些经验和建议？

资料来源：徐祖远．"长赐"轮搁浅事故带来的启示[EB/OL]．（2021-04-14）[2022-03-04]．http://www.zgsyb.com/news.html?aid=587562.

第一节　国际物流

一、国际物流的含义、作用与特点

（一）国际物流的含义

国际物流是国内物流的延伸和进一步扩展，是跨越国界的、流通范围扩大了的"物的流通"，是货物在两个或两个以上国家（或地区）间因物理性移动而发生的国际贸易活动。

国际物流的实质是按国际分工协作的原则，依照国际惯例，利用国际化的物流网络、物流设施和物流技术，实现货物在国家间的流动与交换，以促进区域经济的发展和世界资源的优化配置。

知识链接

广义的国际物流研究的范围包括国际贸易物流、非贸易物流、国际物流合作、国际物流投资、国际物流交流等领域。其中，国际贸易物流主要是指组织货物在国家间进行合理流动；非贸易物流是指国际展览与展品物流、国际邮政物流等；国际物流合作是指不同国

别的企业为完成重大的国际经济技术项目所进行的国际物流；国际物流投资是指不同国家物流企业共同投资建设国际物流企业；国际物流交流则主要是指物流科学、技术、教育、培训和管理方面的国际交流。

狭义的国际物流（international logistics，IL）主要是指当生产消费分别在两个或在两个以上的国家（或地区）独立进行时，为了克服生产和消费之间的空间距离和时间间隔，对货物（商品）进行物流性移动的一项国际商品贸易或交流活动，从而完成国际商品交易的最终目的，即实现卖方交付单证、货物和买方收取货物。

国际物流的总目标是为国际贸易和跨国经营服务，即选择最佳的方式与路径，以最低的费用和最小的风险，保质、保量、适时地将货物从某国的供方运到另一国的需方。

（二）国际物流的作用

国际物流最大的特点是物流跨越国界，物流活动是在不同国家之间进行的。所以国际物流的存在与发展可以促进世界范围内物的合理流动，使国家间物资或商品的流动路线最佳、流通成本最低、服务最优、效益最高。

同时，由于国际化信息系统的支持和世界各地域范围的物资交流，国际物流可以通过物流的合理组织促进世界经济的发展，改善国家间的友好交往，并由此推进国际政治、经济格局的良性发展，从而促使整个人类的物质文化和精神文化朝着和平、稳定和更加文明的方向发展。

（三）国际物流的特点

1．物流环境存在差异

国际物流的一个非常重要的特点是各国物流环境存在差异，尤其是物流软环境存在差异，主要体现在不同的物流适用法律、不同的经济和科技发展水平和不同的标准。这些差异将造成国际物流整体系统水平的下降，并最终使国际物流系统难以建立。

2．物流系统范围广

物流本身的功能要素、系统与外界的沟通已经很复杂，国际物流再在这复杂系统上增加不同国家的要素，所涉及的内外因素更多，所需的时间更长，广阔范围带来的直接后果是难度和复杂性增加，风险增大。

3．国际物流必须有国际化信息系统的支持

国际化信息系统是国际物流，尤其是国际联运非常重要的支持手段。国际化信息系统的建立难度大，管理困难，投资巨大，加上世界上有些地区物流信息水平较高，有些地区物流信息水平较低，所以会出现信息水平不均衡的问题，因而信息系统的建立更为困难。

4．国际物流的标准化要求较高

要使国家间物流畅通起来，统一标准是非常重要的，没有统一的标准，国际物流水平将无法提高。目前，美国、欧洲基本实现了物流工具、设施的统一标准，如托盘采用1000 mm×1200 mm、集装箱采用统一的规格和条码技术等。国际物流的标准化降低了物流费用，降低了转运的难度。

二、国际物流的发展历程及发展趋势

（一）国际物流的发展历程

国际物流活动随着国际贸易和跨国经营的发展而发展。国际物流活动的发展经历了以下历程。

历程一：第二次世界大战以后，国家间的经济交往才越来越扩展，越来越活跃。尤其在20世纪70年代的石油危机以后，国家间的贸易从数量来讲已非常巨大，交易水平和质量要求也越来越高。在这种新情况下，原有为满足运送必要货物的需求的运输观念已不能适应新的要求，系统物流就是在这个时期进入国际领域的。

历程二：从20世纪60年代开始形成了国家间的大数量物流，在物流技术上出现了大型物流工具，如20万吨的油轮、10万吨的矿石船等。

历程三：20世纪70年代，受石油危机的影响，国际物流不仅在数量上进一步发展，船舶大型化趋势进一步加强，而且出现了提高国际物流服务水平的要求，大数量、高服务型物流从石油、矿石等物流领域向物流难度最大的中、小件杂货领域深入，其标志是国际集装箱及国际集装箱船的大发展，国家间各主要航线的定期班轮都投入了集装箱船，一下子把散杂货的物流水平提了上去，使物流服务水平获得了很大提高。

历程四：20世纪70年代中、后期，国际物流的质量要求和速度要求进一步提高，这个时期在国际物流领域出现了航空物流大幅度增加的新形势，同时出现了更高水平的国际联运。

历程五：20世纪80年代前期、中期，国际物流的突出特点是，在物流量基本不继续扩大的情况下出现了"精细物流"，物流的机械化、自动化水平提高。同时，伴随新时代人们需求观念的变化，国际物流着力于解决"小批量、高频度、多品种"的物流，出现了不少新技术和新方法，这就使现代物流不仅覆盖了大量货物、集装杂货，而且也覆盖了多品种的货物，基本覆盖了所有物流对象，解决了所有物流对象的现代物流问题。

历程六：20世纪80年代、90年代，在国际物流领域中的另一大发展是，伴随国际物流，尤其是伴随国际联运式物流出现的物流信息和首先在国防物流领域出现的电子数据交换（EDI）系统。信息的作用是，使物流向更低成本、更高服务、更大量化、更精细化方向发展，许多重要的物流技术都是依靠信息实现的，这个问题在国际物流中比在国内物流中表现得更为突出，物流的几乎每一项活动都由信息支撑，物流质量取决于信息，物流服务依靠信息。

历程七：20世纪90年代，国际物流依托信息技术的发展实现了"信息化"。信息对国际物流的作用依托互联网公众平台，向各个相关领域渗透。同时又出现了全球卫星定位系统、电子报关系统等新的信息系统，在这个基础上，构筑国际供应链，形成国际物流系统，使国际物流水平进一步得到了提高。

（二）国际物流的发展趋势

1. 系统集成化

传统物流一般只是货物从起点到终点的流动过程，如产品出厂后从包装、运输、装卸到仓储这样一个流程。而现代物流，从纵向看，它将传统物流向两头延伸并注入新的内涵，即从最早的货物采购物流开始，经过生产领域，再进入销售领域，其间产品要经过包装、运输、装卸、仓储、加工配送等过程，最终到达用户手中，甚至最后还有回收物流，整个过程包括了产品出"生"入"死"的全过程。从横向看，它将社会物流和企业物流、国际物流和国内物流等各种物流系统，通过利益输送、股权控制等形式有机地组织在一起，即通过统筹协调、合理规划掌控整个商品的流动过程，以满足各种用户的需求和用户不断变化的需求，争取做到效益最大和成本最小。

国际物流的集成化，是将整个物流系统打造成一个高效、通畅、可控制的流通体系，以此减少流通环节，节约流通费用，达到实现科学的物流管理、提高流通的效率和效益的目的，以适应在经济全球化背景下"物流无国界"的发展趋势。

2．管理网络化

在系统工程思想的指导下，以现代信息技术提供的条件，强化资源整合和优化物流过程，是当今国际物流发展的本质特征。信息化与标准化这两大关键技术对当前国际物流的整合与优化起到了革命性的影响。同时，又由于标准化的推行，使信息化的进一步普及获得了广泛的支持，使国际物流可以实现跨国界、跨区域的信息共享，使物流信息的传递更加方便、快捷、准确，加强了整个物流系统的信息连接。

3．标准统一化

国际物流的标准化是以国际物流为一个大系统，制定系统内部设施、机械装备、专用工具等各个分系统的技术标准；制定各系统内分领域的包装、装卸、运输、配送等方面的工作标准；以系统为出发点，研究各分系统与分领域中技术标准与工作标准的配合性；按照配合性要求，统一整个国际物流系统的标准，最后研究国际物流系统与其他相关系统的配合问题，谋求国际物流大系统标准的统一。

目前，跨国公司的全球化经营正在极大地影响物流全球性标准化的建立。一些国际物流行业和协会在国际集装箱和EDI技术发展的基础上，开始进一步对物流的交易条件、技术装备规格，特别是单证、法律条件、管理手段等方面推行统一的国际标准，使物流的国际标准更加深入地影响国内标准，国内物流日益与国际物流融为一体。

4．配送精细化

由于现代经济专业化分工越来越细，相当一些企业除自己生产一部分主要部件外，大部分部件需要外购。国家间的加工贸易就是这样发展起来的。国际物流企业伴随着国际贸易的分工布局应运而生。为了适应各制造厂商的生产需求，以及多样、少量的生产方式，国际物流的高频度、小批量的配送也随之产生。早在20世纪90年代，中国台湾计算机业就创建了一种"全球运筹式产销模式"，即采取按客户订单、分散生产形式，将计算机的所有零部件、元器件、芯片外包给世界各地的制造商去生产，然后通过国际物流网络将这些零部件、元器件、芯片集中到物流配送中心，再由该配送中心发送给计算机生产厂家。

5．园区便利化

为了适应国际贸易的急剧扩大，许多发达国家都致力于港口、机场、铁路、高速公路、立体仓库的建设，一些国际物流园区也因此应运而生。这些国际物流园区一般选择靠近大型港口和机场兴建，依托重要港口和机场，形成处理国际贸易事务的物流中心，并根据国际贸易的发展和要求，提供更多的物流服务。这些国际物流中心一般都具有保税区的功能。此外，港口还实现 24 小时作业，国际空运货物实现 24 小时运营。实行了同一窗口办理方式，简化了进出口以及机场港口办理手续，迅速而准确地进行检疫、安全性和通关检查等，提供"点到点"服务、"一站式"服务，为国际物流发展提供了许多便利。

6．运输现代化

国际物流运输的最主要方式是海运，有一部分是空运，但它还会涉及其国内的其他一部分运输，因此，国际物流要求建立起海路、空运、铁路、公路的"立体化"运输体系来实现快速便捷的"一条龙"服务。为了提高物流的便捷性，当前世界各国都在采用先进的物流技术，开发新的运输和装卸机械，大力改进运输方式，例如应用现代化物流手段和方式发展集装箱运输、托盘技术等。

三、国际物流系统的概念、组成与运作模式

（一）国际物流系统的概念

从系统的角度去分析，物流本身是一个大的系统，其基本的模型如图 8-1 所示。由此，我们可以将国际物流系统定义为：建立在一定的信息化基础之上的，通过具体的物流作业转换，为实现货物在国家间的低成本、高效率的移动而相互作用的单元之间的有机结合体。

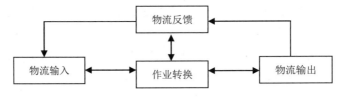

图 8-1　物流系统模型

为了实现期望的物流输出，国际物流的各子系统需要紧密结合，协同运作，并随时通过信息系统加强彼此间的沟通，使系统整体达到成本最低、运作效益最大。

另外，在国际物流系统的具体运作过程中，更要注重新的物流理念的指导作用，加强供应链条间的企业协同运作，以此降低交易成本，为顾客提供满意的服务。

（二）国际物流系统的组成

从功能的角度看，国际物流系统是由商品的包装、储存、运输、检验、流通加工和其前后的整理、再包装以及国际配送等子系统组成。国际物流通过商品的储存和运输，实现其自身的时间和空间效益，满足国际贸易活动和跨国公司经营的要求。

1．运输子系统

运输是实现货物的空间位置移动，进而创造货物的空间价值。国际货物运输是国际物流系统的核心。商品通过国际货物运输作业由卖方转移给买方。国际货物运输具有路线长、环节多、涉及面广、手续繁杂、风险性大、时间性强等特点。运输费用在国际贸易商品价格中占有很大比重。国际运输主要包括运输方式的选择、运输单据的处理以及投保等有关方面。

随着科技的发展，运输设施现代化、大宗货物散装化和杂件货物集装化已经成为运输业革命的重要标志。

2．仓储子系统

外贸商品的储存、保管使商品在其流通过程中处于一种或长或短的相对停滞状态，这种停滞是完全必要的。因为商品的生产和销售时间的不同时性，以及贸易交流的不间断性，要求一定量的周转库存。但是，从物流角度看，这种暂时的停滞时间不宜过长，否则会影响国际物流系统的正常运转。

3．商品检验子系统

由于国际贸易和跨国经营具有投资大、风险高、周期长等特点，使得商品检验成为国际物流系统中重要的子系统。通过商品检验，确定交货品质、数量和包装条件是否符合合同规定。如果发现问题，可分清责任，向有关方面索赔。在买卖合同中，一般都订有商品检验条款，其主要内容有检验时间与地点、检验机构与检验证明、检验标准与检验方法等。

 知识链接

根据国际贸易惯例，商品检验时间与地点的规定可概括为三种做法：一是在出口国检验；二是在进口国检验；三是在出口国检验，在进口国复验。

4．商品包装子系统

杜邦定律（美国杜邦化学公司提出）认为，63%的消费者是根据商品的包装进行购买的，国际市场和消费者是通过商品来认识企业的，而商品的商标和包装就是企业的面孔，它反映了一个国家的综合科技文化水平。所以经营出口商品的企业应当认真考虑商品的包装设计，并从系统的角度考虑，将包装、储藏、运输整合成一体去考虑。

为提高商品包装系统的功能和效率，应提高广大外贸职工对出口商品包装工作重要性的认识，树立现代包装意识和包装观念；尽快建立一批出口商品包装工业基地，以适应外贸发展的需要，满足国际市场、国际物流系统对出口商品包装的各种特殊要求；认真组织好各种包装物料和包装容器的供应工作。

5．国际物流信息子系统

该子系统的主要功能是采集、处理和传递国际物流和商流的信息情报。没有功能完善的信息系统，国际贸易和跨国经营将寸步难行。国际物流信息的主要内容包括进出口单证的作业过程、支付方式信息、客户资料信息、市场行情信息和供求信息等，具有信息量大、交换频繁、传递量大、时间性强、环节多、点多线长等特点。所以，要建立技术先进的国际物流信息系统，把握国际贸易 EDI（电子数据交换）的发展趋势，强调 EDI 在我国国际物流体系中的应用，建设国际贸易和跨国经营的信息高速公路。

在上述主要子系统中，运输和仓储子系统是物流的两大支柱，它们分别解决了供给者和需求者之间场所和时间的分离，创造了"空间效用"和"时间效用"。同时，上述主要系统还应该和配送系统、装卸系统以及流通加工系统等有机联系起来，统筹考虑，全面规划，建立我国适应国际竞争要求的国际物流系统。

（三）国际物流系统的运作模式

国际物流系统包括输入部分、输出部分，以及系统输入输出转换部分。

国际物流系统的输入部分有：备货，货源落实；到证，接到买方开来的信用证；到船；编制出口货物运输计划；其他物流信息。

国际物流系统的输出部分有：商品实体从卖方经由运输过程送达买方手中；交齐各项出口单证；结算、收汇；提供各种物流服务；经济活动分析及索赔、理赔。

国际物流系统的转换部分包括：商品出口前的加工整理；包装、标签；储存；运输（国内、国外段）；商品进港、装船；制单、交单；报验、报关；现代管理方法、手段和现代物流设施的介入。

国际物流系统在国际信息系统的支持下，借助于运输与仓储的参与，在进出口中间商、国际货运代理及承运人的通力协助下，借助国际物流设施，共同完成一个遍布国内外、纵横交错、四通八达的物流运输网络。

四、国际物流系统的物质基础要素和支撑要素

（一）国际物流系统的物质基础要素

国际物流系统的建立和正常运行需要大量的技术装备和手段，这些手段的有机联系对国际物流系统的运行具有决定意义。这些要素对实现国际物流某一方面的功能是必不可少的。它们主要有以下几个方面。

1．物流设施

它是组织国际物流系统运行的基础物质条件，包括码头、仓库、国际物流线路、公路、口岸等。

2．物流设备

它是保证国际物流系统运行的条件，包括仓库货架、进出库设备、加工设备、运输设备和装卸机械等。

3．信息技术及网络

它是掌握和传递国际物流信息的手段，根据所需信息水平的不同，包括通信设备、传真设备和计算机网络设备等。

4．组织及管理

它是国际物流网络的软件，起着联结、调运、运筹、协调、指挥其他要素实现国际物流系统目的的作用。

（二）国际物流系统的支撑要素

国际物流系统的建立需要许多支撑要素，这些要素主要包括以下几个方面。

1．体制、制度

国际物流系统的体制、制度决定了国际物流系统的结构、组织、领导、管理方式。国家对其控制、指挥和管理的方式是国际物流系统的重要保证。

2．法律、规章

在国际物流系统的运行过程中，法律、规章一方面限制和规范国际物流系统的活动，使之与更大的系统相协调，另一方面给予保障。合同的执行、权益的划分、责任的确定都要靠法律、规章来维系。各个国家和国际组织的有关贸易、物流方面的安排、法规、公约、协定、协议等也是国际物流系统正常运行的保障。

3．行政命令

由于国际物流系统关系国家的军事、经济命脉，所以，行政命令的手段也常常是支持国际物流系统正常运转的重要要素。

4．标准化系统

标准化系统是保障国际物流环节协调运行、保证国际物流系统与其他系统在技术上实现联结的重要支撑条件。

第二节　会展物流

一、会展物流的定义

会展物流（exposition logistics）是指为会议、展览、展销、体育以及其他各类活动提供的物流服务。关于会展物流的概念，在我国有多种描述，目前还没有统一的定论。比较流行的定义："是为满足参展商展品展览的特殊需要，将展品等特殊商品及时准确地从参展商所在国（地）转移到参展目的地，展览结束后再将展品从展览地运回的过程，包括展览前后的仓储、包装、国内运输、进出口报关和清关、国际运输、展览中的装卸和搬运，以及在此过程中所需要的信息流动。"

另一种有代表性的观点认为："是指展销产品从参展商经由会展中转流向购买者的物理运动过程，它是展销活动供、需双方以外的第三方组织者所提供的一种具有后勤保障功能的服务，由会展组织者在综合会展现场多个供、需对应体的信息要求后，统一指挥、统一安排、统一协调的会展物资流通体系。"

尽管对会展物流的诠释不同，但会展物流的本质是会展相关物品的空间流动与管理这一点是有共识的。会展物流涵盖了在提供地与会展地之间，对会展材料设备与会展物品的高效率、低成本流动和储存而进行的一整套规划、实施和控制过程。会展物流的主体是会展组织者，客体是参展商和购买者。会展物流服务商（exhibition logistics server，ELS）服务水平的高低是关系会展能否成功开展的重要因素之一。会展物流概念的提出将使会展活动的专业化服务体系更趋完备。

会展物流作为现代物流行业的一个重要分支，比一般运输、配送具有更高的专业性和服务性，属于高端物流。高端物流代表高质量的专业服务，服务对象一般是高端产品。高端物流服务管理体系与运作模式具有高附加值、高利润、高效率、高技术标准、高风险的特征。

二、会展物流的特点

与传统物流体系相比，现代会展物流模式具有如下特点。

（一）服务的专业性

会展活动的特点要求为其提供物流服务的会展物流服务商必须具有较高的专业化管理水平，必须拥有具备会展物流管理专业技能的人才、畅通的物流渠道、有效的物流配送手段和功能齐全的货物转运与仓储中心、完备的信息网络平台和信息技术作为支撑。因此，专业化程度相对较高是会展物流一个最为显著的特征。

（二）流程的时效性

会展物流活动过程控制非常复杂，在时间上具有很强的阶段性，在空间上具有突发的集中性，在需求上具有双向性和不确定性，这就要求会展物流服务商提供更高层次的快速反应服务。如何在特定的时空里满足参展商多种应急需求，是会展能否成功举办的关键。

（三）展品的安全性

确保物流过程中的物品安全是会展物流的第一任务。会展活动所需的设备、物品一般由会展组织者采购，而参展商展销产品的运输则在会展组织者的统一调度下自行负责。承运人员在运送过程中要保证物品不发生霉烂、破损、水渍等损坏展品原有使用价值的事故，避免因此而造成的供货质量问题导致的会展准备的中断。因此，会展物流服务商必须确保所运送物品不仅及时而且安全地到达目的地，通常还需再返回原地。

（四）信息的实时性

信息化是我国会展产业与国际接轨的一个重要衡量标准。信息传递与共享是保障会展物流管理高效协调运行的重要基础。在会展物流的组织与管理过程中，会展主办方、参展商与物流服务商信息的实时沟通，为会展活动提供高效的物流服务支持，是会展物流服务商的重要目标之一。会展组织管理者应会同各参展商与物流服务商，不断对各种相关信息进行实时监控，并根据反馈信息及时调整会展物流过程中的具体行动措施。

三、会展物流的实际操作与管理

会展物流因其特性，更注重科学的服务管理和物流操作流程。一次成功的会展，需要整个会展服务供应链中各节点，包括会展举办方、参展商、物流服务商、展馆方、展位设计服务商等，密切配合，相互合作，协调一致。优秀的会展物流服务商不但可以为参展商设计合理的实施方案，而且可以代替参展商完成参展样品的提货、运输、仓储、装卸、包装、搬运、布展，人员的组织、调度、管理，设备的供给、保养、回收，以及保险等一系列服务。

会展物流的操作流程主要包括以下三个环节。

（一）会展主办方指定物流服务商

提供会展物流服务的供应商一般都由会展主办方指定。物流服务商根据会展主办方提供的信息与参展商联系，洽谈具体的物流服务需求。在这一阶段，参展商也可以与会展主办方进行沟通，自己选择物流服务商。

（二）物流服务方案的设计与完善

承担会展物流业务的物流服务商根据参展商的要求设计物流服务方案，包括了解展品的运输、保管、布展以及回收等内容，如果是国际性会议，还需要涉及国际保险、报关等服务。在这一阶段中，物流服务商需要与参展商充分沟通，才能保证方案符合参展商的需要。

（三）物流服务方案的实施

根据会展主办方的展会日程安排，物流服务商依据方案进行展品提货、运输、保管等物流作业，在活动过程中要与会展主办方及时沟通。交付展品后，要由参展商进行确认，待展览结束后立即启动下一轮物流或展品回程运输。优秀的物流服务商还可以为参展商提供布展、展览管理、展品回收处理等一揽子增值服务。

在现实会展活动过程的组织中，展品的运输组织模式主要有以下四种。

（1）参展商自行负责展品运输。

（2）参展商自选物流服务商进行展品运输。

（3）展览主办方指定会展物流服务商。

（4）参展商邮寄或快递。

值得关注的是，在实际操作中，参展商使用会展主办方指定的物流服务商效果最好。因为在通常情况下，由会展主办方指定的物流服务商大多是一些有会展物流经验、综合实力较强、知名度较高，能够全权代理展会的国内、国际展品物流服务的大型物流企业，与这样的物流服务商合作，服务质量、安全性有一定保障，可省去参展商许多后顾之忧。如果企业自己联系物流服务商，最好找正规企业。否则，将会展物流业务交予缺少经验的物流公司，难免会有一些意外状况发生，造成不必要的损失。

四、会展物流的市场状况和发展态势

会展业是第三产业发展成熟后出现的一种新型经济形态。中国加入 WTO（国际世贸组织）后，服务贸易领域对外开放速度加快，国外的资金、管理、技术和人才更多地进入了会展业，开办会展专业公司，或者投资建设现代化展览场馆和展览设施，为我国会展业的腾飞创造了十分有利的条件。中国会展业经过十多年的快速发展，逐步走向成熟，并初步形成中国展览业专业化、市场化、规范化、信息化、国际化的格局。

21世纪以来，会展业在我国的发展势头迅猛，每年以 20%的速度增长。目前，我国可供展览的总面积达 2 600 000 m²，超过德国（2 400 000 m²），仅次于美国（6 150 000 m²），居世界第二位。我国已有 46 种展览会加入了国际展览业协会（UFI）。据不完全统计，我国现有主营展览公司 3500 多家，每年举办展会近 4000 个，约占全球展览会总量的 10%。

随着 2008 年奥运会在北京召开、2010 年世界博览会在上海举行，我国在国际会展业的地位将得到极大的提升。可以说，中国已经成为亚洲乃至世界重要的会展大国。

由于会展集商品展示、交易和经济技术合作等功能于一体，并具备信息咨询、投资融资和商务服务等配套功能，在贸易往来、技术交流、信息沟通、经济合作等方面发挥着日益重要的作用。据专家测算，会展业本身的利润率大约在 20%～50%。国际会展产业带动系数大约为 1∶9，即会议展览场馆的收入如果是 1，相关的社会收入为 9，可以带动服务、物流、旅游、餐饮等相关产业的发展。由于会展业的乘数效应对第三产业的巨大带动，对城市知名度的提高，对招商引资的促进有很大作用，许多国家的政府及民间机构加入会展市场竞争的行列，积极发展本国的会展产业。我国越来越多的城市明确提出把会展业作为城市发展的战略目标，本地区经济增长的"助推器"和支柱产业。

从区域分布来看，中国会展业已基本形成了三大会展经济产业带和中西部区域会展中心城市的框架，即形成了以北京为中心的"京津——华北会展经济产业带"，以上海为中心的"长江三角洲——华东会展经济产业带"、以广州、香港为中心的"珠江三角洲——华南会展经济产业带"，并随着西部大开发战略的逐步实施和边境贸易的稳步发展，以武汉、郑州、成都、昆明等城市为龙头的中西部会展中心城市和以大连、哈尔滨等城市为中心的东北边境贸易会展经济产业带也即将形成。这些会展经济产业带和会展中心城市通过进行准确的功能定位，逐步形成了相互协调、各具特色、梯次发展的互动式会展经济发展格局。

会展不仅连接生产和流通，也促进了交通、运输、电信、银行、广告、餐饮、住宿、购物、旅游等行业的快速发展。会展业兼有都市集聚效应的基本特征，是典型的收益可观的高盈利行业。目前，我国会展业的总收入约占全国 GDP（国内生产总值）的 0.05%，而德国、美国、新加坡等会展业发达国家的这一比例为 0.2%，所以，会展业在我国的增长空间巨大。会展业的发展对会展物流提出了新的需求，拉动了会展物流的兴起与发展。会展物流的盈利水平远大于一般物流业 10%左右的利润空间，有很好的发展前景。

会展具有展览时间特定、参展企业众多、展览地点分散、展品量小等特点。特别是在国外举行的展览会议，由于涉及出口报关、国际运输、国际保险、展品的再处理等环节，需要由会展物流服务商为参展商设计科学合理的实施方案，完成展品的及时调度、运输、仓储、包装、清关、展馆现场操作、布展、运回、保险等各个环节的服务及适时监控等任务，以达到在指定的时间内用最低的成本将展品安全运达展览地的目的。这就要求有实力的专业物流公司不断采用先进技术、管理方法，提高物流服务水平，承担会展物流服务的重任。

目前我国从事会展物流的企业主要是 UPS、DHL 等外资公司和中远物流、中展运等国内实力较强的物流公司。国内物流公司一般只能为这些企业提供分包服务。由此可见，中国会展物流目前状况与市场需求尚有一段距离。

五、会展物流发展中存在的问题

从我国会展物流发展现状来看，与国外同行业相比还存在很大差距。在我国举办的各类会展仍然采用传统的展品物流运作模式。

传统的展品物流运作模式的弊端较明显，具体如下。

（一）成本较高，服务水平较低

由于展览主办方没有指定物流服务商，各参展商要自己寻找物流服务商来完成展品从参展商处至展览场馆的运输、储存、保管、装卸等作业，以及展览结束后的回运等工作。因为单一的参展商展品物流量较少，难以争取到较好的价格，单位物流成本较高，所以参展商难以获得全面、有效的服务。

（二）信息不畅，反应滞后

由于没有建立展览主办方、参展商、展馆方、物流服务商共享的有效反应的信息管理系统，物流公司必须与会展组织者事先沟通，告知对方何种展品何时到达展览场馆，展览组织者再与场馆方协商确定展品进馆时间；进馆之后，参展商才能开始展台的搭建、布置、装饰等工作。因为各参展商都有自己的物流服务商，信息的流动发生在众多的物流服务商、展览主办方、场馆方之间，线路繁杂，在沟通过程中经常会出现信息流通受阻现象，协调困难，导致展品在场馆外滞留或者留给参展商布置展台的时间过短等现象，使会展运作过程中由于信息不灵、反应滞后而影响工作效率的情况时有发生。

（三）物流服务（供应）商的专业技术水平低，服务质量欠佳

会展主办方在国内很难挑选一家能满足要求的、有经验的、可以提供全程服务的会展物流专业公司。这一方面是因为会展业务涉及商务、法律、贸易、营销、管理等诸多专业，需要具有专业知识和丰富从业经验的人才，才能设计出优秀的物流方案并付诸实施；另一方面是因为会展业务几乎囊括了运输、保管、保险等所有的物流环节，不同业务之间时间上缺乏连贯，将其作为主营业务会承担一定的风险。上述因素致使国内的物流企业在开展会展物流业务方面顾虑重重，造成了我国有实力的专业物流服务商较少，会展物流业务开展不畅。

（四）专业人才不足，服务理念落后

会展物流是一个新兴的高端物流行业，而目前国内专业人才不足，符合参展商要求的会展物流经理人更是凤毛麟角。一个完整的会展物流方案是运输、保管、保险、商贸、广告的集合，这就要求会展物流从业人员不但要有广博的商贸知识，还要有丰富的实际操作经验，除掌握一般物流知识，具有一般物流技术与管理技能，还必须对会展业有所了解。对于会展物流服务需要的复合型经济管理人才，需要多方位、多形式的培养，才能造就高水平的专业会展物流人才，给会展商提供更高水准的全程物流服务。而人才的缺乏，将长期制约中国会展物流业的发展。

六、我国会展物流发展的对策

（一）合理定位，打造品牌

物流服务市场的细分和定位策略是指企业按照一定的分类标志将整个第三方物流服务

市场划分成若干个细分的市场以后，再根据自身的条件与外部环境、细分市场的规模和竞争情况，以及细分市场顾客的服务需求、偏好与特点等各种要素，确定出企业主攻的细分市场，并努力去开拓和占领这一细分市场的营销策略。物流公司应根据上述原则决定是否进入会展物流服务市场，如何在会展物流市场中定位。

会展物流是一个专业性很强的行业，一个物流企业要在会展物流市场中形成自己的核心竞争力，就必须把握这个行业的特性，针对客户需求，采用差异化竞争手段，提供高品质的服务。在得到展会和参展商认可的同时，打造出不同凡响的品牌，并以品牌去获得更大的市场份额，包括国内市场和国际市场。在目前的国内展览物流市场，"中展运""中远物流"已经打造出响当当的专业品牌。

（二）服务创新，保持客户

服务创新是指在会展物流服务中，通过对服务内容、方式、质量等方面的改进和提高，为顾客提供有创新性的物流服务；个性化服务是指通过服务创新等手段为特定顾客提供独特的服务，从而取得竞争优势，保持客户的营销策略。例如，在现有会展运输、仓储、装卸等物流服务主体功能的基础上，提供展品保管、跟踪、监控，以及特定会展相关方案等个性化的服务，最终达到保持老客户，吸引新客户的目的。以"中华文化美国行"展览活动为例，中远物流利用航运服务及信息化优势，从国内的绑扎、装箱、内陆运输到港口上船，通过海运从天津新港运送到美国纽约，再从纽约港区直接运送到仓库和展台，整个过程都是严密地控制在中远物流的运输体系中。

（三）信息化管理，提高质量

信息在现代物流中的作用比以往任何时候都更加重要。随着物流组织与管理水平的提高，采用先进的物流组织技术与现代信息技术已是开展物流的关键。当前发展比较先进的物流企业都比较成功地解决了信息系统的开发工作。

在会展物流方面，首先可以通过信息系统和网络技术进行品牌宣传，为会展组织者提供会展物流服务或相关信息，以解决参展商的苦于一时找不到合适物流公司之急，同时通过品牌提高占有率；其次，电子营销网络实现网上订舱、单证制作，以及在铁路、港口、船舶、海关等外界信息交换方面实现计算机管理与联网。另外，通过信息系统实现会展货物跟踪与实时查询，为参展商的个性化服务提供条件。当然，高效的信息化管理也是物流公司降低运作管理成本的重要手段之一。

（四）培养人才，满足需要

在中国会展业快速发展的今天，培养会展物流人才刻不容缓，是物流及会展业持续发展的根本所在。从国外物流的发展经验来看，企业要求物流方面的从业人员具有一定的物流知识水平和实践经验。为此，国外物流的教育和培训非常发达，形成了比较合理的物流人才的教育培训系统，主要包括学院本科和研究生教育系统，以及在各国物流行业协会的领导和倡导下全面开展的物流管理的职业教育。学历教育和职业教育，以及参与实践是中国培养物流人才的重要途径。

（五）多方联合，做强做大

合作与联盟是处于现代市场经济条件下成功公司的重要经营手段，同样，合作与联盟也是物流公司增强企业核心竞争力，成功开展会展物流服务的途径。合作与联盟主要可以从以下两个方面考虑：一是与展览公司或会展中心的合作，随着改革开放的深入，各大展览和会议层出不穷，与会展公司的合作，也就是抓住了源头，抓住了客户，中国国际展览中心集团公司、各地区国际展览公司、各大型运动赛事组织者，以及著名国外展览公司都是潜在的合作伙伴；二是与国内外长期从事会展物流的物流公司合作，取长补短，实现规模效益，做强做大。

第三节 邮 政 物 流

一、邮政物流的含义

邮政物流是邮政推出的集仓储、加工、运输、配送和信息服务于一体的现代化综合性物流服务。邮政物流为社会和企业提供运输、仓储、装卸、配送、拣货加工、商品分销等完善的服务。邮政物流可利用先进的物流信息管理系统以及精良的装备、优质的服务和高效的公司化运作，为社会提供多层次、全方位的物流服务。

二、邮政物流的业务类型

（一）一体化物流业务

一体化物流业务是为企业提供全方位、系统化的综合性物流服务，是指将客户的采购、生产、销售等过程的实物流和信息流予以综合考虑，并进行系统化、整体化的物流活动。

（二）同城（区域）配送业务

同城（区域）配送业务是邮政物流的基础性业务，是在同城（或区域）范围内开展的商品配送服务。其中包括批发商到零售店（或销售商），销售商、电子商务网站及其他远程销售商到用户的商品配送服务。目前该项业务已经在全国范围内开展。

（三）货运代理业务

货运代理业务是中邮物流公司重点发展的新型业务，代理客户办理各种交运手续。目前邮政部分地区已经开办了国际、国内海运、空运等多种形式的货运代理业务。其中包括订舱服务、代报关、保税、转关等内容。此外，邮政还结合自身特点，充分发挥邮政网络资源优势，本着"互惠互利，共同发展"的原则，与铁路、航空、公路、海运等企业进行广泛合作，为其提供货物揽收和到站货物的地面配送服务。

（四）分销与邮购业务

分销与邮购是利用邮政邮购原有品牌，充分发挥邮政的网络优势和末端配送优势，根据市场需求而开展的商品代理业务，该业务以"分销+配送"为形式，主动开发上游客户和下游终端，逐步实现中邮商流、物流互动的局面。其主要服务方式是根据客户需求开展的B2B、B2C的分销覆盖服务，包括客户开发、即时配送、货款结算、产品宣传等。

三、发展邮政物流的意义

从近期来看，在外国投资企业中，发展物流和配送的市场需求仍将保持快速发展的势头；在市场竞争中规模逐步扩大的、具有竞争优势的电子商务企业，发展物流和配送的市场需求开始萌生；以中小型零售企业为服务对象的社会化物流中心和配送中心、正在快速发展的连锁商业企业内部的物流配送事业，开始进入其规范发展阶段。电子商务的蓬勃发展给邮政通信带来了一个前所未有的发展契机。

首先，邮政物流网络为我国电子商务的发展提供了坚实的物流基础。物流配送问题一直是制约我国电子商务发展的主要瓶颈之一，环节多、速度慢、无法保障等使得人们不愿在网上支付和交易。但中国邮政拥有国内最具优势的物流配送网络和提供资金结算的绿卡网，可以成为我国电子商务物流配送的最佳选择，而且会因此而促进电子商务的深层次发展。

其次，邮政电子商务业务自身的发展可以带动邮政储蓄业务的发展，也可以促进报刊、发行、集邮、商函、邮购等邮政业务的发展，还可以推动实物运递网络，尤其是投递业务的发展，以及由此促进邮政储蓄业务的发展，邮政电子商务本身也可以带来相当的经济效益和社会效益。

最后，邮政电子商务业务开展为邮政拓展新业务提供了可能性。邮政电子商务所带来的全新的接入方式和全新的有效的支付手段，使邮政发展新业务，如代办订票、银行转账、电子证券、电子银行、电子信函、语音邮件等，都具有了可能性。有了支付手段做保证，邮政甚至可以开办例如代换煤气、订牛奶、钟点工雇用等众多的社会服务项目，以及相关的物流配送业务，从而根本改变邮政的行业形象，使其转变为一个社区公众服务机构，向真正实现"有困难，找邮政"的国际趋势靠拢。

时至今日，基于网络计算机的电子商务正成为当今信息技术的主旋律，在这样一种环境下，邮政应该发扬自己的优良传统，接受新事物，利用原有的行业、结构优势，积极利用互联网络发展邮政电子商务，在信息社会到来之际，抢占有利地位，从而获得最大的市场份额。

四、我国发展邮政物流的优势

（一）政策优势

中国政府历来重视邮政事业的建设，对邮政当前面临的形势更加关注。在第二十二届万国邮政联盟大会上，江泽民指出，"邮政要适应当今经济发展和社会进步的新形势，发挥更大的作用，必须进行体制改革和技术创新""邮政的信息传递、物品运送、资金流通三项基本功能，其内涵正在日益丰富和拓宽，邮政事业有着广阔的发展前景"。

（二）服务品牌和信誉优势

中国邮政源远流长，邮政在国家政治和经济建设中做出了巨大的贡献。从烽火狼烟、快马驿站到绿色信使，经过多年的运营，已经在用户心目中树立了诚实可信的品牌形象。进入电子商务时代后，邮政的品牌效应将发挥更大的作用。用户选择一个品牌首先考虑的将是这家企业的信誉。中国邮政苦心经营了几十年，在老百姓的生活中不知不觉地扮演着非常重要的角色，这些都使中国邮政具备了良好的企业信誉。这在注重企业信誉的时代，无疑将成为中国邮政又一个核心竞争力。

（三）邮政三网结合的优势

中国邮政具有信息传递、物品运送和资金流通三大功能，相应地，三大网的有机结合是发展邮政电子商务的坚实基础，亦具备发展物流配送的有利条件。

1. 遍布全国的实物投递网络

虽然许多电子商务网站办得如火如荼，但物流配送仍然是这些电子商务先行者目前最为主要的问题。中国邮政具有全国最大的物流配送网络，具备了几十年物流配送的经验，虽然这些优势仍然需要进一步加强以适应信息时代电子商务和物流的规律，但无疑中国邮政具备了成为中国物流配送行业中龙头老大的最好的潜质。可以说，物流的优势是今后中国邮政赖以生存和发展的最大资本。

目前中国邮政在全国大中城市建设有 236 个较大规模的物流配送中心，连接并覆盖全国 2300 多个县以上城市，构成了一个布局基本合理、覆盖全国的物流配送网络体系。

2. 邮政储汇网络

在新经济时代，有两样东西是不能或缺的，一个是物流配送，另一个是具有权威认证的机构和银行。这两样东西中国邮政都具备。从规模上看，邮政储蓄虽然和中国工业银行、中国农业银行、中国银行、中国建设银行四大商业银行还有一段距离，但已具备了自己独特的经营项目，也因此吸引了相当一部分的用户，这将是中国邮政进一步扩大在金融业影响的良好前提。同时，邮政储蓄银行是国有企业，也将给中国邮政的发展提供许多帮助。

3. 邮政综合计算机网络

邮政综合计算机网络是支持全国邮政信息化的骨干网络系统，该系统在广域网平台上采用了先进的 ATM（异步传输模式）交换技术，可以实时提供数据、语音和图像信息的传输。邮政综合计算机网络覆盖全国 31 个省会城市和 205 个地区城市，为邮政部门提供了先进的信息交换网络。

五、国外发展邮政物流的经典案例——德国邮政发展之路

（一）从德国邮政到德国邮政世界网

德国邮政（Deutche Post，DP）原为德国国家邮政局，主要经营信函与包裹业务。由于生产效率低，服务质量差，长期处于亏损状态。从 1990 年起，德国邮政开始进行市场化改造，并于 1997 年完成。通过建立高效的管理结构，改进基础设施和提高服务水平，德国邮

政逐步实现了扭亏为盈。为适应经济全球化的要求，在激烈的信函、快递和物流市场竞争中取得优势，德国邮政实施全方位扩张战略，通过一系列令人眼花缭乱的收购行动，迅速成为欧洲领先的物流公司，并跻身世界物流企业十强之列，其品牌也由 DP 更名为 DPWN（德国邮政世界网），并于 2000 年秋成功上市。德国邮政已经由过去的国家邮政局发展成为一个提供物流、信息流和资金流综合服务的世界级上市公司。

DPWN 由信函、快递、物流和金融服务四个自主运营的业务板块组成，其业务划分如下。

（1）信函：包括信函通信、直销、印刷品分发、集邮和电子信函打印等。

（2）快递：包括欧洲快递（普快、特快）、全球信函（公司商函、文件、商品样品、照片、电子文件、国际直销、国际印刷品分发、商品分发）、B2C 订单履行等。

（3）物流：以 Danzas 为品牌，业务包括物流解决方案、洲际运输（空运、海运）和欧洲货运（铁路、公路）。

（4）金融服务：通过邮政银行（Post Bank）向私人和商业客户提供金融服务。

2000 年，DPWN 的营业收入达 340.34 亿欧元，其中信函、快递、物流和金融服务的营业收入分别占 34.5%、17.7%、24.4% 和 23.4%。

（二）通过收购成为全球物流巨人

第三方物流在西方发达国家兴起于 20 世纪 80 年代，而德国邮政直到 90 年代中期才涉足现代物流服务领域，再加上受到传统邮政业务和条件的局限，其物流业务在发展之初并不顺利，于是德国邮政调整战略，实施了一系列收购计划，迅速建立起一个全球物流网络。

（1）1997 年 12 月 9 日：收购瑞士第二大包裹投递公司 Paket Dienst G. P. Paketlogistik 的主要股份。

（2）1998 年 3 月 25 日：德国邮政动用 7 亿美元收购了快递巨头敦豪公司（DHL）25% 的股权，将德国境内快递物流业务放入 DHL 品牌旗下，并逐步通过增持控制了 DHL 股权，以此为平台打造全球物流业务。

（3）1998 年 12 月 10 日：宣布购入世界性的物流公司 Danzas，作为其进入全球物流市场的载体。

（4）1999 年 3 月 8 日：宣布从荷兰 Royal Nedlloyd 手中收购欧洲运输与分拨公司（ETD），将其包裹分公司并入 DP，物流与卡车运输业务并入 Danzas。

（5）1999 年 4 月 19 日：宣布收购专门服务于时装业的签约物流公司——德国 ITG 国际快运的主要股份。

（6）1999 年 4 月 26 日：宣布下属的 Danzas 收购北欧著名物流与国际运输服务商——瑞典 ASG 集团，将其网络与 ETD 的网络一体化。

（7）1999 年 5 月 3 日：收购美国最大的未上市的国际出版物分拨公司——芝加哥黄石国际公司。

（8）1999 年 11 月：与美国最大的航空货运公司——航空快运国际公司（AEI）签署收购协议，成为全球领先的航空货运服务提供商。

（9）2000 年 11 月 20 日：德国邮政的股票分别在德国、英国、意大利、荷兰、奥地利、瑞士和西班牙上市发行。

（10）2005 年，德国邮政集团以 36 亿英镑（合 65 亿美元）的价格，收购了英国物流巨头英运物流，这次收购有望使德国邮政晋级为全球最大物流公司。

（11）2006 年，德国邮政投资 22 亿美元收购 BHW Holding AG 公司。

（12）2009 年是德国邮政战略的转折点，德国邮政此时已经进入国际化的成熟阶段，全球网络布网已经基本完成。

（13）2016 年提出"战略 2020"，公司发展需不断增强国际化竞争能力。在 2020 年战略规划中指出优先考虑公司的投资和行动，重视日益增长的数字化、电子商务领域的快速发展。

（三）物流扩张战略的三大支柱

德国邮政令人眼花缭乱的收购行动，实际上是围绕其物流业务扩张战略的三大支柱进行的。

1．扩大业务范围

德国邮政 1994 年成立物流部门，在发展物流业务之初，受传统业务和设施装备的限制，其物流以开展制造商和分销商的包裹储存、分装、运输和投递业务为主。但随着业务的发展，德国邮政越来越感到发展大件整车和零担运输业务十分必要，因为占物流市场 80% 的 B2B 物流业务主要以大件类货物为对象。为此，德国邮政花费巨资收购了 Danzas 物流公司，该公司是一家主要从事大件和整车运输的企业，其运输和货物中转网络遍及整个欧洲，并延伸至世界各地。德国邮政以 Danzas 公司为基础，将购入的其他公司的物流部门并入该公司，使客户和业务范围迅速扩大，成为德国邮政独立运行的物流业务板块。2000 年与 1999 年比较，Danzas 的员工从 29 010 人增加到 43 253 人，营业收入由 44.5 亿欧元增长至 82.89 亿欧元。2000 年，Danzas 洲际运输（空运、海运）的营业收入占总收入的 46%，欧洲货运（铁路、公路）的营业收入占总收入的 39%。

2．建立全球网络

为迎接世界经济一体化的挑战，德国邮政始终将建立全球物流网络作为取得竞争优势的重要途径。为此，德国邮政展开了从欧洲到美洲的一系列收购行动，通过在原 Danzas 公司基础上整合其他购入公司物流部门的网络资源，迅速构建起名副其实的德国邮政世界网，2000 年 Danzas 集团已在 150 多个国家开展业务。

3．提供"一站式"服务

第三方物流产生的一个重要原因是，客户希望一个物流服务商能够提供所有需要的服务，而不必找几家物流公司。德国邮政收购各种类型的物流公司，就是想通过向客户提供综合性服务来达到扩大市场份额的目的。为此，德国邮政以 Danzas 公司的解决方案部门为基础，将各收购公司的物流解决方案部门和专业人员整合在一起，针对一些特定的行业，通过对行业知识的深入了解和行业物流服务经验的积累，运用先进的物流理念和技术手段，为客户量身定制物流与供应链解决方案，在世界范围内提供真正的"一站式"服务。同时，将 Danzas 各事业部之间以及整个德国邮政世界网内的交叉销售作为业务增长的重要手段。

强大的信息技术是一体化物流管理的支撑。Danzas 非常重视信息技术，使用了一流的软件产品来改进各个业务领域的服务水平，包括进货物流、仓储和发货物流。这些软件的应用优化了信息流，并最终提高了效率和透明度。同时，Danzas 一直在开发创新的功能，以便给客户提供最佳服务。

Danzas 还在积极开发世界范围的整个供应链的电子商务解决方案。电子商务是具有增长活力的虚拟市场，但没有物流做基础，电子商务就寸步难行。Danzas 正在为数家全球制造商和网上市场提供物流服务，这种电子订单履行服务涵盖从运输、清关一直到仓储、货物跟踪等所有方面。通过提供网上预订、个性化报告和一体化订单管理，供应链过程得以简化。客户、供应商和物流服务商的电子连接有效地改进了信息流，使 Danzas 可以不断优化业务流程。

Danzas 始终认为，供应链的透明化、一站式的全方位服务和全球化网络是在现代物流市场中真正具有竞争力的关键要素。为提高供应链的透明度，向客户提供单一、有效的接受 Danzas 乃至整个德国邮政世界网服务的接口，Danzas 引入了客户关系管理（CRM）系统。未来，Danzas 将基于整个德国邮政世界网，更多地扮演第四方物流（4PL）角色，帮助客户管理物流增值链的所有方面，通过优化流程降低运行成本和减少投资，为客户提供规模经济效益。

第四节　保税物流

一、保税物流的定义及其主要形式

（一）保税物流的定义

保税物流特指在海关监管区域内，包括保税区、保税仓、海关监管仓等，从事物流相关业务，企业享受海关实行的"境内海外"制度以及其他税收、外汇、通关方面的特殊政策。

保税物流在提高综合经济实力、招商引资和进出口贸易及促进现代物流业发展方面均起到重要作用，已成为沟通国内外市场的重要桥梁。

（二）保税物流的主要形式

保税物流的形式一般有保税仓库及出口监管仓库、保税物流中心（A 型和 B 型）、保税区、保税物流园区、出口加工区、珠澳跨境工业区和保税港区等。

1．保税仓库

它是指专门存放经海关核准的保税货物的仓库。这种仓库仅限于存放供来料加工、进料加工复运出口的料件，暂时存放之后复运出口的货物和经过海关批准办理纳税手续进境的货物。

2．出口监管仓库

它是指经海关批准设立，对已办结海关出口手续的货物进行存储、保税物流配送、提供流通性增值服务的海关专用监管仓库。

3．保税物流中心（A 型）

它是由一家物流企业经营的，集糅合、集成、拓展"两仓"功能于一体，既可存放出口货物，又可存放进口货物，能够将运输、仓储、转口、简单加工、配送、检测、信息等方面有机结合，形成完整的供应链，充分发挥其在进出口物流中的"采购中心、配送中心、分销中心"的作用，为用户提供辐射国内外的多功能、一体化综合性服务保税场所。

4．保税物流中心（B 型）

它是指由多家保税物流企业在空间上集中布局的公共型场所，具有一定规模和综合物流服务功能的联结国内、国外两个市场的保税物流场所。海关对 B 型保税物流中心按照出口加工区监管模式实施区域化和网络化的封闭管理。

5．保税区

它是指经国务院批准设立的、海关实施特殊监管的经济区域，其功能定位为保税仓储、出口加工、转口贸易三大功能。

6．保税物流园区（区港联动）

它是指在保税区与港区之间划出专门的区域，并赋予特殊的功能政策，专门发展仓储和物流产业，达到吸引外资、推动区域经济发展、增强国际竞争力和扩大外贸出口的目的，它是目前我国法律框架下自由贸易区的初级形式。

7．出口加工区

它是海关监管的特定区域，特别适合以出口为主的加工企业进入。可以进入出口加工区的企业：一是出口加工企业；二是专为出口加工企业提供服务的仓储企业；三是经海关核准专门从事加工区内货物进、出的运输业务的企业。

8．珠澳跨境工业区

它是我国目前唯一的跨境工业区，经国务院批准设立，位于珠海拱北茂盛围和澳门特别行政区青州之间，功能定位是粤澳经济深层合作的实验区、新型工业化的示范区、现代物流展销区和自由贸易试点区。

9．保税港区

它是发展保税物流层次最高、政策最优惠、功能最齐全、区位优势最明显的海关特殊监管区域，保税港区具备国际中转、国际配送、国际采购、国际转口贸易和出口（临港）加工等主要功能，享受保税物流园区相关政策和出口加工区入区退税政策。

二、保税物流的主要功能

（一）从狭义上看

1．保税仓储
货物在进入保税仓库环节以及存储期间，不征收进口关税，免批文，不受配额限制。

2．简单加工
货物可以在保税仓库进行包装、分拣、贴唛、换唛、分拆、拼装等流通性加工。

3．转口贸易
进口货物在保税区可经简单加工后，即转手出口到其他目的国和地区；不同性质的企业可利用保税仓功能进行业务扩展，加快资金回流。

（二）从广义上看

1. 保税仓储

从国内、国外货物运至保税仓以保税形式储存起来，免交关税，节约大量税金，增加资金流动性。

2. 手册核销

加工贸易型企业可通过出口到保税区，核销手册，实现跨关区转厂、出口转内销等。

3. 简单加工

在保税仓的货物可允许进行流通加工贴唛、贴标签、更换包装等。

4. 出口拼箱

将国内各地和国外供应商采购的原材料、半成品、成品等汇集至保税仓存储，再按销售合同组合成不同的货柜后，从中国香港或盐田港海运至世界各地。

5. 进口分拨

从世界各地进口的货物（其中包括国内转至保税仓的货物）可以暂存在保税仓，分拣、简单加工、拆拼箱后，根据国内采购商的需求进行批量送货，以减轻收货人的进口税压力及仓储负担。

6. 国际转口贸易

充分利用保税区内免领进出口许可证、免征关税和进口环节增值税等优惠政策，利用国内外市场间的地区差、时间差、价格差、汇率差等，在保税仓内实现货物国际转运流通所需的加工贴唛、贴标签、包装、打膜等，最终再运输到目的国。

7. 展示服务

国外大宗商品（如设备及原材料等）可存放在保税区仓库，保税存放，并可常年展示。展示结束后可以直接运回原地，避免高昂的关税和烦琐的报关手续。

8. 检测维修服务

发往国外的货物因品质或包装退运，须返回工厂检测或维修的，可利用保税区功能，直接将货物退至保税仓库，简化报关程序，不用缴纳进口税，待维修完毕后，直接复运出口。

三、保税物流的特点分析

保税物流是物流分类中的一种，具有不同于其他物流类别的典型特点。

（一）系统边界交叉

国内物流的边界是从国内的任意地点到口岸（装运港），国际物流的边界为从一国的装运港（港口、机场、场站）到另一国的目的港。保税物流货物在地理上是在一国的境内（领土），从移动的范围来看应属于国内物流，但保税物流也具有明显的国际物流的特点，例如保税区、保税物流中心及区港联动都是"境内关外"的性质，所以可以认为保税物流是国际物流与国内物流的接力区。

（二）物流要素扩大化

物流的要素一般包括运输、仓储、信息服务、配送等，而保税物流除具有这些基本物流要素，还包括了海关监管、口岸、保税、报关、退税等关键要素，两者紧密结合构成完整的保税物流体系。

（三）线性管理

一般贸易货物通关的基本程序包括申报、查验、征税、放行，是"点式"的管理；而保税货物通关涉及从入境、储存或加工到复运出口的全过程，货物入关是起点，核销结案是终点，是"线性"的管理过程。

（四）瓶颈性

在海关的监管下进行物流运作是保税物流不同于其他物流的本质所在。海关为了达到监管的效力，严格的流程、复杂的手续、较高的抽查率必不可少，但这与现代物流便捷、高效率、低成本的运作要求相背，物流效率与海关监管效力之间存在"二律背反"，在保税需求日益增长的情况下，海关的监管效力成为保税物流系统效率的"瓶颈"。

（五）平台性

保税物流是加工贸易企业的供应物流的末端，是销售物流的始端，甚至包括了生产物流（如 VMI，即合作性策略模式）。保税物流的运作效率直接关系企业正常生产与供应链正常运作，构建通畅、高效率的保税物流系统是海关、政府相关部门、物流企业、口岸等高效协作的结果。完善的政策体系、一体化的综合物流服务平台必不可少，例如集成商品流、资金流、信息流的物流中心将是保税物流的主要模式之一。

四、保税物流的灵活运用实例

【例 8-1】

国际采购中心

某跨国公司在中国境内有遍布各地的数十个原材料供应商，它选择了福田保税区作为东南亚地区的配送中心。每天用国内车辆将各地供应商的货品或转关（从国外运到广州、上海或从其他海关运到福田保税区的货称为转关）或直接出口交货至保税区存放，而海外供应商的货品则由中国香港拖车经一号通道入境交至保税区。所有的货品在这里根据全球各地工厂的需要整理、重新包装后，装上集装箱交深圳或香港码头上船送达全球各地。

目前，以沃尔玛为代表的国际零售大鳄纷纷将其全球采购中心由马来西亚等地迁至中国的保税区，而 IBM、SONY 等国际高科技集团区域采购中心也争先恐后在"抢滩圈地。"

【例 8-2】

国外产品简单加工装配

某香港公司选择福田保税区仓库代替香港的工场作为简单加工的场所：意大利的大理

石经一号通道入境进仓，内地工人在这里挑选、分级、重新装箱，再运至香港。廉价的内地人工费仅是香港的八分之一，该公司大大降低了成本，增加了产品的市场竞争力。

注：简单加工是指不改变货物理性质的加工，包括包装、贴唛头、打膜等。

【例 8-3】

中国内地产品与中国香港产品的简单装配

某公司需将中国内地产的充电器和中国香港的电池组合成一种礼品装后销往欧洲：其中国内地工厂办理出口报关将充电器交至保税区，中国香港的电池则备案入境（免税），国内的工人在保税区将两种物品按要求包装在一起，再装入货柜拖至香港码头上船。

【例 8-4】

国内产品简单加工装配

美国某大型计算机销售公司分别从广州、深圳、中山、东莞等地的六家加工工厂购买计算机机箱、显示器、键盘等计算机组件，然后装配并包装为整机后在美国本土销售。由于上述六家工厂均属加工企业，所生产的产品均受海关监管，因此不能在非海关监管区域完成组装工序，以前都是分别出口至中国香港完成组装后再运抵美国或分别直运美国后再进行组装，但由于中国香港、美国的人工费很高，这样一来，大幅增加了成品的成本，后来该公司指令这六家工厂全部将产品运抵福田保税区，利用保税区廉价的劳动力完成装配包装和解决加工企业出口手册核销的问题，再以整机出口至美国，大大降低了成本。

【例 8-5】

有效延续合同手册期限（等船期）

东莞某工厂的合同手册即将到期，海关要求工厂的产品必须限期出口方可核销。而这批成品所订的船期未到，于是厂家将货品出口转关至福田保税区入仓暂时存放，这样货品视同出境，厂家的合同核销问题迎刃而解。当船期到时，再由保税区出货交至深圳或香港码头。

【例 8-6】

有效延续合同手册期限（等商机）

东莞某工厂为进料加工企业，生产出的成品必须在手册到期前出口核销，但往往这时并不是此种货物在国际期货市场的高价期；还会出现预先联系好的买家临时取消订货的情况。于是该工厂将福田保税区作为其一个成品集货基地，生产出来的电器产品由东莞出口转关至福田保税区存放，待世界各地有有利需求时，由码头提取空柜至保税区仓库装货，非常灵活方便。

【例 8-7】

降低物流成本、提高效率

美国某大型石油化工公司为了拓展在华南地区的市场，在深圳设立办事处，将化工塑胶粒大批量存入保税区，再根据客户的需求从保税区仓库提货，大大提高了买卖成交的速度及效率，节省了大量的物流成本，提高了客户的可信度。

目前美国菲利浦斯化工、中东卡塔尔化工已将货物大量存入广州保税区，并取得了非常好的效益。

【例 8-8】

有效解决报关困难

深圳某外商投资企业进口一台价值 400 万元的机器（免税），海关给予 14 天的申报期限，企业开始委托一家报关行报关，因为减免税表申请不下来，所以导致每天要多交 0.5‰的滞报金（2000 元/天）。后来企业听说保税区可以解决这一问题，便委托在保税区报关，快速将货物转入保税区做保税仓储，每天只交少量的仓储费用，从而减少了损失。

本章小结

本章主要介绍了除海、陆、空货运代理业务之外正日益发展的其他形式的国际物流业务，如会展物流、邮政物流、保税物流，这些业务形式正随着市场发展、满足客户对国际物流的需要而不断发展。学生需要了解这些业务的内涵、操作与基本管理。

本章思考题

一、名词解释

1. 国际物流
2. 邮政物流
3. 保税物流

二、简答题

1. 如何对会展物流进行管理？
2. 试分析物流标准化在我国邮政物流发展的必要性。
3. 简要说明保税物流的特点及其主要功能。

三、案例分析

张先生在上海，现需要给新西兰的买家发送物品，买家希望能够以较低廉的运费，在 3 周内收到货物。东西不大，是一个小八音盒，物品价值不高。该用何种具体方法才能在最短时间内，以相对便宜的价位安全地寄出？大概花多少钱、多少时间？如何查询是否到达？

分析：

张先生首先打电话至中国邮政 11185 查询相关邮寄方式，由于是小礼品，重量在 300～500 g，邮政工作人员建议张先生选择国际航空小包（到达时间 7～15 天）或 EMS 国际快递服务（到达时间 4～7 天），价格相对便宜的水陆路包裹（到达时间 1～2 个月）和 SAL 包裹（到达时间 15～30 天）由于运送时间太长，不予以考虑。邮政工作人员告诉张先生需要知道包裹确切的重量，才能计算运费。

除了邮政提供的 EMS 国际快递，还有几家大的快递公司也提供同样的服务，例如 UPS、FedEx、DHL、TNT 等。

张先生称了包裹的重量 304 g，再次打电话询问包裹的运费。

最终张先生选择了航空小包作为包裹的运送方式，但被邮政工作人员告知，只有快递是上门取件的。张先生可以携包裹去就近的邮局办理业务。在邮局窗口张先生为包裹做了保价，申报价值为 1000 元，所以最终张先生为本次邮寄支付了 88.2 元。邮局窗口的工作人员告诉张先生可以凭挂号单上的追踪号码在邮政网站上查询。

请根据上述材料分析完成国际物流运作的流程。

四、实训题

1. 到当地邮政物流公司进行实地考察，了解邮政物流的内部操作与流程，最终形成一份调查报告。

2. 围绕当地的会展物流展开了解，可到当地举办的展览会或选择一家经营会展业务的旅行社进行实地调查，或进行为期 1～2 周的社会实践。

3. 到当地保税物流园区或通过书籍、网络搜集资料，了解保税物流的通关流程，熟悉保税物流园区的相关政策。

参 考 文 献

[1] 刘丽艳. 国际物流与货运代理[M]. 北京：清华大学出版社，2012.

[2] 张荣. 物流管理概论[M]. 北京：清华大学出版社，2016.

[3] 姚新超. 国际贸易运输与保险[M]. 北京：高等教育出版社，2003.

[4] 杨长春. 运输实务[M]. 北京：对外经济贸易大学出版社，2004.

[5] 中国国际货运代理协会. 全国国际货代行业人员岗位专业证书考试指导教材：国际海上货运代理论与实务[M]. 北京：中国商务出版社，2010.

[6] 杨志刚. 国际货运物流实务、法规与案例[M]. 北京：化学工业出版社，2003.

[7] 张晓莺. 运输管理实务[M]. 武汉：武汉理工大学出版社，2007.

[8] 宋文官. 运输管理实务[M]. 北京：高等教育出版社，2010.

[9] 杨霞芳. 国际物流管理[M]. 上海：同济大学出版社，2004.

[10] 马军功. 国际船舶代理业务与国际集装箱货代业务[M]. 北京. 对外经济贸易大学出版社，2003.

[11] 国际货运代理协会联合会. http://fiata.com.

[12] 中国国际货运代理协会. http://www.cifa.org.cn.

[13] 中国国际贸易促进委员会. http://www.ccpit.org.

[14] 国际货运代理综合服务网. http://www.ciffic.org/funfiatadz.asp.

[15] 中国物流网. http://www.iooloo.com.

[16] 中国物流与采购网. http://www.cflp.org.cn.

[17] 中华人民共和国海关总署. http://www.customs.gov.cn.

[18] 锦程物流网. http://www.jctrans.com.

[19] 国际海运网. http://www.shippingchina.com.

[20] 中国铁路货运网. http://www.zgtlhy.com.

[21] 中国航空运输协会. http://www.cata.org.cn.

[22] 中华人民共和国商务部网站. http://www.mofcom.gov.cn.